高校本科教学
的生态系统构建研究

杨洋 ◎ 著

中国社会科学出版社

图书在版编目（CIP）数据

高校本科教学的生态系统构建研究 / 杨洋著. —北京：中国社会科学出版社，2018.3

ISBN 978-7-5203-1786-3

Ⅰ.①高… Ⅱ.①杨… Ⅲ.①高等教育—教育质量—研究—中国 Ⅳ.①G649.21

中国版本图书馆 CIP 数据核字（2017）第 324787 号

出 版 人	赵剑英
责任编辑	张 林
特约编辑	闫纪琳铖
责任校对	李 莉
责任印制	戴 宽

出 版	中国社会科学出版社
社 址	北京鼓楼西大街甲 158 号
邮 编	100720
网 址	http://www.csspw.cn
发 行 部	010-84083685
门 市 部	010-84029450
经 销	新华书店及其他书店

印 刷	北京明恒达印务有限公司
装 订	廊坊市广阳区广增装订厂
版 次	2018 年 3 月第 1 版
印 次	2018 年 3 月第 1 次印刷

开 本	710×1000 1/16
印 张	15.75
插 页	2
字 数	225 千字
定 价	76.00 元

凡购买中国社会科学出版社图书，如有质量问题请与本社营销中心联系调换
电话：010-84083683
版权所有　侵权必究

目 录

前言 ……………………………………………………………… (1)

第一章 引论 …………………………………………………… (1)
第一节 问题的提出 ………………………………………… (1)
第二节 研究的意义 ………………………………………… (6)
第三节 国内外研究综述 …………………………………… (9)
第四节 主要概念 …………………………………………… (22)
第五节 研究思路和研究方法 ……………………………… (27)

第二章 高校本科教学评估：理论述要与改革趋向 ………… (30)
第一节 教育教学评估的中西历史演变 …………………… (30)
第二节 教育教学评估的宏观与微观模式 ………………… (42)
第三节 我国高校本科教学评估改革趋向 ………………… (80)

第三章 基于系统—生态理论高校本科教学评估之概述 …… (89)
第一节 基于系统—生态理论高校本科教学评估之
理念和目的 ………………………………………… (89)
第二节 基于系统—生态理论高校本科教学评估之
内容和程序 ………………………………………… (96)
第三节 基于系统—生态理论高校本科教学评估之
各系统间关系 ……………………………………… (99)

第四章 基于系统—生态理论高校本科教学评估之微观系统信息分析 （106）

第一节 大学生所处微观系统之输入信息数据分析 （106）

第二节 大学生所处微观系统之投入信息数据分析 （113）

第三节 大学生所处微观系统之输出信息数据分析 （123）

第五章 基于系统—生态理论高校本科教学评估之中观环境系统信息分析 （137）

第一节 大学生所处中观环境系统之评估信息数据分析 （137）

第二节 关于教与学过程中人力与物力资源评估信息数据分析 （139）

第六章 基于系统—生态理论高校本科教学评估之宏观环境系统信息分析 （149）

第一节 大学生所处宏观环境系统之评估信息数据分析 （149）

第二节 对宏观环境系统中效率与效能评估指标的分析 （153）

第七章 基于系统—生态理论高校本科教学评估之信息处理及分析 （160）

第一节 高校本科教学评估数据层次和数据结构 （160）

第二节 高校本科教学评估之信息处理及分析研究 （166）

第八章 基于系统—生态理论高校本科教学评估之政策建议 （193）

第一节 加快我国高校本科教学评估理念的转变 （193）

第二节 完善高等教育教学评估制度和机制 （195）

第三节 关注大学生学习成果的"增值评估" （199）

第四节 注重中观和宏观系统效益的评估 （200）

第五节 加强对评估信息的分析和结果的应用 （202）

第九章　基于系统—生态理论高校本科教学评估研究之
　　　　启示及未来展望 …………………………………（204）

余论 ………………………………………………………（220）

参考文献 …………………………………………………（223）

前　言

　　高等教育评估是保证和提高高等教育质量的重要举措之一，其中高校本科教学评估涉及面最广、影响最大、受到社会各界的关注度也最高，是中国高等教育评估中的典型代表。本书以我国普通高等学校本科教学工作水平评估为研究对象，从布朗芬布伦纳的系统—生态理论的视角进行整体观照，揭示教学评估应遵循的教育理念，展示实然状态的高校教学水平评估独特而复杂的个性，并对其应然状态进行描绘与展望。旨在激活相关研究者对高校评估的深层领悟和探讨，并为评估工作的进一步修缮提供理论和实践的参考。

　　高校教学评估不完全是被潜在规定好了的操作性技术，而是在与社会的进步、高校的发展、学生的成长等各利益方的互动中不断实现自我否定与超越生成的动态过程。评估尺度也不是一个单纯由外部设计出来的带有"全盘计划"性的抽象的绝对标准，而是一种"扎根"于实践中不断生成的具有生命力的现实逻辑。正如有专家指出："我们要想在教育中实现人的发展的任务，就必须深刻认识教育价值取向上的偏差，要让个体发展问题、人的价值问题在教育理论和实践中获得应有的地位。"[①] 而本书对本科教学水平评估的设计即把此价值原则作为评估的逻辑起点，相应地每位大学生的成长发展状况也就成为研究的一个基本视角。较好地纠正和规避了"见物不见人，重物不重

[①]　叶澜：《试论当代中国教育价值取向之偏差》，《教育研究》1989 年第 8 期。

人"、"权力至上，重权不重人"的价值偏差①。

高等教育关注的是活生生的"人"，而高校是实现人的发展的一种工具与途径，其制度是用来开发而不是阻碍人的潜能的。人类对于自我解放和全面发展的不懈追求，是教育发展的强大动力，也是任何一项教育政策（包括教育评估）的最高目的。"高等教育关注的是人——制度是用来开发而不是阻碍人的潜能的。"②

总之，"最好"是一时的标志，"更好"才是永恒的追求。在当前这样一个充满变动和竞争的时代，任何一个自以为是、满足于眼前的学校，落伍是必然的。为此，必须通过需求分析、问题诊断、改进建议等措施，促进学校"今天比昨天好""明天比今天好""一天更比一天好"，从而实现"让我们做得更好"！

本书基于系统—生态理论的高校本科教学评估实施步骤的顺序，逐一展开相关论述。第一部分为绪论，主要阐述了问题的提出、选题的意义、概念的界定、文献的综述等内容；第二部分对教学评估的中西方历史发展以及宏观和微观模式进行了概述，并预测了其未来的发展趋势，在此基础上剖析了以系统—生态理论为理论依据的本科教学评估模式的必要性、可行性等；第三部分阐述了基于系统—生态理论之高校教学评估的概念和理论体系，如评估的理念、目的、内容、方法以及各系统间相关性；第四部分主要论述了将高校作为一个相对独立的系统，运用系统—生态理论在对大学生的成长发展进行分析时，其对大学生自身产生的微系统的评估应如何开展，例如大学生入学时的知识能力状态、动机情感状态等，在学时的学习投入状态以及毕业时的学习成效等；第五部分讨论了对大学生产生直接影响的中观系统的评估，例如对教师的时间投入、教学技巧、教学负担等的评估；第六部分论述了大学生不直接接触但对其产生间接影响的宏观系统的评估，包括学校的类型规模、社会知名度、社会认同度、教师队伍结构、

---

① 胡克英：《"人"在呼唤》，《教育研究》1989年第3期。
② Elaine EI-Khaawas："Reform, Autonomy and Accountability"，2003 - 12 - 23.

师生比、学费管理、学生组成（男女生比例、民族分布、地理分布等）等；第七部分讨论了如何合理有效地分析和使用评估结果，这是本论文非常重要的章节之一，因为如果没有正确地对数据进行分析，或者没有恰当地使用结果的话，那么即使是最综合最复杂的评估项目，其评估的有效性也大打折扣，而且很容易导致评估出错，降低评估的科学性和正确性；第八部分针对我国教学评估目前存在的问题，提出了改善我国教育教学评估的政策建议；第九部分概述了本书及其相关研究对本科教学评估理论和实践的启示，并展望了未来的发展趋势。

本书是在本人博士学位论文的基础上修改完善而成的。编写过程中，得到了华中科技大学刘献君教授、张应强教授、贾永堂教授、柯佑祥教授、陈廷柱教授、朱新卓教授、刘长海副教授、余保华副教授、郭卉副教授等人的悉心指导和帮助。在攻读学位和完成论文期间，难以忘怀硕士导师江西师范大学刘光华教授、博士生导师华中科技大学李太平教授所给予的支持和帮助。他们科学态度严谨、学术造诣深厚，在教育管理、教育评估等方面具有丰富的知识和经验，他们的悉心指导是完成本书的重要保证。另外特别感谢河南科技大学管理学院席升阳教授、张项民教授以及发展规划处田虎伟教授等诸位领导的引荐，本书才得以顺利出版。本书也参阅了国内外众多专家学者的相关研究成果，在此一并表示诚挚的谢意。

由于时间仓促，水平有限，不妥和纰漏之处在所难免，敬请各位读者和学界同人不吝指正。

第一章

引 论

第一节 问题的提出

21世纪之交是我国高等教育改革与发展的不平凡时期，2003—2008年普通高等学校教学工作水平评估是在我国社会经济和高等教育大发展的背景下展开的，因而具有十分特殊的意义和作用。1999年，党中央、国务院依据国家经济社会发展的需要，做出了加快高等教育发展的重大战略决策。经过连续几年的快速发展，普通高校招生规模大幅度提升，高等教育毛入学率迅速攀升，我国进入国际公认的高等教育大众化阶段，这对提高国民素质，推进科技、经济和社会进步产生了巨大作用。但是量的增长必然引起质的变化，一系列新问题和新矛盾也随之出现，例如，教学基础设施建设滞后、各类高校师资等教育资源严重紧缺、没有建立起与高等教育发展阶段相适应的管理模式，等等。

为了保证和提高高等教育质量，世界各国都采取了相应的措施，其中高等教育评估就是非常重要的一项举措。改革开放以来，三个等级最高的政策文本中，1985年的《中共中央关于教育体制改革的决定》中只提到一次"评估"：

> 教育管理部门还要组织教育界、知识界和用人部门定期对高等学校的办学水平进行评估，对成绩卓著的学校给予荣誉和物质上的重点支持，办得不好的学校要整顿以至停办。

到了中共中央、国务院 1993 年 2 月 13 日印发的《中国教育改革和发展纲要》，便有五次提到"评估"：

（18）要重视和加强决策研究工作，建立有教育和社会各界专家参加的咨询、审议、评估等机构，对高等教育方针政策、发展战略和规划等提出咨询建议、形成民主的、科学的决策程序。

（32）建立各级各类教育的质量标准和评估指标体系。各地教育部门要把检查评估学校教育质量作为一项经常性的任务。

而 2010 年 7 月 29 日发布的《国家中长期教育改革与发展规划纲要（2010—2020）》（以下简称《规划纲要》）中，十二次提到"评估"：

（十九）改进高校教学评估。

（二十二）改进管理模式，引入竞争机制，实行绩效评估，进行动态管理。

（四十）鼓励专门机构和社会中介机构对高校学科、专业、课程等水平和质量进行评估。建立科学、规范的评估制度。

（四十七）整合国家教育质量检测评估机构及资源，完善检测评估体系，定期发布检测评估报告。

（四十七）建立教育质量检测、评估体系，定期发布测评结果等。

政策文本"评估"词频的不断提高所折射的信息是，评估作为政策工具的功能越来越受到重视。其实不单是在教育领域，在所有的领域中，评估都具有十分重要的地位和作用。管理大师、诺贝尔奖获得者西蒙（H. A. Simom）有句名言："管理就是决策。"[1] 决策贯穿于管

---

[1] 许国志：《系统科学》，上海科技教育出版社 2000 年版，第 373 页。

理的全过程，决策是管理者工作的实质和核心[1]。当有多种方案可供选择时，决策者一般选择最佳的方案，但是哪个方案是最佳方案？这就需要通过评估来确定。因此，评估与决策是密切相关的，评估为决策提供依据，决策的核心是评估。

事实上，改革开放以来，中国的教育教学评估活动在政府的推动下，涉及面越来越广，系统性越来越强。从2003年至2008年，教育部统一组织对全国百余所高等学校进行了本科教学工作水平评估，近千万名师生员工积极参与了评建工作。本轮评估工作是对全国高校教学工作的大检阅，是为建设高等教育质量保障体系而进行的重要探索，为构筑具有中国特色的高等教育质量保障制度留下了宝贵财富。

然而，另一方面，社会上对政府教育行政部门"评估"批评的声音也越来越多，言辞也越来越激烈，尤其是针对2003年至2008年实施的第一轮本科教学水平评估。如果我们认真分析，不难发现，教学评估所取得的成绩更多体现在教学工作的外围，特别是那些可见的、表面的物理性指标，如教学经费、办学条件、教学设施、物质环境、规章制度等；或者一时出现的偶然性变化，如评估期间学校工作更有秩序、更为规范、动力增强等。而从教学观念、教学模式、教学方法、文化氛围、心理环境、创新精神等深层次看，并未因为开展评估而发生明显的改变。例如，评估指标中的"教学改革"，已演变为那种可见的、可直观量化的外显化工作，如"高校承担的各级教改项目、课题与获奖情况""教师参与教改项目与范围""学校教师和管理人员发表的教改成果"等。显然，这不仅肢解了完整、具体和丰富的"教学改革"，也使教学评估远离真实的教学生活，无法唤起师生对教学改革的热情投入。中山大学课题组[2]所做的关于评估的相关调查材料也

---

[1] 斯蒂芬·P. 罗宾斯：《管理学》，中国人民大学出版社1997年第4版，第117页。

[2] 李延保：《中国高校本科教学评估报告》，高等教育出版社2009年版，第66—71页。

显示评估在促进教学内部变化上不很明显，有接近半数的高校领导认为教学评估对促进教学过程的改进、教学内容的更新、教学方法的改革和教学效果的提高所起的作用不明显或稍有作用。即便是教学评估所产生的物理效用，也随着时间的推移而呈现显著下降趋势。

另外，由于高校教学评估由政府组织，片面强调评估等级，使得高等学校开展教学评估的内在动力不足，高校花费数年时间动员全校师生员工全力以赴投入到迎接政府组织的教学评估准备工作中，表面上看非常重视评估，但实际上参与评估主要是为了迎评和过关，评估一旦结束，几乎又都恢复到原来的状况。在此状况下，希望教学评估能够真正为高校和师生所认同、接受，从而对教学生活过程产生实质影响，是非常困难的。

曾任教育部高等教育司司长的中国人民大学校长纪宝成，于2008年3月26日在《人民日报》撰文指出，大学评估存在"三大问题"：第一，评估太多太滥，缺乏总体设计；第二，评估体系方法单一；第三，评估造假，敷衍了事[①]。

前中国科技大学校长朱清时也认为："现在本科教学评估带着强烈的行政主导的特征。评价各种不同类型的大学，竟然用相同的标准，这是非常不对的。""在任何健康的地方，一旦出了这么多问题之后，都应该迅速发现，立即纠正……"

另外，我国自1987年开始出现了所谓的大学排名活动，到现在有近20个机构发布过这样或那样的大学排行榜，人们对这些排行活动的诟病也随着排行榜的增加而增多。复旦大学教授杨玉良教授就表示："在不符合科学精神的评估及评价体系下，大学很有可能沦为大学排行榜里的大学，'一流大学'成为指标化和数字里的'一流大学'。令人担忧的是，与这种大学排行榜相对应的评价、评估方法，正在成为一种'制度'，污染着'学术空气'。"[②]

[①] 纪宝成：《大学评估太多了》，载《人民日报》2008年3月26日第11版。
[②] 杨玉良：《大学排行榜污染"学术空气"》，载《人民日报》2009年3月17日第11版。

随着市场发育的完善，市场主体的多元化必然导致主体利益实现形式和表达机制的转换，这一转换机制的直接方式是参与对学校效益的评估，这种主动参与的愿望和动力是市场主体投资与回报价值对策要求的体现[①]。然而，由于高等教育特别是优质教育资源的稀缺，加之计划经济体制下形成的至今仍占主导的高等教育投入的政府财政体制，抑制了多元利益相关者表达诉求的权益。在市场经济环境下，学生、家长、用人单位等直接或间接消费高等教育机构所提供的服务的利益相关者已经部分或者全部分担了高等教育的成本，却仍然少有了解和问责其投资回报效益的制度化途径。在我国现有的高等教育评估制度设计中，政府主导的自上而下的与资源分配紧密联系的评估，使高校忽视甚至无视其他利益相关者的诉求和参与评估的意愿。其他利益相关者在评估制度中常常"被缺席"，封闭的、信息非公开的评估程序屏蔽了他们自发参与问责的空间。多元利益相关者不能在体制内参与评估，不仅难以保障他们作为消费者的知情权，也不利于高等教育机构的持续发展。多元利益的表达与博弈，可以帮助高等教育服务提供者提高适应各方需求的敏感性，维持市场竞争中的优势地位，更有助于整个高等教育系统维持多元和稳定的状况。

从这个意义上讲，我国的高校教学评估，并没有真正深入教学，没有真正触动教学。教学评估可能改善了办学条件，提高了教学经费的投入，提升了师资学历，丰富了图书资料，但忽视了影响教学过程的主观、内在因素，没有真正发挥评估促进改革、提高质量的作用。这就是为什么教学评估会出现表面上轰轰烈烈但在促进教学深层变革上却无动于衷这种尴尬境地的重要原因[②]。

但是，如果认真对批评者的言论进行分析就会发现，大多数人对

---

① 康宁：《中国经济转型中高等教育资源配置的制度创新》，教育科学出版社 2005 年版，第 230 页。

② 刘振天：《高校教学评估何以回归教学生活本身》，《高等教育研究》2013 年第 4 期。

高等教育评估并不完全排斥，他们所批评的只是被权力异化了的评估、不科学的评估、有严重缺陷的评估。有的学者强调对评估需持客观的态度："如果没有评估，整个高等教育的质量、学校的办学条件、对教学的重视程度以及教学的规范性，也不可能有现在的水准。"①"评估本身是没有错的，只是各个国家评估的内容和方法不同，我国的评估方式还存在一些缺陷，需要进一步完善。"②

因而当务之急，是使教学评估直抵教学生活过程、直抵教学改革深处，只有对学生内在的学习状况和结果进行评估，才能最直接、最准确地洞悉大学的教学表现和效果。从评估的实践视角而言，各国的评估也都在努力避免进入以下误区，即各种排行榜使用的评估教育质量的指标更强调一个机构外在的客观表现，但却忽视了对大学内部最重要的主体——学生之实际状态的描述和评估。因此，本书试图把系统—生态理论运用到我国高校的教学评估中来，使教学评估以每一位学生个体的发展为主要着眼点，以期更好地理解和分析并进一步控制影响大学生成长和发展的因素，使评估成为学校教学生活必要的部分、环节和方面，弥补以往评估一时性、偶然性和重点性所造成的缺欠。

第二节　研究的意义

首轮本科教学评估涉及这么多不同类型、不同层次、不同历史的高校，如何站在历史的高度，以科学的态度，从本质和主流层面看待这轮教学评估的历史价值，并从更深层次上分析存在的问题；如何联系国内实际并积极借鉴国际先进的教育评估理念和实践，对我国评估体制中尚不健全或发展不甚成熟的部分加以构建，这对今后更好

---

① 陈彬：《评估专家：现行评估方式有利于学校建设》，载《科学时报》2008年1月21日第6版。

② 陈彬、杨东平：《现有评估方式还需完善》，载《科学时报》2008年1月21日第7版。

地开展评估工作、我国高等教育质量的进一步提升都具有重大意义。

一 理论意义

我国由政府组织的高校评估活动经过十几年的探索，进行过各种评估方案的实践，但没有一种模式适合不同类型、不同层次的高校，这不能不说是一个遗憾。本研究以布朗芬布伦纳的系统—生态理论为依据设计了教学水平评估的评估模式，其基本特征就是让研究者掌握大学生自身系统与其他系统间的相互关系及影响，在此基础上进一步纠正或调整这些不同系统间的作用或影响，从而最大限度地发挥评估提高教学质量的功能。这个模式建立在一个假设上，即评估可以被用来提高教育实践的关键在于引导教育者了解不同教育政策与实践的比较效果，从而有利于未来研究者运用这样的结果来设计教育环境，从而产出更多更好的教育成果。运用这个评估模式有助于负责评估活动的研究者和相关管理者提高关于学生的发展是如何被不同的教育政策和实践影响的认识，即理解事情为什么会是这样的；并且当研究者感到有必要去改变某些事物时可以采取什么行动。因而，这个模式下的教学评估是灵动的、鲜活的、丰富的，它内在于教学生活过程，是其必需的组成部分，与学校、师生、课堂、教学紧密地结合在一起，具有强大的生命力。

二 实践意义

（一）有利于教学评估激励功能的发挥

激励是一种引起需要、激发动机、指导行为，以有效实现目标的心理过程。评估的激励功能是指通过评估可以调动评估对象的积极性，从而使评估对象产生或形成逼近预期目标而不断进取的内在动力。但由于当前政府一元主体的行政性评估体制是自上而下执行的，上级教育行政部门决定评估的内容、程序，并直接对高校工作进行检查、考核和衡量，高校处于被动接受的地位，因而其通过评估发现问题、提高质量的主体意识淡薄，在很多方面存在着突击性、应付性、被动性的特征，甚至容易导致受评单位出于防御心理人为设置"障碍"，使信息失真从而影响质量判断。

而本书以布朗芬布伦纳的系统—生态理论为基础设计的教学评估的一个基本目的，即为尽可能多地了解关于如何重构教育环境从而最大限度地促进学生的发展，所以，评估对于高校及其师生而言，就不再是一种非常态、一种外在的要求和额外的负担，从而避免了厌倦、反感和抵触情绪的产生，有助于更好地发挥教学评估的激励功能，同时有助于控制和降低学校为评估投入的人力、物力、财力和机会等成本。

（二）有利于调动高校各利益相关者的积极性

高等教育属于社会公益性事业，高等学校的办学必须体现为各方利益主体的发展服务，而利益主体是多元的，其需求也是多种多样的。然而我国主要由政府开展的本科教学水平评估具有很强的封闭性，政府是各方需求的唯一合理表达者和合法判断者，这事实上是用政府需求代替多样化的社会需求。

本书所分析的基于系统—生态理论的教学评估的主体涉及学校教育教学生活中的每一位管理者、教师、学生及其他利益相关者群体，评估对象则是教育教学活动各个主体所涉及的全方位和全过程的工作。在这里，每一个人都是活动的主体，同时又都是活动的评价者。由于是全员、全面、全程评估，不再局限于在某一特定时间和空间展开，教学生活与评估高度结合、不可分割，相应地就疏通了各方利益需求和意识形态在评估中得到表达的途径，增强了高校对多元化利益格局的主动适应，同时有利于各利益主体对高校教学质量等方面的管理和监督，这与我国高等教育评估的主要目的相符合。

（三）有助于教学评估数据库的建立和分析

《国家中长期教育改革和发展规划纲要（2010—2020年）》明确指出："信息技术对教育发展具有革命性影响，必须予以高度重视。"国际教学评估的经验也表明，评估是基于大量数据信息分析的科学研究过程。我国的普通高校教学工作水平评估经过近十年的发展，也已走向"规范发展"阶段[①]。而"规范的"教学评估是建立在充分可靠的数据基础上的,通过数据分析发现问题,研究问题,解决问题。

但目前我国多数高校仍然停留于分散独立的日常工作数据系统,少数高校建设了系统统一的日常工作数据系统,尚无高校建成分析数据系统。各高校数据格式不一致、缺乏可比较的数据等情况限制了教学评估积极作用的发挥。因此,不论是国家层面还是高校层面都需要加大力度,建立健全的分析数据库。本书以布朗芬布伦纳的系统—生态理论为基础,以大学生的个体发展为主要视角,对我国教学评估数据库的建设思路和分析应用提出了意见和建议。

总之,在我国,教学评估在理论和实践上都处于发展阶段,关于其评估制度、实施方式、实施方法等仍需我们继续进行积极的探索和研究,从而真正建立起符合中国高等教育发展理念和实践的高等教育教学质量保障体系。

第三节 国内外研究综述

我国的高等教育教学评估理论研究萌芽于1983年。1985年《中共中央关于教育体制改革的决定》颁布后,理论界开始围绕高等教育的评估对象、目的、意义、标准、指标、方法等开展了一系列的探讨。1993年,原国家教育委员会组织部分专家正式开始对本科教学工作水平评估的理论与方案进行研究。

一 2007年前教学评估研究的主要内容

一是评估方案及指标体系研究。影响较大的除"新办院校的本科教学工作合格评估"外,还有"工科院校本科教学工作优秀评估""综合大学本科教学工作优秀评估(讨论稿)"及现行的"普通高等学

[①] 陈敏、李守芳:《我国院校研究数据系统建设现状及发展建议》,《高等教育研究》2012年第5期。

校本科教学工作水平评估（试行）"等方案。此外，随着我国高等教育的发展，高职、高专评估方案及独立学院评估方案也借鉴本科教学评估方案，并在不断地研究实践中。

我国对评估方案的研究经历过三个阶段：第一阶段是1994年使用的合格评估方案，是按学校类型设立了10种指标体系，操作复杂且各方案共性指标多。第二阶段是对前期评估方案的研究、合并阶段，在吸收各方案优点的基础上合并制订了合格、优秀和随机性水平三个评估方案。第三阶段是2002年在总结了200多所高校教学评估工作经验、广泛征求被评院校意见及评估专家、学者研究的基础上，从抓共性和制定基本办学标准出发，将上述三方案合并为现行的本科教学工作水平评估方案。根据学校的不同办学层次，方案分为优秀、良好、合格和不合格四档，并对医药、艺术等特殊类型院校研制了指标的补充说明，这是具有我国高等教育特色的方案。

在高校进行的各类评估当中，本科教学工作水平评估是很全面、实效性很强的一种。随着本科教学评估工作的全面展开及评估实践的积累，评估指标体系在不断地调整，评估方法在不断地完善、改进；各类教育期刊都开设了本科教学评估专栏；许多有关评估理论与实践的国内外研究专著也相继出版；教育部高等教育教学评估中心成立；各高校也成立了专门的机构从事教学评估研究与实践。至此，我国高等教育本科教学评估体系与组织机构建立起来。

二是评估操作方法的研究。我国各类评估的操作方法虽然有所差别，但基本上要经过学校自评—专家评—学校整改三个阶段。

专家入校集中进行评估前，学校自身先要对照指标体系进行评建工作，这个阶段是促建、促改、促管的主要手段和过程。专家深入学校也是不可或缺的一环，专家组用一定的时间，通过听报告，查阅资料，听课，召开各类座谈会，走访部、处、院系，抽阅试卷、毕业论文等，就学校本科教学的各个方面进行考察，最后形成结论性综合评价，并提出建设性的意见和建议，以利于学校的整改。

实践证明，建立科学的评估手段仍需要深入研究的环节，例如优化评估程序、开展"阳光评估"、构建质量评估的长效机制等。

二 2007年后教学评估研究综合性更强

随着我国本科教学评估工作的不断开展,对评估工作的理论研究也进入了新的阶段,开始更加重视研究如何评的问题。理论研究也不是简单地把评估方案与评估方法割裂开,而是相互融合地作为一个整体进行研究。

2007年,教育部成立了"高等学校本科教学工作分类评估方案"课题组和"全国高校教学基本状态数据库系统"课题组。研究新的评估方案和建设常规的本科教学基本状态数据,以增加评估的科学性、真实性,减少盲目性,减轻学校负担。经过20余年的实践,建立健全教学质量监控体系和评估制度,是保障高等学校教学质量的重要手段已成为共识。相关的研究关注点主要集中在以下几个方面:

(一)中外高校教学评估之比较与借鉴

20世纪70年代,欧美等国针对当时的大众化、多层次教育带来的教育质量问题,开始系统地对大学的教学质量进行评估,形成了各具特色的符合自身教育、政治体制及发展需要的高校教学评估机制。

西方高校的教学评估有多种类型。一般来讲,教育质量评估实质上由政府主导,而大学排名榜则由新闻媒体、民间机构所为。国外的高等教育质量保障体系是以评估活动为基础的,教学评估机构一般有三种模式,即欧洲大陆由国家控制的官办、英国的国家支持中介执行及美国的民间机构;其评估类型有两种,一是内部保障型,二是外部管理监督型。

哈佛大学老校长博克曾撰书说:大学教师对科研有自发的驱动力,而本科教学必须由学校采取措施来不断地推动。正因为如此,包括美国、英国、日本等发达国家在内,世界许多国家建立了由政府主导或由政府委托的中介机构开展对大学本科教学质量的评估、检查或认证的工作,其结果有些直接和拨款及文凭的合法性挂钩。

美国的高校认证虽然由民间机构操作,并且是学校自愿参与,但没有经过认证的学校,不能获得联邦政府的资金,不能得到院校间的学分互认,学生得不到政府的贷款或助学金,多数雇主招收雇员时要求必须毕业于经过院校认证的大学。

国外高等教育评估主要侧重于自然态。如美国的相关评估对专家的要求更高,并且有一批学者专门从事评估工作,而我国高等教育评估起步较晚,随着评估工作的全面展开,评估专家对评估工作的理解和对评估方法的掌握有待进一步培训和提高,从而逐步积聚一批有经验的、资深的评估专家作为评估工作的骨干力量。

美国的高校认证程序一般为:申请、自评、实施评估、公告、追踪和复评等六个阶段。目前我国本科教学评估只进行了前四个阶段,但其内涵与国外也不尽相同,如申请评估,美国高校是自愿的,而在我国是必需的,另外,评估结论的公告,在我国结论是由政府最终决定的,且公告间隔的时间比较长。至于追踪和复评,我国还没有实质性地实施,一方面是首轮评估结束的时间比较短,另一方面,我们还没有具体的实施办法,从这个意义上讲,我国高校本科教学评估还没有真正完成。目前,评估后的整改及检查还没有全面展开,首轮评估至今还没有完成一个"全过程"。如何进行评估后整改的考察也是当前评估研究的重要问题之一。

(二) 成效、问题与改进

本研究对评估成效和问题的综述是以华中科技大学刘献君教授为组长的"中国高等教育本科教学评估的回顾与经验研究"课题组、以中山大学李延保教授为组长的"评估成效分析"课题组的调研材料为基础的,华中科技大学课题组成员于 2009 年 10 月至 2010 年 2 月,分赴北京、上海、辽宁、浙江、江苏、陕西、广东等 13 个省(市),访问了这些省(市)的教育厅领导、高教处处长;深入近 50 所大学,访问了 100 余位大学领导、40 余位教务处处长、30 余位评估专家,召开教师和学生座谈会 20 余场,200 余名教师、学生参与座谈、讨论。

1. 成效

（1）推进学校转变办学指导思想，确立本科教学基础地位[①]。在市场化、大众化、国际化、信息化的大背景下，我国高等学校教育教学管理面临很多新情况、新问题。这些问题对教学的影响集中表现在"四个投入不足"上，即领导精力投入不足、教学经费投入不足、教师教学精力投入不足、学生学习精力投入不足。"四个投入不足"严重影响了教育教学质量的提高。我国首轮教学评估的开展，推进了学校办学指导思想的转变，调动了各级政府、高校领导和广大师生重视教学、加强教学的积极性和自觉性，较好地促进了"四个投入不足"问题的解决，进一步明确了本科教学的基础地位，促进了学校管理的规范和制度的建设。

（2）推进学校总结过去，规划未来，走特色发展之路。评估强调了"三个符合度"，即学校自己所确定的目标与社会要求及人的全面发展和学校实情的符合程度；学校工作状态与确定的目标的符合程度；学校所培养的人才质量与自定目标的符合程度。评估推动参评高校总结过去，规划未来，根据自己的实际状况确定学校的发展目标、定位、办学指导思想和办学特色等。这样的全面总结、规划，是新中国成立以来中国高校发展历史上的第一次，对于中国高等教育的发展具有历史性意义，得到了师生的广泛认同。

（3）推进学校大力改善教学基础设施和基本条件，提供良好的育人环境。在评估中，学校根据评估指标体系提出的各项要求，以评促建，千方百计加强建设，教学条件明显改善，基本满足了教学要求。例如，评估的五年间，新建教学楼、学生宿舍、图书馆、体育馆的面积大大超过中国大学一百多年来的总和；新增教学科研仪器设备资产、语音实验室座位、多媒体教室座位以及购置的图书也比一百多年来的总和还要多，有的甚至是几倍。

---

① 刘献君：《2003—2008年普通高等学校教学工作水平评估工作研究报告》，高等教育出版社2012年版，第129—131页。

（4）推进学校加强师资队伍建设，从源头上保障教育教学质量。高等教育大众化以后，学生人数大幅度增长，首当其冲的是教师数量达不到要求；大批年轻教师进入学校后，学校面临师资培养的艰巨任务；大批学生涌进高校，青年教师数量增长，又带来教风、学风建设的新问题。在评建过程中，参评学校努力加强师资队伍建设，增加教师数量，改善教师队伍结构，提高教师队伍素质，从源头上保障教育教学质量。例如，2007年全国教师总数比2002年增加54.99万人，生师比全国平均值2003年高达21.07：1，2007年降至16.14：1。

（5）推进学校开展教学改革与建设，着力提高人才培养质量。"专业建设与教学改革"是评估方案中的一级指标，既是教学评估中的重点，也是难点之一。教学改革是一个长期、复杂、艰巨的任务和过程，需要几代人的不懈努力。在本轮评估中，教学改革方面虽然没有取得突破性进展，但是在课程体系改革、精品课程建设、实践教学等方面的积极探索，为今后的深入改革打下了良好的基础。

2. 问题

（1）如何建立与"评估"相关的适合国情的激励和约束机制

欧洲有的国家评估结果与国家拨款机制挂钩，有的国家与校长任期考核及合同签署挂钩并间接影响教育经费的获取；美国的评估结果有强烈的社会影响，直接影响生源和校际学分互认，间接影响到高等教育的经费来源。我国目前是通过"优秀、良好、合格、不合格"的等级使学校获得社会声誉。但由于不同类型高校在同一框架下进行比较，各类学校都会产生心理压力，从而导致在评估中出现少数高校搞形式主义，急功近利，甚至弄虚作假，致使浮躁风气在高校蔓延。

（2）如何更有效地实施各利益相关者对评估工作的监控和管理

欧美等国是政府以监控高校内部评估和委托并监管评估中介开展外部评估工作来宏观监控高等教育质量，发挥了中央、地方及高校各自的积极性。我国高等教育系统非常庞大，直接组织统一的评估工作难度非常大。有建议要加大社会等各利益相关者对学校的评价力度，如采集社会反响信息，加强评估相关信息的公开性以接受社会监督，从而保证评估过程的客观真实，使各利益相关者都能充分发挥各自的权益。因此，有必要进一步明确和细化各自的职责和定位，协调彼此的关系，进一步构建更加完备的评估工作系统。

（3）如何加强评估技术的研发

目前评估中部分指标难以把握，重要原因是对评估技术研发不够，评估价值观出现偏差。高校教学评估不完全是被潜在规定好了的操作性技术，而是在与社会的进步、高校的发展、学生的成长等各利益方的互动中不断实现自我否定与超越生成。评估尺度也就不是一个单纯由外部设计出来的带有"全盘计划"性的抽象的绝对标准，而是一种"扎根"于实践中不断生成的具有生命力的现实逻辑。有研究者曾将我国以前开展评估所出现问题的深层原因归结为一点：忽视"人"。其基本表现是"见物不见人，重物不重人""权力至上，重权不重人"。正如有专家指出："我们要想在教育中实现人的发展的任务，就必须深刻认识教育价值取向上的偏差，要让个体发展问题、人的价值问题在教育理论和实践中获得应有的地位。"

（4）如何建立数据库并分析评估数据

华中科技大学本科教学评估课题组在进行首轮本科教学评估问题总结时提到，在进行教学评估及院校研究的过程中，碰到的最大问题就是分析数据库的建立。评估指标的衡量，是建立在充分可靠的数据基础上的，通过数据发现问题，研究问题，解决问题。但目前我国高校在评估数据方面还存在诸多问题，突出表现为：a. 分散。各高校职能部门分别有自己的数据库，即便是最简单的学生人数，很多高校都没有一个准确的数字。b. 不统一，主要是统计口径不一，如学生人数等。c. 变相作假，如有些学校把兼职教师数无根据地扩大等。d. 保密，不公开。因此，不论是国家层面还是高校层面都需要加大力度，建立健全的分析数据库。这是教育评估得以有效开展并发挥积极作用的基础和前提。

3. 发展展望

（1）发展和完善评估制度

随着社会的发展，尤其是市场经济的逐步实施，原有计划经济体制下所形成制度的某些弊端逐渐显现，甚至成为实践创新的障碍。高等教育评估同样应"从单纯的政府控制的评估，转向寻求在学术自由、质量保证和政府管理之间的一个平衡"。这不仅是世界各国高等教育评估发展的基本趋势，也是我国高等教育评估的发展方向。

（2）质量与效率并举

所谓系统效率就是高等学校单位资源所培养的人才，它主要关注一定的投入是否达到预期的人才培养目标。其积极意义在于，政府寻找到管理和控制高等教育的新途径，同时也迫使高校对内部管理进行改革和调整，其结果是促进高等教育的效率和质量不断改善，高等教育的整体效益得到提升。

如今，经济社会的发展和办学规模的扩大迫使高校要在保持和提升质量的同时，实现教学、学术、管理等领域生产率的最大化，即要提高效率。因此，本科教学评估指标的设计除考核高校教学工作的投入外，也要更多地关注效益问题，从而充分发挥评估以下几方面的功能：

第一，监督功能。没有系统准确的信息就难以监督一个机构，而评估可使高校本身、行政部门和社会都能够监督高校的办学效率与效益。第二，评估功能。通过一些数量化表达的绩效指标可以对高校的办学情况进行描述，从而对高校实现目标的程度作出判断，在整体上为科学的决策奠定基础。第三，对话功能。对话是改善各级行政管理部门相互关系的重要途径。关注绩效能够使原本抽象模糊的概念变得可以共同理解，从而更好地来规范对话。第四，资源配置功能。关注绩效能够反映高校的财政运行状况和资源使用效率，因而成为政府拨款的重要标准。

（3）加强对教学效果的观测

英国学者麦尔肯·弗雷泽（Malcolm Fraze）说："高等教育的质量首先是指学生发展质量，即学生在整个学习过程中所'学'的东西，包括所知、所能做的及其态度。"而我国目前试行的指标体系大部分是针对教学设施、师资力量等教育"投入"设计的,对教学效果的观测也主要依靠专家评判的方法完成,对于真正体现教学质量的学生在学期间的发展成效还缺乏可靠的衡量办法,还不能向公众提供更为清晰、明确的成效展示。为此有学者认为"当前的教学评估是一种以资源投入评估为主的范式,缺少对一些真正体现教学质量的核心要素的分析"。

按照教育大师布鲁姆的观点,教学评估"乃是系统收集证据用以确定学习者实际上是否发生了某些变化,确定学生个体变化的数量或程度"。据此来讲,教学评估对于高校资源条件的要求还不足以保证其教育质量,应该更加重视检测与教育质量直接相关的学生学习效果,亦即资源投入与教学条件建设是大学实现人才培养功能的基本前提和重要保障,而衡量高等教育质量的最终落脚点和检验标准则应该是教育的产出——学生的学习效果,因此本科教学水平评估的指标设计应该更侧重与教育质量有更为直接关系的学生学习效果的观测。

(4) 评估主体多元化

我国第一轮本科教学工作水平评估是一种政府对高校的问责制,评估主要由政府教育行政部门组织,政府是问责主体,高校是问责对象。在问责过程中,政府全面考察高校的本科教学工作,并对之提出某种质询,高校对政府的质询做出回应。这是一种管理视野中的问责制,政府是强势的一方,从评估政策的制定、评估方案的审核、评估成员的任命、评估结论的批准到对评估申诉的处理,可以说评估的每个环节、每个步骤都由政府直接控制。从参与者的范围来看,评估的参与者有限,没有广泛的社会参与,参与者的价值观易趋向一致。这样的问责体系缺乏让各种不同的利益需求和意识形态在评估中得到表达的途径和机制,可能导致同谋等机会主义行为的增加,从而削弱评估的客观公正性。

这种单一政府主体的评估严重削弱了第一轮本科教学水平评估的有效性,有关实证调查数据显示:认为有效性"一般"的比率占40%,认为有效性"较好"和"很好"的比率合计只占24%,而认为有效性"较低"和"很低"的比率合计高达36%，"一般"及"一般以下"共计76%[①]。

根据第四代教育评估理论，评估是对被评事物赋予价值，提倡价值多元、全面参与、共同建构，提倡在评估中充分听取不同方面的意见，并把评估看作一个由评估者不断协调各种价值标准的分歧、缩短不同意见间的距离，最后形成公认的一致看法的过程。而要体现价值多元，评估主体必须是多元化的，政府、学校、社会都应成为评估主体。但我国主要由政府开展的本科教学水平评估具有很强的封闭性，政府是各方需求的唯一合理表达者和合法判断者，这事实上是用政府需求代替多样化的社会需求，影响了高校对多元化利益格局的主动适应，并进而制约了各利益主体对高校办学方向、办学效益等方面的管理和监督，这与我国高等教育评估的主要目的相悖。

从以上分析可以看出，由于长期以来我国政府对高等教育实施集权管理而形成的"路径依赖"，政府在评估中仍作为全能的行为主体凌驾于其他组织与结构之上，使本应发挥作用的其他评估主体在一元化的架构下面临发展的困境。因此，必须立足于我国目前的国情，借鉴发达国家的改革经验，明确政府、高校、社会等各方的主体地位，并对其在评估中的行为模式做出相应的调整，即政府评估侧重输入监控以优化资源配置，高校自评侧重过程监控以及时纠正偏差，社会评估侧重输出监控以确保人才培养质量，构建一个价值多元、全面参与、共同建构的本科教学工作水平评估体系，从而充分调动各利益主体的积极性，共同促进高校教育教学质量的提高。

4. 对评估价值、制度等方面文献的分类综述

（1）对评估制度的设计分析

刘振天在《我国新一轮高校本科教学评估总体设计与制度创新》一文中，对新一轮高校教学评估的总体制度设计进行了分析，要"建

[①] 周光礼：《中国高等教育质量评估体系有效性研究》，湖南人民出版社2012年版，第66—68页。

立健全以学校自我评估为基础，以院校评估、专业认证及评估、国际评估和教学基本状态数据常态监测为主要内容，政府、学校、专门机构和社会多元评价相结合，与中国特色现代高等教育体系相适应的教学评估制度"。新的评估设计是我国高校教学评估制度的重大创新，这种创新突出表现在内容整体性、学校主体性、监测常态性、分类指导性和管办评分离新体制五个方面，在新建院校本科教学合格评估方案及其实践中得到突出体现。

中国现行本科教学评估制度实质是一种政府对高校的问责制。该种问责制属于管理视野中的问责范式，为了提高制度运行效率，须向治理视野中的问责范式转型，即建立中国高校社会问责制。周湘林的《从管理到治理：中国高校问责制范式转型》一文对此进行了探讨，认为应从高校社会问责的六个构成要素：期望与需求、问责主体、问责对象、问责内容、问责程序、问责后果等方面加强制度建设，通过提高高校利益相关者的参与意识、健全问责机构、制定相关政策法规等措施促进制度的渐进变革。

（2）对评估政策价值的分析

本科教学质量评价政策是我国高等教育教学建设和改革的重要组成部分，也是国家实现其人才培养质量标准的基本保障。于海臣在《我国本科教学质量评价政策的价值取向分析》一文中对本科教学质量评估政策从政治价值取向、经济价值取向、人本价值取向三个维度进行了分析，有助于进一步推动各级教育主管部门重视和支持高等学校的教学工作，促进我国高等教育质量和办学效益的提高。

（3）对分类评估的设计分析

陈劲等人的《研究型大学院系本科教学量化考核与绩效评价——以浙江大学为例》一文以浙江大学为例，探讨了研究型大学院系本科教学质量评估体系的构建问题，从教学产出、教学投入和教学过程三个层次对本科教学质量评估的方式方法以及评估结果的分析思路进行了简要的阐述，为我国研究型大学内部院系本科教育质量评估工作提供了可借鉴的实践指南。

行业特色高校教学工作水平的评估对于更好地开展教学工作、进一步提高教学质量具有重要作用。为此，赵昕在《行业特色高校教学工作水平评估指标体系模型研究》中对行业特色高校教学工作水平评估指标体系模型进行了研究，分析了教学质量评价体系模型的构建依据，建立了行业特色高校教学工作水平评估体系的模糊综合评判模型，为行业特色高校的教学工作水平评估提供了参考。

按照高等学校的类型进行本科教学分类评估是高等教育研究与管理的热点问题。冯晖等人的《高等教育分类评估的若干问题》一文将分类评估的概念从本科教学评估拓展到高等教育中对学校、学科、专业、学位论文等方面，从评估方法论的角度探析分类评估的内涵、技术与实施，有利于更好地实施分类评估，提高评估结果的科学性与合理性。

（4）对评估数据及技术的分析

SWOT 分析法是一种通过对自身的优、劣势及面临的机会与威胁进行分析辨别与系统评价，制订有效战略计划的方法。吴邵兰在《基于 SWOT 分析法的高校本科教学评估发展策略》一文中运用这种方法对当前普通高等院校本科教学评估工作进行了全面分析判断，并提出了相应的发展策略。

教学基本状态数据是反映高校教学工作运行状况和教育质量的重要依据之一，也是一所高校的办学水平、办学实力的重要体现。建立校级的教学基本状态数据库系统，并以此为平台服务于本科教学水平评估工作，将更有利于提升学校的管理水平，增强大学在教育改革中的内涵建设与核心竞争力。胡海建的《本科教学水平评估视角下的高校教学基本状态数据库建设》即对"非数据库下的本科教学水平评估模式的弊端"及"数据库下的本科教学水平评估模式"进行了探讨。

三 已有研究述评

近几十年来，我国高等教育界对教学评估进行了持续的思考与探索，并取得了较多的研究成果。这些研究成果构成了本研究的重要基础和前提。但这方面的研究也存在一些不足，需要进一步加强和完善。

第一，从对评估的定位来看，工具理性色彩浓厚、决策定向意识强烈。正如潘懋元先生所指出的："当前，高等学校的评估，正在全国大张旗鼓地进行。然而教育评估的指导思想，还停留在早期的评估理念上。""从行政监督的角度对待教育评估，正是当前中国高校评估实践产生急功近利之负面影响的原因所在。"从行政监督来看待评估，是基于一种外部控制和强力干预模式的思想，包含着明显的工具价值倾向。因而，在对评估目的与功能的认识上，只是立足于昨天，而不是为了增值，也就是说评估往往是为了满足评价者对被评者的鉴定、排序的功利要求而开展工作，在回顾的基础上对以往既定目标的实现程度进行价值判断，而对于促进评估对象自主发展的功能没有得到应有的重视。

第二，从研究视角的选择和价值取向来看，以外在视角为主，注重评估的工具理性价值，注重评估的统一标准和规范。在这种价值观的指引下，评估被当作一个没有灵魂的躯壳看待，而对评估本身的意义和价值缺少必要的人文关怀。虽然部分研究涉及了评估的人文取向和教育价值问题，但总体而言，对评估的研究中"物"的价值取向明显，"人"的问题没有引起足够的关注与重视，对评估活动的存在意义和生命价值鲜有触及，忽视了评估自身独特而复杂的个性。

第三，对高校教学评估实践的关涉不够，理论与实践存在脱节状况。教育理论根本上是应用的学问，是一种"带有极强的价值与目的色彩"的"实用理论"；它不是教育实践的直接的"处方"，但是"处方"的主要依据。这就要求理论研究者要对教育实践有着丰富的感性认识，但大部分评估研究者对评估本身缺乏必要的实践体验和感悟，对评估的丰富性和完整性关注不够，没有深入挖掘高校教学评估的情景性知识和状况，因而大都只能用超乎实然的理想化认识来研究评估，用相对简单化的逻辑推论来界定复杂的评估实践，最终所得出的理论因缺乏生命价值而对评估实践的指导意义有限，以致支配评估实践的不是先进的教育理论，而是长期以来形成的随意的"教育上的惯性行为"。

另外，国内的评估研究还存在原创性不足的问题，本土化生长的内容不多，没有足够的实证做依托，对真正影响教学过程的各种因素还缺乏系统深入的研究等；对国外质量评估的文献研究多为介绍性文章，就理论谈理论、概念化的东西较多，还须进一步的深化探索。

第四节 主要概念

一 评估和教学评估

牛津英语词典对评估做出如下界定："评估是对人或事的评价，对质量、价值的估计、测量或判断。在教育领域中，评估是指一种评价学科中的工作程序。"从词义上看，"评估"一词兼有评价与估量之意。从本质上来说，评估是主体按照一定的价值标准对人或事物所进行的一种价值认同和判断过程，以实现对评估对象的干预。对于评估所作出的结论，只能说是"估计是如此"，但不能说"绝对必然的就是如此"。也即评估所作出的是一种估量性的评价。当评价涉及众多因素，而难以确定地定量分析时，常采用文字描述的定性分析和信息统计的定量分析相结合的方法，这时使用"评估"一词更为恰当。教育评价的对象往往涉及很多因素，复杂程度较高，对它们的评价一般很难用严格、精确的定量分析方法来进行，宜采用定量与定性相结合、客观统计资料与主观描述资料并重的手段，所得到的结论也只能是一种推测、估量性的结果[①]。

评估就是依照一定的标准对事物进行观察并作出价值判断的过程。教学评估主要是指对高校的教育教学及学生学习活动的评估。

---

① 刘理：《论高校教学评估的教育价值》，博士学位论文，华中师范大学，2007年。

罗特立（Rowntree）认为关注评估结果和评估外部问题（即考试和测试、考试问题和制定标准、考试等级和成绩结果）是一件相对容易的事情，但是要真正深入理解高等教育的核心问题却是一件难事。[1] 评估存在于微观、中观、宏观等各个层面上。高校各利益相关者可根据自己要达到的评估目的、教学评估要求以及使用的策略来进行教学评估。

本书的评估，是一个实践概念，特指我国普通高校本科教学工作水平评估。教学评估是教育评估系统中的一个子系统，它既在教育评估的宏观指导下进行，又是教育评估活动的核心和基础。教育评估以包括教学活动在内的整个教育活动及其效果作为其评估对象。教学评估则仅以教学活动及其效果作为评估对象，比较重视学校内部的教学活动，注重改进教学活动本身以协调学生的原有基础与教育目标之间的矛盾。

有的学者认为评估是一种专业的判断，而不是一种测量方法。施邦德认为，测量理论是针对真实和稳定的事物，它并不能对变化和竞争的社会现象来进行测量。评估的最好的诠释是使用信息来进行判断——根据信息来判断事实、审视现状和周围环境，做出合理的结论，并以此分析来做出相应的行动。[2]

判断的过程通常被认为是一个简单的过程，即由有经验的教师用事先确定的标准，根据课堂的要求，来决定学生学习成绩的等级或者分数。但是桑德勒强烈地批判了这种所谓的判断过程。他认为，当评估的目的是判断学生的学习成果的时候，学校内部往往把学习成果等同于学校制订的教学目标，将评估与学生完成这种教学目标的表现联系在一起。但是评估作为保障专业学科标准的功能的时候，它超出了学校内部的教学目标了，而同世界上各个专业或学科的实践相联系起

---

[1] Rowntree, D.. Assessing students: How shall we know them? (2nd ed.) [M]. London: Kogan Page, 1987.

[2] Boud, D. &Falchikov, N. (Eds). Rethinking assessment for higher education: Learning for the longer term [M]. London: Routledge, 2007.

来了。①

在高等教育评估的文献中，人们对评估的界定有很多种，以下是两种相对简单的定义。

第一个是澳大利亚昆士兰大学2007年在教育评估政策和实践的文件中对评估的描述："每个在校学生必须完成考试、作业、实践或其他形式的评估活动。学校进行评估的原因是：（1）完成教育的目的（例如促进学习、提供反馈等）；（2）保存学生学习成果的正式记录或提供证明学习能力的证书；（3）给予学生学习等级。"昆士兰大学这个评估政策的描述有以下几个特点：（1）把评估活动等同于学生的学习活动；（2）没有提到评估者的角色或如何进行评估；（3）阐述了评估的多种目的。

第二个评估的定义来自罗特立，他认为："教学评估是指一个人有意识地了解并解释另一个人对知识的掌握和理解程度，以及他具有的能力和态度。这种评估发生在一个人直接或者间接地与另一个人接触的过程中。在某种程度上，这种接触行为是有目的地去了解另一个人。"②罗特立定义中的"接触"是指一种互动的过程。评估是一个人的行为与另一个人之间的关系，但是，这一定义排除了自我评价和学生对自己作业质量的监督过程。③

以上两种评估的界定反映了教学评估过程中的重要方面，而且都受到了其周围现实情况的影响。这两个定义都不能作为教学评估的一般性定义，因为它们各自存在一定的问题。第一个定义超越了教学评估的本质和意义，第二个定义没有包括教学评估行为的自然特性。如何定义"教学评估"成了一个热门话题。

---

① Sadler, R.. Formative assessment and the design of instructional systems [J]. Instructional Science, 1989 – 18（1）：1 – 25.

② Rowntree, D.. Assessing students: How shall we know them?（2nd ed.）[M]. London: Kogan Page, 1987.

③ Joughin, G.（Eds）. Assessment, learning and judgement in higher education [M]. Dordrecht: Springer, 2009.

苏斯吉（Suskie）指出："评估是一个持续的过程：（1）建立清晰的、可测量的学生学习成果的预期目标；（2）确保学生有充分的机会来掌握这个预期的学习成果；（3）系统地收集、分析和解释学生的学习成果是否达到预期的成果；（4）采用评估结果来了解和提高学生的学习。"①

桑德勒（Sandler）认为，评估的行为是：（1）通过学生对一系列学习任务做出的反馈来判断学生已经完成的学习活动的质量；（2）预测学生能够完成的学习任务；（3）我们对学生知道什么做出结论。②可见，评估的核心有三个方面：（1）学生的学习活动；（2）判断学生学习活动的质量；（3）对学生知道什么做出结论。

乔京（Joughin）认为，教学评估的定义既要能够概括评估中必不可少的本质，又不应涉及过多的附加概念③。他对评估的定义是：评估就是对学生的学习活动作出判断，由此来推断出学生的能力、知识和价值观。乔京的定义并没有明确指出评估的目的、评估的主体和客体、评估的时间和评估的方法，但是他指出了评估和学习以及评估和判断是相互联系的。

二 系统—生态理论

系统—生态理论（ecological systems theory）是布朗芬布伦纳于发展心理学的研究中提出的个体发展模型，强调发展个体嵌套于相互影响的一系列环境系统之中，在这些系统中，系统与个体相互作用并影响着个体发展。

尽管现代学习理论家班杜拉认为环境既影响着个体的发展，也受

---

① Suskie, L.. Assessing students learing: A commom sense guide. (2nd ed.) [M]. Jossey-Bass, 2009.

② Sadler, R.. Formative assessment and the design of instructional systems [J]. Instructional Science, 1989 – 18 (1): 1 – 25.

③ Joughin, G. (Eds). Assessment, learningand judgement in higher education [M]. Dordrecht: Springer, 2009.

发展的个体的影响，然而他仍然没有对个体发展的环境做出明确描述。布朗芬布伦纳的系统—生态理论对环境的影响做出了详细分析，因而就可以思考许多可能影响儿童发展的不同水平和类型的环境效应。（如下图 1.1 所示）①

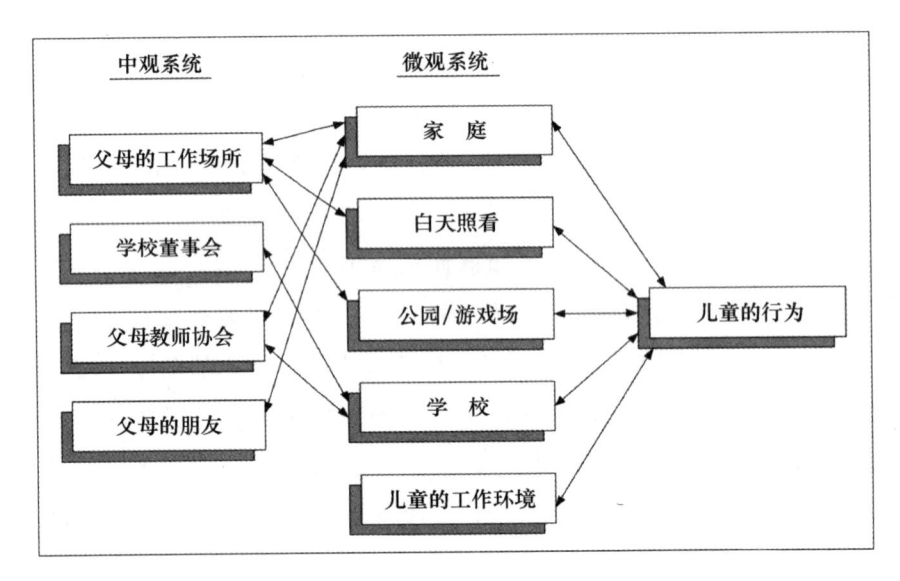

图 1.1 儿童的生态系统

上图的微观系统和中观系统都存在于一个更大的宏观系统环境中。这一系统指更大的文化或社会环境，微观和中观系统都在这一环境中运行。图中指出了这些系统之间的一些关系。

布朗芬布伦纳激励我们从系统—生态角度来看待学习者，就像博物学家看待自然的方式一样——把对象看成一个生态系统。画一系列的同心圆这种方法可以描述学习者所在的生态系统。每一个圆以及连接部分都有一个专门术语，布朗芬布伦纳把这些环境称为子系统。每个子系统在其内部又可以看成一个系统。学校系统由若干子系统组成，包括教师、行政人员、后勤人员和学习者等子系统。

---

① 海伦·比（Helen Bee）：《发展中的儿童》，哈波科林斯出版社 1992 年版。

家庭系统包括婚姻、父母和兄弟姐妹等子系统，还经常有祖父母和外祖父母子系统。同辈系统包括社交、学术以及运动和爱好等方面的朋友。

系统—生态观鼓励研究者在看待学习者的行为时，不是只把它看成是个人的产物，而是把它看成是学习者以及学习者所属的系统内，发挥作用的各种要求和压力共同作用的结果。家庭经验和家庭系统的文化影响学生在校的行为和成就，而学生在校的行为和成就又接着影响家庭系统。家庭系统内的问题可能会影响学校适应问题，接着，学校适应问题又可能使家庭系统内的状况更加恶化。例如，一个从不签名、从不答复家庭便条的父母，可能并不像你想象的那样，对教育不感兴趣、漠不关心。为什么父母明显的没有插手教育，或许可以用家庭系统内的动因来解释（比如别的兄弟姐妹需要大量的照顾，或者父母要适应新的小孩等）。

布朗芬布伦纳的理论改变了发展心理学家思考儿童发展环境的方式。在20世纪四五十年代，发展心理学家把儿童在认知社会甚至生理上的不同都可能会归咎于离婚对儿童的影响，也即在研究过程中只检验儿童成长环境的某个方面的作用，并将儿童之间的所有差异都归于环境在这个方面的影响。而布朗芬布伦纳的理论明确了是个体生物因素和外界环境因素交互影响着人的发展，因而也把这种理论描述为生物生态学理论。

第五节 研究思路和研究方法

一 研究思路

本研究将综合运用高等教育学、教育评估学、发展心理学等有关理论和基本原理，同时，借助比较研究法，通过对美、欧等国质量评估历史和现状的分析，将国外质量保障的成功经验与我国的具体实践结合起来，以布朗芬布伦纳的系统—生态理论为基础设计了实施本科教学水平评估的体系框架，即分别以大学生自身形成的微观系统，以及高校环境作用于大学生所形成的中观与宏观系统为分析单位，分别予以测量和评估，从而较全面深入地对大学生在高校期间的发展变化及其影响因素进行衡量，并据此对高校、政府等相关政策和措施做出修订。

二 研究方法

研究方法既是研究赖以进行的工具，又是研究得以发展的基础。本研究力求通过切实有效的研究方法，多视角、多渠道考察和思索问题，具体涉及的研究方法主要如下。

（一）文献研究法

文献研究法也称之为文献分析法或资料分析法（informational analysis），是指根据研究的目的，通过收集、查阅和分析文献资料，从而得出研究结论的一种研究方法。本着"新"和"全"的原则，本研究收集、鉴别和整理了国内外相关的期刊论文、学术著作、专题研究报告等各类研究成果，按照归纳与演绎等逻辑思辨方法，对文献进行了深入分析，从而全面、正确地了解掌握所要研究的问题，以达到预定研究目的。

（二）比较研究法

比较法即为对某类现象或问题在不同时期、不同地域、不同形势下的不同特征与表现进行比较研究、分析归纳，以揭示其普遍规律及其特殊表现，从而得出符合客观实际的结论，是一种比较普遍的研究方法。本研究通过教学评估领域国内外的纵、横探索比鉴，为尽可能全面、深入地认识所要研究的问题，更好地探索我国本科教学评估体系建设的科学发展之路提供了重要的参考信息。

（三）个案研究法

个案研究法是指对某一个体、某一群体或某一组织在较长时间里连续进行调查，并对其加以清晰地刻画和描述，从而研究其行为发展变化的全过程，这种研究方法称为案例研究法，其主要目的在于描述、解释和评价。教育的研究对象在很大程度上是一个不能复制的过程，所以对这一过程中所发生的一个个典型个案进行深入细致的分析研究，便构成了一个可以进行深入研究的、力图预测或控制客观世界发展变化的取之不尽的宝贵源泉。

第 二 章

高校本科教学评估：理论述要与改革趋向

本章首先追溯了中西方教学评估的历史发展，并从宏观和微观层面对教学评估的模式进行了观察，在此前提下对以系统—生态理论为依据的本科教学评估的基本思路做出分析，以此为后续章节的讨论提供基础。

第一节 教育教学评估的中西历史演变

一 中国教育评估的发展追溯

（一）中国古代教育评估的萌芽与发展

从中国古代教育史来看，没有现在我们所谓的教育评估。中国古代教育是传统文化的一部分，深受中国传统文化和传统思维的影响。中国传统文化和传统思维的特点是：重视定性，关注和合；忽视定量，轻视实证。这样，中国古代教育固然缺乏在教育测量基础上的教育评价，但是在实际的教育实践中对各种教育活动提出的有关标准和价值判断还是存在的。这些有关标准和价值判断以各种形式呈现，可以说是中国古代教育评估的实践萌芽和发展轨迹。

先秦时期是中国教育的孕育期，其教育评估的萌芽随着教育实践活动的开始和发展同时出现。用现代教育评估的理论来看，评估的标准大多是模糊的，价值判断也十分简单①。虽然不甚成熟，但是开启了后代的各类教育及其评估的源流。从秦代起，中国古代教育评估的发展大致有三条线索可寻：一是私学，二是官学，三是科举制度。

私学起源较早，其教学方式的灵活和宽松，使得对学生的评估不太规范；而社会对于教师和学校的声誉，倒是比较关注。尤其是宋代书院兴盛以后，元明清三朝私学都对当时的社会产生了较大影响，相应地社会各阶层对私学的评价也日益增多。相对而言，官学内的教师和学生众多，就有教得好不好、学得好不好的比较，客观上需要对教师，尤其是学生的资格、业绩进行评估。自隋代以来，开始使用科举考试制度选拔人才。科举考试制度的形成，对于以后一千多年的中国古代教育以及教育评估的影响极为深远，是中国古代教育评估发展到了比较成熟阶段的产物。

（二）中国近代教育评估的实践与探索

鸦片战争以来，西洋列强的枪炮把原来"盲目自大"的中国几乎逼到"亡国灭种"的边缘，中华民族被迫走上了一条"变法图强"之路。为了图强，中国打开了长期闭锁的国门，逐步从器物、制度等层面引进与吸纳着有助于中国进步的东西，试图达到"师夷长技以制夷"的目的。与此同时，教育及其评估的发展也不可避免地受到了影响。

1. 基督教学校与教育评估

客观地讲，作为传教舟楫的基督教学校教育在近代中国的发展并不是很成功，但对于中国教育及其评估的现代化进程发挥了重要的作用和影响。其教学评估、专业评估实践对学校教育质量的保障和办学水平的提高以及教育整体布局结构的优化与完善等都发挥了重要的作用，对中国本土的学校教育系统无疑具有示范和借鉴意义。

值得关注的是，基督教教会和教育机构还试图建立起基督教教育

---

① 孙崇文、伍伟民、赵慧等：《中国教育评估史稿》，高等教育出版社2010年版，第135—220页。

系统统一的公共考试制度和区域性的学校督查系统,表明基督教学校已经开始着手从制度上建立严密完整的教育评估体系。

2. 教育评估的制度化演进

随着新式学堂建设步伐的持续推进,尤其是沿袭了一千多年之久的科举制度的最终废除,中国近代教育的新式教育制度逐渐建立起来。伴随着新式教育制度的建立,作为确保和提高教育教学质量和水平的有效手段的教育评估也得到高度重视和大力发展。其中涉及面最广、影响最大的教育评估制度是视学、督导制度和教育公共考试制度。

其中,"视学"制度开了我国教育督导制度的先声,成为近现代中国教育评估的一大亮点。正如我国教育学者罗廷光在其《教育行政》一书中所指出的那样:"教育视导乃依据视导的原则和标准,运用科学方法对教育事业和教学活动,由精密的视察、调查和考核,进而作审慎的考量,明确的评判,更给予妥善的指示,同情的辅导,并计划积极建设改进的方法,使教学效能增加,教育在改进、扩充、伸长和进展的历程中,得以有效地达到美满完善的境地。"

3. 教育测量实验运动的兴起

17世纪以来西方科学出现了空前的繁荣和发展,科学在对物质世界产生深刻影响的同时,也深刻地影响和改变着人们的思想和精神世界。这种思想同样左右和影响着西方教育的发展,20世纪初叶正式产生了实验教育学,教育测量运动也逐渐应运而生。

中国的教育学者敏锐地关注到西方教育界刚刚兴起的教育测量实验运动这一最新的发展动向,五四运动前后至1928年间,中国教育界也开启了一个教育测量实验运动的高潮期。在经历了一个引进与传播法国、美国、日本等多个国家较为先进的智力测验理论与方法的短暂过程之后,就开始了自己独立的创新研究,无论是研究成果的数量还是研究的方法、研究的广度及深度等与国外同行相比都毫不逊色。

(三) 中国当代教育评估的复苏与创新

新中国成立以后的相当长一段时间里,中国教育评估理论与实践基本处于停滞状态。特别是1966年开始的"文化大革命"彻底颠覆了整个教育秩序，教育评估理论与实践更是没有立足之地。至此，中国高等教育评估已经被世界远远地甩在后面，直到1977年恢复高考和随后的拨乱反正，中国教育评估才逐步恢复发展起来。

在改革开放之后的三十余年间，中国教育评估大致经历了恢复发展、蓬勃发展与体系化建设等三个历史发展阶段。以下各发展阶段的分析以高等教育评估为主。

1. 高等教育评估实践与探索（1985—1990年）

我国有计划地开展高等教育评估的研究和实践活动，是1985年5月27日《中共中央关于教育体制改革的决定》颁布之后的事情。《决定》第一次以文件的形式正式提出了在深化高等教育体制改革的过程中开展高等教育评估的要求，提出"教育管理部门要组织教育界、知识界和用人单位定期对高等学校的办学水平进行评估"等。

1985年召开的"高等工程教育评估问题专题讨论会"，被国内学术界公认为是我国高等教育评估正式开始的起点，具有里程碑意义。此次会议的召开是为了加强高等工程教育评估理论的研究和为高等工程教育评估方案的出台做好准备。1985年，国家教委相继颁布了一系列文件，全面部署了对高等工程教育的评估研究工作与试点工作。之后，全国性的高等工程教育评估委员会和科学评估小组正式成立。1985年12月，在广州召开了高校教学改革研讨会，会议确定由华东师范大学等高校组成教育评估试点工作联络组，要求各校制定评估指标体系。

1986年在北京召开的"评估高等学校工作状态理论与方法学术讨论会"提出了高校评估的一些重要概念，如区分合格及选优评估、指标体系的简化、自评的作用、评估的心理状态等，并进行了美苏教育评估的研究，出版了《教育评估的理论与实践》（北京航空学院出版社1987年版）一书。

1986年12月在成都召开的"高等工程教育评估试点工作会议"，集中讨论了专业、课程以及德育、体育评估的指标体系、标准与方法。此次会议也为我国高等工程教育评估试点工作的开展打下了基础。会后，相关成果以《高等工程教育评估》（浙江人民出版社1987年版）结集出版。

1987年6月，国家教委再次在西安召开了全国高等工程教育评估试点工作会议，在总结以往研究成果的基础上，会后以本科教育评估为中心的学校评估、专业评估、课程评估等三个层次的评估试点工作正式全面启动。这次评估试点共涉及全国80多所工科院校，到1989年第一季度，基本完成了预定的各项试点任务。与此同时，国内其他科类的高校以及没有被选入试点范围的一些工科院校也相继开展了评估试点工作。

1988年，受国家教委委托，上海高教研究所创办了《高教评估信息》，专门反映高等教育评估试点工作的经验及理论研究成果。后于1994年更名为《中国高等教育评估》，是国内高等教育评估领域最早的专业刊物。

1989年12月，国家教委在郑州召开"全国高等教育评估工作会议"，对实施中的高教评估试点工作进行了认真总结，并讨论形成了《普通高等学校评估暂行规定》建议稿。经过几番征求意见，《普通高等学校评估暂行规定》最终于1990年10月由国家教委签发。

《普通高等学校评估暂行规定》的编制和出台，是对1985年以来我国广泛开展高等教育评估研究和试点工作实践经验的一次全面总结，明确规定了我国高教评估的性质、目的、任务、指导思想和基本形式等，确立了我国高教评估制度的基本框架，是规范我国高教评估工作的重要指南。它的问世标志着20世纪90年代我国高教评估将进入稳步发展的新时期。

据1990年不完全统计，前一时期我国高等学校评估活动的范围之广、规模之大是空前的，其评估实践有效地促进了高教评估理论的发展及高校办学水平的提高。

2. 高等教育评估规范发展（1991—2001年）

（1）纳入法规、规范发展

1993年2月，中共中央和国务院发布了《中国教育改革和发展纲要》，要求"政府要转变职能，由对学校的直接行政管理，转变为运用立法、拨款、规划、信息服务、政策指导和必要的行政手段，进行宏观管理。要重视和加强决策研究工作，建立有教育界和社会各界专家参加的咨询、审议、评估等机构，对高等教育方针政策、发展战略和规划等提出咨询建议，形成民主科学的决策程序"；"建立各级各类教育的质量标准和评估指标体系。各地教育部门要把检查评估学校教育质量作为一项经常性的任务"。

上述精神同样也在1995年3月颁布的《中华人民共和国教育法》和1998年8月颁布的《中华人民共和国高等教育法》中再次得到确认与强调，把高等教育评估纳入了制度化规范发展的轨道。

（2）重点立项、联合攻关

高等教育评估实践的持续推进迫切需要评估理论的深入指导，为此，全国教育科学规划领导小组和全国哲学社会科学领导小组专门重点立项予以支持，关于"高等教育评估制度"的相关课题分别被列为"七五""八五"期间国家教委级重点课题，并于1991年6月成立了"中国高等教育评估研究协作组"，集中力量破解发展中的难题，其攻克的主要内容为：高教评估的基本理论和方法；高教评估的制度和政策；高教评估的比较研究等。

（3）广泛交流、国际合作

1992年4月在同济大学举行了首次香港——上海教育评估学术交流会，香港代表分别介绍了香港学术评审局的创建及其作用和任务、香港高等院校评审和专业甄审制度以及学术评审与专业评审的做法等等，来自上海方面的代表与香港同行进行了直接的交流。

1992年11月26日至12月1日，由国家教委高教研究中心与全国高等教育评估研究协作组联合举办的"全国高等教育评估第四次学术研讨会"在广东省江门五邑大学召开。

1993年6月，中美双方共同主持召开了环太平洋国家高等教育评估研讨会。会议集中讨论了两个主题：教学评价与学校评估。通过交流，中国的学者们不仅从国外同行那里了解了评估领域发展的最新成果，而且也展示了中国高等教育评估理论与实践的成就。

1994年1月7日至10日，中国高等教育学会高等教育评估研究会成立大会暨第五次学术讨论会在长春举行，会上成立了中国高等教育评估研究会。研究会的成立有利于整体规划和协调中国高等教育评估工作。

此后，中国高等教育评估研究会组织了一系列的课题研究和交流学习："九五""十五"期间，研究会牵头承担了多项国家教育科学重点项目，并设立了多项自拟研究课题；支持同济大学和香港学术评审局在上海召开"工程师鉴定制度与教育质量评估国际讨论会"；支持北京大学和美国威努纳大学合作在北京举办高等教育评估讲习班；与台湾大学教育评估界建立了联系和合作，参加了1998年6月在台北召开的"海峡两岸大学教育评鉴学术研讨会"，并合作编写了在中国台湾公开出版的《海峡两岸大学教育评鉴》；2000年在香港联合举办了以"高等学校内部教学质量保障"为主题的国际会议。

2001年9月，首届全国教育评估机构协作会议在南京召开，为评估的合作研究和广泛交流提供了新的平台。

（4）分门别类、实施评估

这一时期，根据高校办学的不同情况，分别组织实施了合格评估、随机评估和优秀评估三类不同类型的高校评估。

从1993年开始，教育部对178所新建高校进行了合格评估。从1995年开始，对"211"重点高校开展了优秀评估。1999年和2001年，对前两类学校之间的其他26所高校开展了随机性水平评估。这是现行的本科教学工作水平评估体系的基本雏形。

除了以上这些形式的评估，其他各种形式的评估也逐渐开展起来，如重点学科评估、博士硕士学位授予点基本条件合格评估、高校开展的内部评估等。

（5）著书立说、奠定学基

这一时期，一批教育专家潜心研究高等教育评估理论，出版了不少有关高等教育评估方面的专著。代表性著作有陈玉坤的《中国高等教育评价论》（广东高等教育出版社 1992 年版）、王冀生的《中国高等教育评估》（东北师范大学出版社 1993 年版）、王致和的《高等学校教育评估》（北京师范大学出版社 1995 年版）等，这些专著的出版，为我国高等教育评估工作奠定了初步的理论基础。

3. 高等教育评估深入发展（2002 年—　）

随着评估工作的深入开展，2002 年 6 月，教育部对合格评估、优秀评估和随机性评估这三种评估方式进行了调整，将这三种评估统合为"高等学校本科教学工作水平评估"。

2003 年 11 月，教育部下发《教育部办公厅关于对全国 592 所普通高等学校进行本科教学工作水平评估的通知》，提出"建立 5 年为一周期的全国高等学校本科教学质量评估制度"。

2004 年 8 月，教育部印发了修改后的《普通高等学校本科教学工作水平评估方案（试行）》，即教高厅〔2004〕21 号文件，并开始试行。

与此同时，2003 年，教育部针对高职高专院校制订了人才培养工作水平评估方案，开始对 26 所高职高专院校进行试点评估，在试评的基础上，决定从 2004 年开始在全国范围内全面启动高职高专院校人才培养工作水平评估，并下发了评估指导性文件《高职高专院校人才培养工作水平评估方案（试行）》等。

2004 年 8 月，在前期调查研究的基础上成立了教育部高等教育教学评估中心。教育部高等教育教学评估中心的成立以及五年一轮评估制度的确立，标志着中国高等教育评估工作迈进了深入、规范发展的轨道。

2007 年 10 月，教育部下发了《普通高等学校本科教学工作水平评估学校工作规范（试行）》和《普通高等学校本科教学工作水平评估专家组工作规范（试行）》，进一步规范了我国普通高校本科教学工作水平评估体制。

二　国外教育评估的发展分期

现代意义上的教育评估是伴随着西方教育测量与评价科学的产生

而发展起来的。从国外情况来看，先后经历了萌芽时期、形成时期和发展时期三个历史阶段。

（一）萌芽时期（19世纪中叶到20世纪40年代初）

在这一时期，以学历测验客观化、标准化为重要对象的教育测量研究得到蓬勃发展。学校评价理论和学校鉴定工作开始萌芽，并逐步向高等教育领域发展。

1845年，美国教育学家梅恩首先改变了以往学校对学生学力测验的口试方法，在马萨诸塞州波士顿文法学校引进书面考试，以统一试卷来测验学生的成绩。这在教育评估史上具有重要的意义，也是教育评估史上的一件大事，因为它开创了以学生测验成绩为依据来评估一所学校教育教学质量的新方法[①]，首创了运用学生的测验成绩作为评价学校效率或教学方案的主要依据。但成绩评定的客观标准仍然未能得到较好的解决，针对这种情况，1864年，英国格林威治医学校的校长费舍尔对书面考试的成绩标准进行了研究，提出按五分制评分的标准。费舍尔的工作未引起当局的关注，但它成为50年后桑代克等人开展教育测验运动的根据。1879年，德国心理学家冯特在莱比锡大学首创心理实验室。在实验心理学的研究中，冯特等人逐步摸索出了一套测量的方法，这对教育测量的发展产生了很大影响。1890年，美国心理学家卡特尔发表了"心理测验与测量"的著名论文，进一步推动了教育测量技术的发展。1904年，美国心理学家桑代克出版《心理与社会测量导论》一书，系统介绍了统计方法以及编制测验的基本原理，并提出了一个著名的论断："凡是存在的东西都有数量，凡有数量的东西都可测量。"这一论断极大地促进了教育测量的发展。桑代克带领他的学生着手陆续编制标准测验和量表，在桑代克的努力下，教育测验运动蓬勃开展。1905年法国的比纳与其助手西蒙在《心理学年报》上发表了"诊断异常儿童智力的新方法"，文中提出了著名的智

---

① 滕星：《教学评价若干理论问题探究》，《中国人文社会科学博士硕士文库》，第93页。

力量表——"比纳西蒙量表"。1916年，美国斯坦福大学教授推孟主持修订了比纳西蒙量表，提出了斯坦福量表。在斯坦福量表中首次引用德国人斯登提出的智商概念，从而使心理与教育测量达到了较为成熟的阶段。

测验、测量研究的内容和方法对学校以及各种教育机构成就的评估产生了重要影响。在19世纪中叶，美国一些地区开始用学生的测验成绩进行校际比较，并把比较的结果与对校长的任用联系起来。以后，随着各种标准化的测验被编制出来，客观的测验方法迅速地从对学生的测验发展到对学校和教师教学效率的测定。

在教育测量发展的同时，另一类教育评估工作——鉴定在美国开始发展起来。19世纪末期，由于美国的院校发展过快，其中部分院校的教学质量受到人们的质疑，于是国会要求对院校下一个定义，一些教育协会遂开始着力于研究怎样对学校以一定的最低标准进行鉴定。与此同时，美国北部大学和中等学校中心协会开始运用同行判断的方法对学校进行鉴定。1896年，美国北中部院校协会率先提出了鉴定一所学校的五个方面的要求，于1901年开始对所属中学进行鉴定，并于1913年首开院校鉴定之先河，院校鉴定从此逐步发展起来。之后，全美范围内设立了多个鉴定协会，鉴定运动取得了较大发展，并受到广泛重视与信任，一度成为"对教育机构的适当性进行评价的主要手段"。

从20世纪初叶到30年代，西方学校教育评估的主要对象是学校的教育成就，评估的基本依据是对学生学力测验的数据，评估的主要手段是教育测量。在追求教育评价科学化的历史背景下，测量被广泛运用于教育评价。

（二）形成时期（20世纪40年代末至80年代）

教育测验是力图使教育计划与指导建立在客观性和可靠性的基础之上，从这个意义上讲，"教育测验运动是现代教育评价的起始点"。但随着教学测验运动的不断发展，人们逐渐认识到教育测验的局限性：教学测验尽管能使考试客观化、标准化，并能对人的能力差异程度加以量化，但毕竟不能测出人的全部方面，即使是最富有成果的学力测验也不能测得学力的全部领域，如学力结构要素中的兴趣、情绪、鉴赏力等就无法精确量化，而这些又恰恰是教学过程的重要方面。由于教育测验存在缺陷，所以教育家们努力地寻求更科学的测定方法。

1937年，塞蒙兹发表了《人格与运动的诊断》一书，主张学力中非智力因素的测量可应用评定法、问卷法、交谈法、轶事记录法、自我报导法等，从而从方法论上否定了单纯的测量法，并由教育测量的研究逐步过渡到了对教育评价的研究。与此同时，20世纪30年代美国发生的严重经济危机迅速波及各行各业，工厂倒闭、经济萧条，大批青年因无就业机会纷纷涌向中学，而中学的课程设置主要是为升学服务，这就使学生的就业需要与学校的课程设置导向之间发生了尖锐矛盾。有悖于求学者需求的教育终究得不到人们的青睐，许多学校关门，班级减少，教员解雇。在这种情况下，美国的一些教育家成立了"进步主义教育协会"，他们边批判旧教育边寻找新出路，在进行学校教育改革探索的同时开始研究如何建立一套科学的教育教学评价体系。在卡内基基金会的资助下，俄亥俄大学成立了由泰勒教授领导的评价委员会，该委员会在长达8年（1933—1940年）"课程评价的研究"的基础上，提出了著名的"泰勒评价模式"。为了与早期的测验区别开来，泰勒和他的同事们正式提出了教育评价的概念，并拟出了一份被称为"划时代的教学评价宣言"的报告。

泰勒的评价模式，促进了教育评估的重要变化，与其相应的教育评估理论研究得到了很大的发展。泰勒的学生布鲁姆于1956年发表的《教育目标分类学——认知领域》，对于教育目标和教学理论的完善起了重要作用。通过实践，又涌现出了一些新的评价思想，较有影响的有斯塔弗尔比姆的CIPP模式及美国加利福尼亚大学评价中心提出的CSE模式等。这些模式的提出既丰富了教育评估理论，弥补了泰勒模式的缺陷，也为教育评估理论进入一个新的发展阶段进行了理论反思和实践准备。

泰勒的评价模式也推动了院校鉴定这类活动的发展。1949年，美国成立了国家鉴定委员会,协调全国高校的鉴定工作。这标志着美国高等教育评估体系开始形成。该机构认为鉴定的作用是:认可一所高等学校或专业教育计划是否达到了预定的资格和标准。由此可以看出泰勒评价思想的影响力。此后,1964 年成立了高等教育地区鉴定委员会联合会(FRACHE),1975 年这两个委员会合并成立了中学后鉴定协会(COPA)。至此,美国高等教育鉴定形成了全国统一的局面,也标志着美国高等教育评估体系正式形成。

1964 年,英国成立了第一个高等教育评估组织——全国学位授予委员会。它的评估范围仅限于多科技术学院和其他学院,主要对其教学等方面进行质量监控和评估。到了 70 年代末,由于英国经济的恶化和高等教育规模的进一步扩张,高等教育经费严重短缺,大学的教育质量急剧下滑,引起了社会各界对高等教育质量的关注。1983 年成立的"学术标准小组"对大学教学和管理质量进行的研究拉开了关于质量标准讨论的序幕。

日本高等教育评估工作的开展主要是在美国的影响下发展起来的。第二次世界大战后,1946 年美国向日本派遣了"教育使节团"对日本的高等教育进行考察,在其影响下,1947 年,日本成立了大学基准协会,对高等学校的教育教学质量进行评估,并在社会上赢得了一定的声誉。该协会是日本历史上第一个全国性的高等教育评估机构。

1984 年,法国国家评估委员会成立,负责对法国科学、文化及专业方面的公立院校(包括大学、学院、隶属于负责高等教育的部长所管辖的专门学院)进行评估。至此,高等教育评估工作在各高等教育发达国家普遍开展起来,并促使其向世界范围发展。

(三) 发展时期(20 世纪 90 年代至今)

进入 20 世纪 90 年代,高等教育评估步入全面发展时期。这一时期,大量的研究成果涌现,评估工作日趋科学化,并出现了有关高等教育评估的国际化组织。

第一,理论研究广泛开展,研究成果大量涌现。90 年代以来,以荷兰、英国、美国等西方国家为先导,高等教育评估的理论研究全面展开，研究范围涉及高等教育质量控制的方法、内容、模式等方面，发表了大量的论文，出版了一些专著。代表性著作有：英国副总理与校长委员会出版了《高等教育中的教学标准与卓越》一书（1991年），艾莉斯（英）编著出版的《大学教学质量保障》（1993年）。另外还有《教育评价与政策分析》《方案评价新探》《评价信息》《评价与方案计划》等。

第二，出现了国际性的高等教育质量保障机构和高等教育质量研究的专门刊物。一些国家的大学相继建立了各种教育评估研究中心，如美国的斯坦福评估协会、加利福尼亚大学评估研究中心、西密执安大学评估中心、伊利诺斯大学教育研究与课程评价中心、波士顿大学评价与教育政策研究中心，等等。

1991年7月，国际高等教育质量保障第一次学术会议在我国香港召开，期间建立了一个以信息共享为宗旨的国际性高等教育质量控制组织——"国际高等教育质量保障机构代表网络"。1995年，该机构创办了高等教育质量保障专刊——《高等教育质量：理论与实践》，专门刊登各国有关高等教育质量保障与评估方面的研究成果和实践经验。

综上所述经过百余年的发展历程，教育评估逐渐走向成熟，评估的范围越来越广，目的越来越明确，手段越来越科学，形式越来越多样，成为推动学校教育健康发展的一种重要的科学的管理方法。

第二节 教育教学评估的宏观与微观模式

所谓评估模式，即在特定方法论的指导下，采用特定的管理手段和管理策略对高等教育质量实施评估的一套理论和实践。不同的方法论基础和运作特征形成了不同的评估模式。

一 宏观模式

由于各国具体国情不同，高等教育保障及评估模式在西方各国也不尽相同，但从宏观上讲，依然可以分为三大类：大陆模式、英国模式与美国模式。

（一）大陆模式

大陆模式是指在西欧大陆国家发展起来的一种高等教育质量评价及保障模式。这些国家包括荷兰、法国、芬兰、瑞典、德国等。这些国家高等教育的一个共同特征就是政府对大学进行严格控制，大学的自主权很小。因而大陆模式基本上是一个严格的政府控制的模式，它关注高等教育的输入质量甚于输出质量。政府对以下事宜进行了不同程度的干预：学校预算、学校教师的聘用、学校招生、学校课程设置以及考试等。虽然大多数国家都有专门的学生学位考试，但政府还是另外设置视导员帮助学校监督教学质量。大陆模式的一个基本特征就是高等教育质量评价及保障是从高等教育系统外部开始的，其高等教育质量评价与保障体系是外生型的，外部评审工作组在整个评估过程中始终扮演主要角色。在西欧大陆各国的高等教育质量保障及评估运动中，荷兰的模式无疑具有一定的代表性，这不仅因为荷兰的高等教育基本上是由政府控制的，而且因为荷兰是开展质量保障及评估较早的国家，其相关的理论研究与实践进程都走在世界的前列。

1. 荷兰

在荷兰，高等教育系统很大程度上是由政府控制的，高等教育系统的各种活动时常受到政府政策的影响。到了20世纪80年代中期，政府尝试着下放一部分权力于高校，于是《高等教育：自治与质量》出台了。荷兰社会各界主要是教育界以此为契机，大力推进学校质量保障运动，向社会证明高校"物有所值"并期望以此换取一定程度的自治。

荷兰的整个质量保障过程由三个独立的阶段组成：监督活动阶段、测量阶段、改进阶段。要使高等教育保障活动系统化，这三个阶段缺一不可，共同构成了一个质量评估圈。

在这一质量保障圈中，首先要确定评估层次、选择评估方法、明确评估目标，即：是院校层次、院系层次还是课程层次等，是选择输入—输出测量还是同行评估，评价的主要目标是什么。质量保障不能局限于关于资助的决策，它还能达成鉴定的目的或者形成预警系统。其次，质量只能在一所学校的具体背景中理解，因而，有效指标的选择非常重要。在关于评价层次、形式、目标与指标的决策确定后，必须收集证据。这就要求进行学校、方案、课程的优缺点分析并制订计划改进质量。再次就是评估改进方案的实施情况。最后是结论，它也是新的质量保障过程的起点。

自20世纪80年代中期以来，荷兰的高等教育质量评价及保障已进行了十年有余。在这期间，荷兰的教育教学质量保障体系发挥了双重功能：一方面，帮助大学了解它们达成目标的历程以及达成目标的程度；另一方面，质量保障的结果又告知社会公共资金使用的方式及效益。

2. 法国

法国是个高度中央集权的国家，根据1808年3月由拿破仑政府颁布的《大学组织令》的相关规定，高等教育事物归国家管理，完全置于中央政府统治之下，因此，法国的高等教育质量主要依靠政府行为来保障。政府主要通过督导制度和评估制度来保障高等教育质量。

法国高等教育质量评估体系组成主要由高等教育督导机构、国家高等教育研究委员会、国家评估委员会和其他相关机构组成。

（1）高等教育督导机构

法国高等教育质量保障体系最初是从国家教育督导制度发展起来的。早在大革命之前，法国的教育督导制度就已萌发，大革命后，法国正式建立了世界上最早的教育督导制度，成为教育行政管理体系的重要组成部分，它既是国家对教育的监督系统，又是联系教育各部门的纽带和桥梁。1875年后，由于高校法人地位的确立，高校内部实行自治，1888年政府取消了高等教育总督导。"二战"后，随着高等教育规模的扩大以及教育行政管理体制改革的不断深入，20世纪60年代法国逐步恢复教育督导制度，国家教育行政总督导负有从行政和经济的角度对公立大学进行监督的职责。20世纪七八十年代，法国对教育督导制度进行了改革和调整，按专业组织督学工作小组，加强对高等教育的宏观调研。从20世纪80年代末开始，法国政府先后制定和颁布了一系列有关教育督导的法规。目前法国的教育督导体系由中央、大学区和省级三级督导机构组成，教育部内设4个总督导处，其中国民教育行政总督导处分为两个组，一组负责高等教育，另一组负责大学区和省两级之间的教育行政机构。该处的使命是"在行政、财政、会计和经济方面，对属于国民教育部长领导或管辖的人员、部门、机构实行督导"。

(2) 国家评估委员会

国家评估委员会于1984年由法国总统正式宣布成立，1985年开始运作。1987年颁布的相关法律进一步明确规定，国家评估委员会作为一个独立的国家行政权力机关和咨询机构，一方面独立于政府，直接向总统负责，不受教育部长的领导；另一方面也独立于受评估高校，其评估目的在于加强高校的自治和基础，增进高校的责任。国家评估委员会由17位总统任命的各界代表组成，任期4年。其中11位来自学术研究机构，4位来自经济与社会委员会，1位来自国务院，1位来自审计署。该委员会的使命是对法国教育部及其他部委所属的所有科研、文化和专门职业高等教育机构进行质量评估，具体活动包括：实施院校评估；对全国范围的特定学科或学位进行评审；对大学的使命进行研究，在送呈总统的年度报告及各项主题研究中，检讨高等教育的总体政策问题。

(3) 国家高等教育研究委员会

法国高校的学位证书可以由国家或高校授予，国家学位只授予进入公共服务部门的雇员，但高校的授予国家学位证书的权力受到中央政府的严格监督。根据1984年《高等教育指导法》的规定，国家高等教育研究委员会是负责审批发展教学项目以获得国家学位的责任机构，其实就是政府机构，由相关的部长担任主席，既负责项目审批，也限定获得国家学位证书的最低标准。它规定学生只有经过两年以上

1200个学时的学习才能获得第一学位，这段时间学生毕业人数的比例被控制在40%以内。

（4）其他评估机构

除了国家评估委员会对院校进行评估外，在课程与学位方面，法国政府通过工程师资格认证委员会，对高等专业工程学院和综合大学的工程学课程进行评估和认证，通过管理培训课程与学位评估委员会对高等商业和管理学院的学位课程进行评估。科学、技术和教育委员会除了对各类综合大学和高等专业学院的课程进行评估之外，还负责评估由高等教育机构单独开展的研究项目；而由院校与研究机构开展的科研项目则由各类科研机构如国家科研评估委员会和国家科研中心等来承担。在人员方面，国家大学委员会负责对大学教师进行评估；国家教育行政与研究总督导处负责高等教育行政人员的评估；各类研究机构的评估委员会负责对研究人员的评估。

以上这些都是典型的法国式高等教育评估中介机构，其具有以下特点：一般是根据法律或政府政策建立的、隶属于政府相关行政部门的专门组织；从职责的规定、成员的任命到政策的制定与实施都离不开政府的直接参与。

法国高等教育管理体制的典型特征是中央集权制，尽管政府已经逐渐将高等教育管理权限进行下放，但政府对高等教育仍有很大的管理权限。由于受其高等教育管理的集权传统的深刻影响，法国的高等教育质量评估呈现出明显的政府控制型范式的特征。这种范式通常是通过政府教育行政部门或隶属于政府的评估机构开展的外部评估来实现的。在政府控制型范式中，国家权力在高等教育质量评估活动中占据主导地位，不仅对各个高校进行评估，而且通过分析各高校的情况，着重评价整个高等教育系统。从评估目的、评估过程、评估结果和评估主体来看，法国国家评估委员会组织的评估活动的有效性是比较高的。高等教育管理体制上的相似性，为我们研究和学习法国的评估体系提供了基础，积极借鉴其先进的理念和做法，对提高我国质量保障体系的有效性具有重大意义。

3. 德国

鉴于德国高等教育认证体系受联邦制的制约，国家认证委员会仅负责认证各地的高等教育认证机构，这些机构进而认证各高校的学位点或整所高校的质量保障体系。认证机构需要认证时，国家认证委员会会召集一个评审小组，该小组通常由五人组成，其中一位必须是国家认证委员会成员，两位必须来自国外。获得认证书的认证机构在一段时期后必须重新接受认证，以确保其认证质量。

至2011年左右，共有以下十个认证机构获得国家认证委员会的认证：

- 认证、颁证与质量保障所（ACQUIN）；
- 康复教育学、护理、健康与社会工作学位点认证所（AHPGS）；
- 教会大学学位点质量保障与认证所（AKAST）；
- 奥地利质量保障所（AQA）；
- 学位点认证与质量保障所（AQAS）；
- 工程科学、信息学、自然科学和数学学位点认证所（ASIIN）；
- 巴符州评估所（evalag）；
- 国际商业管理认证基金会（FIBAA）；
- 瑞士认证与质量保障组织（OAQ）；
- 汉诺威评估与认证中心（ZEvA）。

认证机构开展的认证分为两种，一种是学位点认证，另一种是质量保障体系认证，即某高校的质量保障体系一旦获得认证书，该校所有学位点在六年中当然也通过认证。整个认证程序按照国家认证委员会制定的结构性规范有序展开。

学位点认证采用同行评议。认证机构就某校某学位点的认证申请召集一个评审小组，由相关学科的教师、学生和行业人士组成。评估包括一次现场评估，认证机构根据评审小组的建议决定是否颁发认证书。

质量保障体系认证也是通过同行评议。认证机构就某高校的质量保障体系的认证申请先展开预审，判断是否符合认证条件，确认之后再召集一个评审小组，由三位在高校管理和高校内部质量保障方面有经验的人士、一位在高校自治和认证方面有经验的学生代表和一位行业代表组成，这五人中间，必须分别有一位精通高校领导、高校教学管理和高校质量保障等方面内容的人士，也必须有一位来自国外。评估包括两次现场评估、一次项目抽样和一次特征抽样。认证机构根据评审小组的建议以及高校的自我评估最终决定是否颁发证书。

除了"卓越计划"和学士点硕士点认证，在德国高等教育宏观评估的形式还有以绩效为导向的高等教育拨款，即各联邦州政府通过一系列绩效的指标对下属各高校分配国家财政。此外，德国各高校陆续设置了质量保障与发展中心，或者所在地域的若干所高校共同组建高等教育评估机构，如德国西南地区高等教育评估联盟。这个联盟成立于2003年，包括德国西南地区六所综合性大学、十所应用技术大学和一所行政学院，秘书处设在美因兹大学质量保障与发展中心，主要任务是提升高校教师专业能力、颁发教学奖、调查课堂教学质量与毕业生就业情况。

以上列举的若干德国高等教育宏观评估模式具有一个共性，即政府主导型。这既是纳税人对由纳税人供养的高等教育问责，也是高校发展的内在性诉求，其所凸显的是高校的公共责任。

（二）高校自治型模式

高等教育质量保障及评价的英国模式又称为学术团体自我管理模式，它起源于英国中世纪牛津大学与剑桥大学完全独立于外部控制的理想。中世纪英国的大学是自治的、自我管理的，教师拥有学校的控制大权，学校质量的评判主要是学术团体分内之事，不容外界干预。政府对大学的控制较小，学校自身通过学校宪章拥有相当大的自治权，可以自己实施质量控制。大学传统上自由选择师资、学生、课程并授予自己的学位。英国传统的质量保障及评价的核心就是大学的质量主要由大学自己负责，具体由学术专家进行评判，政府的干预不多。但是，自20世纪80年代中期以来，随着人们对高等教育质量的担忧日益加深以及质量保障及评估运动的深入开展,政府开始改变了原先不闻不问的态度,逐步加强了对高等教育的干预力度。不过从总体上讲,英国传统的高校自主管理学校质量的基本格局仍没有被打破。

英国是世界上开展高等教育质量保障及评估运动最早、最深入的国家之一。20世纪70年代和80年代,英国的高等教育系统发展迅速,但是缺少规划。英国的高等教育从一个只有几所精英大学的小系统转变成拥有众多高校的大系统,这个转变引起了高等教育与社会之间关系的变化。在精英大学的小系统中,大学教育的增加值较显而易见。而如今,拥有众多高校的大系统,必须向公众展示高校的教育质量,并且必须满足高校各利益相关者的期待和需求。国家高等教育调查委员会认为一个平衡发展的高等教育系统应该有更多的学生、规划者、高校的信息等,有足够的经费来提高绩效,尤其是提高教学质量、学术标准和信息需求等方面的绩效。

在学术治校的大背景下,高等教育进行了许多新尝试,其发展经历了从大学自治到强化外部控制再到以大学自治为主、内外控制有机结合的演变过程,逐步形成了现在多元化、多层面的高等教育质量评估体系。政府、中介机构、行业协会、新闻媒体及高等院校等在质量评估中各司其职,各尽其能,以大学自治为主,外部评估为辅,构成了英国高等教育质量保障及评估体系的基本框架。

其中,内部质量评估体系指的是各个高等院校内部建立的各种质量评估机制,如自我审查、学生与社会人士共同参与评价、校外同行评审等。各个院校基本上都有一套较为完善的内部质量评估体系,它们依靠强烈的质量自律意识、完善的质量管理制度和严格的质量保证措施等来维持和提高质量。外部质量评估体系主要由以下四部分组成:政府的督导及对高等学校的批准与授权,中介机构的评估与审计,行业协会和专业机构的考核与认证,舆论媒体对高等教育质量的监督与导向。

1. 高等学府的权力和责任

英国所有的大学都是实行自主管理的,大多数高校都是由政府通过高等教育经费委员会来资助的。每所大学都对自己教授的学科的学术标准和质量负责。每所大学建立自己内部的评估程序来保证和提高学术标准和教育质量。具体考虑两个方面[①]：（1）学生的评估；（2）学科设计、批准、监督和评估的程序。大多数高校定期对学科进行监督和评估，主要评估学科的绩效以及学生的学习成果。学科评估通常由开设该学科的科系来进行。评估的过程包括外部评估报告、教师和学生的反馈或者学科的认证机构的报告。评估的结果能够决定评估程序是否需要调整，以确保教育的质量。

定期的学校评估周期通常为五年，并且有校外专家参与。高校还采用不同的方法来定期评估学生服务部门。每所高校的外部评估者直接向校长汇报评估结果。这些评估者是独立的学术专家，来自其他高校或相关专业领域。他们从以下几个方面对所评估的学科进行判断并提出建议[②]：学科执行学术标准的状况；高校的资格和学科的框架；学科的学术标准与英国其他高校的类似学科进行比较；学校的评估、考试和学位的颁发程序。另外，在评估中，高校还必须向评估者提供一些学校的基本情况，如：学校背景、学生招生和就业状况、学术质量和标准的评估程序。

2. 质量评估机构

高等教育质量评估机构的目标是促进高等教育质量和学术标准的不断提高，并提供有用的高等教育信息来满足学生、雇主和高等教育投资者的需求。学术标准是指学生在获得某个学位时，必须掌握或者达到的程度。全英国相似学位的学术标准必须一致。教学质量是指高校使学生能获得恰当、有效的教学和学习机会，并提供足够的学生支

---

① Castelluccio, C. &Masotti, L.. Quality assurance in United Kingdom higher education [M] //In C. Orsingher (Ed), Assessing quality in European higher education institutions. Physica-Verlag, 2006.

② Castelluccio, C. &Masotti, L.. Quality assurance in United Kingdom higher education [M] //In C. Orsingher (Ed), Assessing quality in European higher education institutions. Physica-Verlag, 2006.

持。高等教育质量评估机构评估高校和学科层面的教育质量,并且公开评估报告。另外,该评估机构还支持一系列提高教育质量的活动,并向政府提出关于政府向高校提供拨款的建议。

高等教育质量评估机构还提出一些提高教育质量和学术标准的提议,以及执行这些提议的计划。这些提议包括:建立学位资格和学分的框架;建立学科标准;扩大外评估者的作用;建立评估的实践标准。

高等教育质量评估机构的使命是提高公众对高等教育质量的信心,并通过以下做法来实现这个使命[1]:(1)与高等学校合作,促进和支持教育质量和标准的不断提高;(2)向学生、雇主和其他社会各界提供清晰和准确的关于高等教育质量和标准的信息;(3)与高等学校合作,制定和管理学位资格的框架;(4)对高等学校授予的学位进行审核,并指导建立学术标准和提供相关信息;(5)公布评估实践的标准并提供评估的优秀案例等。高等教育质量保证机构的四项主要活动为[2]:(1)审核学校内部质量管理的过程;(2)每隔五年评估学科的教学质量是否符合学科的教学目标,教学评估分为六个方面,每一方面的评分为四分制;(3)建立每个学科的毕业标准,并向雇主提供每个学科毕业生的信息;(4)监督国家学位资格框架。

质量评估机构通过其评估实践获得的参考值,来帮助界定清晰、明确的评估标准。为了实现这个目的,质量评估机构、高等教育机构和其他参与者共同创建并实行以下措施:高等教育学位资格框架、学科基准、学科描述、学科档案、保证高等教育学科质量和标准的操作

---

[1] Anderson, D. Johnson, R. &Milligan, B.. Quality assurance and accreditation in Australian higher education: An assessment of Australian and international practice [R/OL]. Canberra: Department of Education, Training and Youth Affairs, 2009 [2010-12-17] http://www.dest.gov.au/archive/highered/eippubs/eip0_01/fullcopy00_1.pdf.

[2] Anderson, D. Johnson, R. &Milligan, B.. Quality assurance and accreditation in Australian higher education: An assessment of Australian and international practice [R/OL]. Canberra: Department of Education, Training and Youth Affairs, 2009 [2010-12-17] http://www.dest.gov.au/archive/highered/eippubs/eip0_01/fullcopy00_1.pdf.

规范。①

　　高等教育学位资格框架主要是了解高等教育学位的资格。学位资格就是指某个学位的获得者的特性。学位包括学士学位、硕士学位和博士学位。学位资格框架确定了学位应该包含的资格水准，并且向公众保证学位的质量。

　　学科基准是指人们对学科所期待的学术标准。它指出了获得该学科学位的学生必须了解该学科的特性、知识和技能。另外，它还指出获得学士荣誉学位所要求掌握的知识和经受的挑战，并以此来支持高等教育机构以及学科的设计。

　　学科描述包括每所高校提供的学科的信息。它界定了学生必须掌握的知识、技能等方面的范围，以及学生能够获准毕业的要求，并对学科与学位资格框架之间的关系进行了说明。

　　学生的学科档案是用来帮助并使得学生的学习成果更清晰、更有价值。这些档案包括了每个学生学习状况和成绩的正式记录，并且包括个人发展的规划。

　　保证高等教育学科质量和标准的操作规范用来指导学术标准和质量管理。这份操作规范有十个部分，而且每个部分都包括了高校应该遵循的规则。

　　另外，质量评估机构还向政府部门建议学位授予权力的分配、大学头衔或高等教育机构的委任，它还对授权确认机构颁发证书、参与国际质量评估活动等。

3. 新型的质量保障及评价模式

　　近年来还涌现出了不少新型的具体的质量保障及评价模式，其中以 BS5750 模式与 TQM 的专家质量保障模式最为典型。下面就简单介

---

　　① Castelluccio, C. &Masotti, L.. Quality assurance in United Kingdom higher education [M] //In C. Orsingher (Ed), Assessing quality in European higher education institutions. Physica-Verlag, 2006.

绍下 BS5750 或 ISO9000 模式①。

BS5750 质量保障模式是西方工商界质量保障模式在高等教育界的应用。BS5750 系列标准是英国标准局为检验、控制工业产品质量而制定的,在 20 世纪 80 年代后期、90 年代初期被一些学者引入到高等教育领域。ISO9000 是国际标准组织以 BS5750 标准为基础,参考加拿大标准 CSA2299、美国标准 ASGC21.15 等制定的,其宗旨与 BS5750 是一致的,只不过名称不同而已。有学者认为,虽然工商界的情况与高等教育界的背景大相径庭,然而其基本原理,即满足用户需要是完全适用于教育界的。不少学者进行了大胆的尝试,把 BS5750 标准的基本精神与质量保障程序引入到大学的教学领域,建立了大学教育质量保障的 BS5750 模式或 ISO9000 模式。在这方面,英国学者 R. 艾莉斯堪称先行者。艾莉斯把主要精力集中于 BS5750 标准的第四部分:质量保障体系的 20 个要素,他认为在这 20 个要素中,有一些可以毫无困难地移植到大学的教学中,另一些虽然表面存在一些困难,但只要进行适当的语言处理,也可以移植到大学的教学领域。这 20 个基本要素如下:管理责任;质量系统;合同评议;设计控制;文献控制;采购;产品买主;产品识别与追踪;过程控制;视导与测试;视导测量与测试仪器;视导与测试的状态;不合格产品的控制;校正措施;产品的管理、储存、包装与传递;质量记录;内部质量审计;培训;服务;统计技术。艾莉斯认为,虽然这些要素是为工商业产品而设立的,但仍然可以从中直接或间接学到不少东西,从而应用于教育领域。为了达到持续保证与改进大学教育质量的目的,建立一个系统的教育质量保障模式是必要的。艾莉斯经过慎重的研究,将 BS5750 质量保障的 20 个要素在大学背景中重新进行了诠释,提出了一个完整的教学质量保障模式。

(1) 大学必须制定一套教育质量政策的文献并保证它能为全体员

---

① 陈玉琨、杨晓江等:《高等教育质量保障体系概论》,北京师范大学出版社 2004 年版,第 59—198 页。

工所理解。

（2）大学必须明确那些对教育质量保障的关键活动的负责人，他们的权力范围及其相互关系。

（3）大学必须明确质量的标准及其实现的方式及由谁完成。

（4）大学必须明确对质量保证操作负责的高级员工及相关的委员会。

（5）大学必须经常评估其教育质量管理。

（6）大学必须详细说明制定其教育质量保障的制度，包括各特殊时期的组织与计划。政策、组织、制度与计划应写入质量手册中。

（7）大学应确定其与学生的契约性质。

（8）大学必须确认与课程计划及有效实施这些计划所需要的工作程序。学校的注意力集中于用户的意见、个人与组织的责任等方面。

（9）大学应简明扼要地制定质量保障所需要的文献。

（10）大学应为供给者制定并监督与大学教学服务相关的标准，包括学校内部、外部的供给方。

（11）大学应保证用这种方式说明教学中的关键要素并采取适当的行动。

（12）大学应详细说明教学基本特性的过程及支持教学的过程，以便能控制影响教育质量的因素，制定并监督标准、识别以及解决问题。

美国学者拉尔夫·G. 路易斯与道格拉斯·H. 史密斯从 ISO 9000 入手，从同一角度分析了这一工业化模式。他们认为，在 ISO 9000 标准的 20 个基本要素中，只有 12 个标准与大学教学直接相关，它们是：管理责任；质量系统；合同评议；设计控制；购买；买方提供的产品；过程控制；不合格产品控制；校正措施；质量记录；内部质量审计；培训。路易斯与史密斯指出，将 ISO 9000 系列标准应用于大学教育质量保障并不是一件容易的事，关键在于把握这些标准与大学教学的相关性。他们绘制了应用于高等教育领域的质量标准流程图，进而分析了以上 12 个要素与教学过程的关系。

BS 5750 模式/ISO 9000 模式最早诞生于英国，英国一些大学也在实践中进行了一些有益的尝试。从英国的经验来看，这一模式具有以下特征：

（1）这一模式来源于工商业界，深深地打上了"市场化"的烙印，其基本原则就是"用户利益至上"，满足用户需要就是这一模式的根本宗旨，也是它之所以被引入教育领域的前提。

（2）这一模式是在英国高校出现的，虽然起源于工商业界，具有一定的外生性，但从其管理程序来看，本质上仍是校内管理，强调学校全体员工的参与，与英国高校享有较大的自主权并不相悖。以英国的 Wolverhampton 大学为例，最高层的质量保证机构是学校董事会，以下是院董事会、质量保障委员会、院评估与监督委员会。

（3）这一模式极端重视高等学校教学的绩效指标，要求对教学过程中的任一关键活动都能出示具体的实证指标，而不太重视定性的描述，这也与其来源于工商界有关。

总的来说，完善的内部质量管理制度和严格的质量保证措施为维持和提高高等院校的教育质量发挥了巨大作用。但是不能忽视一个至关重要的因素，那就是对高等教育质量的自律意识和社会责任感。质量保障体系在发展过程中所坚守的内在逻辑就是英国文化中延绵不绝的尊重知识和自由，以及渐进发展的传统。学术自律的理念与大学相伴相生，大学形成了自我监督的传统，并在质量保障体系的建构中逐步得到强化。在这种深厚的文化底蕴基础上，英国高等院校内部质量保障体系得以良好运行。

（三）社会主导型模式

与西欧国家相比，美国的高等教育可谓自成体系，独具特色。在相当长的历史上，全美并不存在统一的教育管理机构，高等学校的管理权限主要在州一级，各州对高等学校管理与控制的程度不一，但普遍比较松散。联邦政府并不直接干预高等学校的日常运作，只是通过预算、资助等间接地对高等教育施加影响，这一传统对高等教育质量评估影响深远，它的直接后果就是美国高等学校的质量评估不是由中央政府进行的，而是由各级专门机构与民间组织发起的，形成了特色鲜明的美国模式。它具有非官方性，同时又得到政府的支持与认可，具有权威性，这是其基本特征。它与其他模式的最大区别是：它是在市场机制中发挥作用的，社会力量一直占据着重要的地位。因此，美国对高等教育质量评估坚持的是一种非官方的监督制度，基本上形成了以各级专门机构与民间组织为主体、以院校和专业认证为核心的质量评估体系。市场运作是美国高等教育质量评估的主要特征，认证制度则是市场运作模式的集中体现，也是美国高等教育质量评估体系最具特色的部分，一直处于美国高等教育质量评估体系的核心，这也是世界各国对这一模式研究与借鉴的原因之一。以下为美国高等教育质量保障体系的基本框架：

1. 高校自我质量评估

在院校层面，内部评估作为自我监控的主要手段，不仅在高校内十分普遍，而且相当活跃，学校开展评估的积极性很高。美国高校内部评估有三种基本类型：一是作为外部评估的一项程序所进行的先期"校内自评"，属于院校自我研究性质的活动；二是学校根据州政府或有关机构的要求进行的评估，美国有数十个州要求高校评估其学生学习成果；三是院校自觉开展的评估活动，其中既包括作为高校传统质量保证措施的评估项目，也包括院校为适应内外环境变化首创的评估项目，还包括一些由基金会资助的项目。评估的具体内容包括：教师任期和提升评估、同行专家组科研评估、课程质量评估、学位计划评估、院系评估、专业评估和学生评估等。但由于美国高等教育多样化和分权化的特点，高校内部评估尤其是自主开展的评估，呈现出较大的个体性和差异性，并无固定的规范和模式。

2. 政府质量评估

在政府层面，美国联邦教育部不具有为高等学校制定标准和定义质量的法定权力，但是政府手中握有美国高等教育法授权管理的联邦助学金项目及其他联邦项目。高校若想参与联邦助学金项目或其他联邦项目，必须符合下列条件：经教育部认可的认证机构认证；每年向教育部高等教育综合数据系统提供信息；达到教育部的财政和行政管理最低标准。这些规定对高等教育质量都有间接的促进作用，尤其是教育部对认证机构的官方认可。

由于美国的每个州独立资助和管理高等学校，并且许多高校是私立的，美国的联邦政府对教育质量的管理主要是起间接的作用。联邦政府主要关心的是高校对于联邦政府投入的助学金的管理是否恰当，以及受助的学生是否获得高质量的教育。更具体的是，接受联邦政府助学金的学生是否能够在就业市场上体现高等教育的价值，并能归还贷款。高等教育法案制定后，联邦政府指定认证组织执行这项事务。另外，教育部也会定期采用一些标准来审查这些认证组织，以确保这些组织确实在替联邦政府审核学校的教育质量。

州政府在高等教育的质量管理中有三个重要的作用。第一，州政府是公立高校的"拥有者和执行官"，它们对州内的公立高校提供直接的运行资金，并且监督学校的运行。在财政预算越来越紧张的状况下，州政府非常关心自己的投入是否能得到回报。第二，州政府关心高校的教育质量也是保护消费者的行为，因为本州居民是高等教育的主要消费者。第三，州政府应保护公众的利益。高质量的教育能够培养出高质量的毕业生来推动经济的发展，能够随着社区的需要来更新知识。

3. 社会鉴定制度

（1）鉴定的类型与机构

美国的高等教育鉴定有两种基本类型：院校鉴定和专业鉴定。院校鉴定由取得鉴定资格的地区性的与全国性的鉴定机构进行，其服务对象涉及全国大多数高校。评估侧重于学校整体质量，不仅关注学校各专业质量，还关注学校的管理效能、学生服务、财政与物理资源、行政管理优势等。鉴定的标准由学术界予以确认，主要依据是学校的使命与目标。认证的组织类型主要包括：

①区域认证组织主要是针对非营利性的高校（包括公立和私立的高校）。

②主要针对以宗教或信仰为基础的高校。

③针对职业培训大专院校的认证组织。这些院校绝大多数是以营利为目的的，并且多数都不颁发学位证书。

④学科或特殊认证组织主要针对高等教育中的一门学科。这种学科认证主要由行业机构来执行这一职能。

专业鉴定着重对专业教育计划的评估，以保证学生将来具备专业工作的能力。通常，专业鉴定关注下列领域：是否有公认的第一专业学位，专业的卫生、福利、安全及专业能力是否达到学术、专业及公众关注的标准。专业鉴定中的一个重要质量标准就是教育方案是否能充分满足学生入学时以及在该领域实践过程中的期望与要求。在评估过程中，外部评估小组将评估教育方案与学校及专业组织所提供的组织与资源的条件的充分性之间的关系。

此外，在1993年12月以前，美国还有一个全国性的民间原鉴定机构——美国高等教育鉴定委员会（COPA）。COPA并不执行对高校的具体鉴定工作，而只是一个鉴定机构，其基本功能是周期性地评估各院校与专业鉴定机构的标准和目标以及鉴定过程，从而确认这些鉴定机构的鉴定资格。

附：全国性院校鉴定机构有[①]：

AABA	美国圣经学院协会鉴定委员会
AARTS	高级拉比和塔木德经学馆协会鉴定委员会
ABHES	卫生教育学院鉴定局
ATS	美国和加拿大神学院协会鉴定委员会
ACCS/CT	职业学院和技术学校鉴定委员会
ACTCS	私立院校鉴定委员会
NASC	全国函授委员会鉴定委员会

地区性机构有：

---

① 陈玉琨、杨晓江等：《高等教育质量保障体系概论》，北京师范大学出版社2004年版，第23—98页。

MSA	中北部院校协会学院委员会
NASC	西北部院校协会学院委员会
NEASC-CICI	新英格兰院校协会—高等学校委员会
NEEASC-CICI	新英格兰院校协会—技术与职业学校委员会
SACS-CC	南部院校协会—学院委员会
SACS-CDEI	南部院校协会—职业教育学校委员会
WASC-Jr	西部院校协会—社区与初级学院鉴定委员会
WASC-Sr	西部院校协会—高级学院和大学鉴定委员会

（2）鉴定过程

美国的高等教育鉴定已经历了一百多年的历史，其鉴定过程始终处于动态的演进过程之中，从定量标准走向定性标准，从早期的调查法到日益侧重于教育质量的测量。无论是院校鉴定机构还是专业鉴定机构，一般都倾向于采取以下这一常用模式。

第一步：学校或专业进行严格、公正的自我评价，考察与评估学校或专业的目标、措施以及成就。

第二步：由评估小组进行现场调查，在学校或专业评估的基础上进行专家评估并提出建议。

第三步：鉴定委员会对评估报告与专家报告进行评审并做出相应的决策。

整个评估过程从学校或专业的自我评估开始，重点测量学校或专业依据预定目标所取得的进展。自我评估主要关注在校学生、教师、管理人员、毕业生、社区各方面的意见并形成书面报告。以此为依据，鉴定组派出一个工作组进行现场调查。通常该小组由职业教育家、按学校性质选出的专家以及代表公共利益的代表组成，该小组以学校或专业目标为依据进行评估，并以自己的特长和对学校达成目标情况的外部观察为基础做出评价，最后形成评估报告。最后，鉴定委员会对自评报告、同行评估报告以及学校的反应进行综合评估并做出鉴定权威性与否的决策。

美国的高等教育鉴定是周期性进行的，一般每5—10年进行一次。

但鉴定机构保留了随时评估学校与专业的权力，同时保留了对学校的重大措施进行评估的权力。通过这种方式，鉴定机构促使其成员不断提高教育质量，对教育界同人、对其服务对象以及对社会公众负责。

美国高等教育鉴定模式具有以下特征：

①鉴定机构是非官方的，但又得到政府的支持与认可，具有权威性；

②参加鉴定的学校原则上是自愿的，是市场机制促使学校与专业参加鉴定活动；

③鉴定是在院校或专业自评的基础上进行的社会认可；

④鉴定与决策息息相关，鉴定结果往往成为社会各界进行决策的依据；

⑤鉴定是周期性进行的，一般每5—10年进行一次。

当鉴定刚开始的时候，政府几乎不参与美国高等教育的行为。在19世纪末的时候高等学府大多是私立的小学校。州立的公立大学是从19世纪中期开始建立的，而且刚开始数量和经费很少，所以政府几乎不参与管理。

直到20世纪50年代，联邦政府才开始参与到高等教育中。莫里尔法和退伍军人安置法案使得联邦政府开始真正影响到高等教育。政府对高等教育投入大量的资金，但是几乎不能获得高校绩效责任的保证。政府对大学生的资助引起了公众的注意，因此公众希望高校提供质量的保证。但是当时的政府完全没有做好这个准备。

进入21世纪以后，政府对高等教育的影响越来越大，尤其在教育质量的管理方面。认证是联邦和州政府控制高等教育机构质量和绩效的方法之一。政府与认证紧密的关系来自两方面。第一，认证受美国政府授权对教育质量进行评估，而这个评估功能在其他的国家是由政府部门来完成的。在具体操作上，认证机构丧失了对评估标准设置的独立性。第二，事实上认证机构已经逐渐向多元化的方向改革，即除了原先的价值和目标以外，也开始服务于政府。

大多数认证组织已经存在并且运行了半个多世纪了，认证的优点在各方的参与者中得到了广泛的认可,例如:认证已成为教育质量的符号;为自我提高及学校间的互相学习提供了机会;替代了政府对高等教育的管理等。但同时,认证也面临一些重要的挑战:不够公开认证的信息;过于严格地采用以标准为基础的评估方法;效率低下且成为学校的负担;缺少公众的理解等。认证组织难以应对其中的一些挑战,因为认证组织的功能范围无法应对这些挑战所要求的功能。在大多数学术观察者看来,认证的优点和挑战平衡的结果是积极的。尽管认证的过程很繁琐,但是值得这么做。评论家们则更注重挑战,他们指出,认证必须要面对这些挑战,才能在未来十年中仍然拥有公共的可信度。公众也认为高校的绩效责任很重要,应该要加强。

总而言之,美国的高等教育认证在不停地改革,从而实现保证和提高高等教育质量的目的。

4. 排名

高等教育学家韦伯斯特对"教学质量排名"的定义是:根据一些准则,采用一系列反映质量的测量方法,将高校或系科根据测量的结果来进行排序。排名的体系分为三种:第一种是对科系进行排名,如教育系、社会学习等。第二种是对大学或者学院的整体排名。第三种是针对研究生教育和本科生教育分别进行排名。一般来说,本科阶段的教育和学校的整体排名有一定的关联,研究生阶段的教育与科系的排名联系更紧密一些。

与排名的内容相比,排名的方法更重要。目前,排名机构主要采用两种排名方法,即成果评估和声誉调查。另外将一些客观的数据作为辅助的方法,如财政来源、新生的考试成绩、毕业率等。这种成果的评估主要考虑的是高等教育的"价值增值",以毕业生的成果来决定高校的质量,并且依赖一些其他的参考资料。声誉调查的排名主要是根据同行评估者回答学校或者科系的调查问卷的结果来排名。这两种方法都能对科系、高校、本科教育和研究生教育进行排名。

(1) 排名的起源和发展

第一份美国高校排名出现在1900年。麦克林出版了第一份学术研究《优秀人物在哪里》。尽管他在书中对这些优秀人物的其他特征也进行了研究（如国籍、出生地、家庭背景等），但在书中他还列举了一份大学的排名，即根据在这些大学就读过的优秀人物的数量进行排名。1904年，埃利斯采用同样的方法，根据优秀人物的数量来对他们就读过的大学进行排名。尽管这两位作者依据优秀人物的数量来对学校的质量进行评估，但是他们都没有将排名作为评估大学质量的方法。早期的美国大学排名都是采用类似的方法和数据。根据本科生的来源、研究生的来源和优秀人物的数量，来对美国高校的质量进行评估。

第一份真正的大学排名是凯特尔在1906年发表的一本书——《美国科学家传记》。书中包括千余名著名科学家的传记，记录了他们毕业的高校、获得的荣誉以及工作的单位。1910年，凯特尔重新统计了排名的数据，并且根据这些科学家们的贡献对这些数据加权，之后将这些学校排序，这就是第一份美国大学的质量排名。成果排名的方法就是基于凯特尔的这种方法发展而来，并一直沿用到1960年（Myers&Robe，2009）。

印第安纳大学的维设从凯特尔1920年的科学家名单中选出最年轻的若干名，将毕业于同一所大学的科学家的总数，除以该校在校学生总数，然后，根据此比例来排出全美国最优秀的17所大学。维设的排名方法第一次将在校学生数带入了排名中，他认为高校培养出科学家的比例反映了该高校的教育价值。

昆可和普林斯顿认为评估高校最可靠的方法是评估高校的"产品质量"。因此，他们对高校质量的评估依据是高校本科毕业生进入美国名人录的数量（Kunkel&Prentice，1951）。1930年至1951年间，昆可和普林斯顿用这种方法对高校进行了多次排名。

1910年，美国联邦政府对高校进行了一次排名，这也是唯一的一次。美国大学联盟请教育部的高等教育专家柏博克来评估大学的本科教育质量，其结果有助于高等学校的研究生院对申请者的学术背景有所了解。美国大学联盟请教育部来评估的原因是：教育部与大学相互独立，它对大学的评估更容易被大众所接受。柏博克采用的也是成果排名的方法,与凯特尔不同的是,柏博克根据大学毕业生在研究生院的表现,来评估本科教育质量。他与学校的校长、学院的院长和研究生院委员会进行访谈,并研究了几千名研究生的学习记录,最终根据访谈和研究的综合结果将大学分类。当这份研究结果公布的时候,许多被分在低质量小组的高校校长要求停止出版这份排名,他们认为这份排名是不完善的,因为他只研究了进入研究生院进修的本科毕业生的学习表现,而忽略了许多没有进入研究生院学习的毕业生的成果。因为这个事件,联邦政府从此以后再也没有对高校进行排名[①]。

自1959年起,声誉调查成为高校质量排名的主要方法。事实上,这种方法早在1924年就被俄亥俄州迈阿密大学的化学教授休夫斯采用。声誉调查的方法在25年之后才再次被采用。宾夕法尼亚大学的凯尼斯顿教授于1959年对25所高校进行了评估。选取这25所大学的标准是:美国大学联盟的成员、授予博士学位、分布于各个地理区域并且是综合性大学。凯尼斯顿的学科评估完全依赖这些大学系主任的观点。另外,凯尼斯顿还将学科评估排名转化为大学的排名。这是第一次用声誉调查的方法对大学进行排名。

1959年至1966年间,声誉调查的方法被广泛应用于大学学术质量排名,但是这些排名都没有吸引公众的注意力。声誉调查的方法真正受到重视是从1966年开始。教育学者卡特在1966年发表了一份研究生教育质量评估报告,并对29个学科进行了排名。卡特从三个方面改进了声誉调查的方法:第一,除了系主任,他将资深教授和年轻教授也纳入了评估者的名单。这样的做法能够取得更加多样的评估观点和评分的数据。第二,卡特评估高校的总数为106所,远远超过了以往的高校数量。最后,这份评估报告采用了两种评估标准(而不是以前的一种),即研究生师资的质量和研究生课程的质量。另外,卡特还研究了这些排名高的学科的地理分布、排名与教授工资的相关性、

---

① 熊庆年、田凌晖等:《宏观高等教育评估学引论》,高等教育出版社2011年版。

教授的科研成果和师资质量的相关性。卡特的排名不仅是当时最全面的方法，也是最受欢迎的排名。这份排名获得的关注比以前的排名要多，并且大多数的反馈是正面的。除了获得高等教育界的认同，《时代》和《科学》杂志也刊登了这份排名，并且出售了近三万份。在商业上的成功以及正面的反馈都说明声誉调查已成为主要的排名方法。

(2) 本科教育排名

1959年声誉调查排名开始兴起时，专门针对学校和学科的本科教育排名还很少。虽然成果排名的研究中有一些是针对本科教育的，但是大多数的声誉调查排名都是针对研究生教育的。在20世纪50年代末至80年代初，出现了一些针对本科教育的声誉调查排名。

1957年美国学者曼利发表了第一份用声誉调查方法得出的本科教育排名，但是没有受到公众的关注。根据本科教育质量，曼利列出了十所最好的综合性大学、男女同校的学院、男子学院和女子学院。同时，也对最好的法学院和工程学院的研究生教育进行了排名。另外，曼利还利用声誉调查的方法对整个学校进行排名，而不是只对学科进行排名。

同一时期，美国学者格曼也开始对本科教育和研究生教育进行排名。他自1955年开始进行问卷调查，到1967年才公布结果，根据十个方面的平均分数来对学校进行排名。许多研究者（尤其是经济学家）运用这个排名的结果来研究高校质量和其他因素（如毕业生的收入和学生的择校等）之间的关系。1981年，美国学者所罗门和奥斯汀公布了对加利福尼亚、伊利诺伊、北卡罗来纳和纽约四个州七个领域（生物、商科、化学、经济、英语、历史和社会学）排名的结果。评估者根据六项准则来打分：本科教育整体的质量、为进入研究生教育的准备、为就业的准备、教师对教学的投入、教师的学术成就、学科的创新性。

采用声誉调查方法的本科质量排名的转折点是1983年的《美国新闻和世界报道》公布的排名。尽管最早采用声誉调查方法进行本科质量排名的是卡特，但排名被高中生用来择校的还是《美国新闻》出版的"美国最佳大学"。

学术排名一开始只受到大学教授和管理者的关注,并且只是研究者发表在一些学术杂志或书刊上的文章。自刊登在流通广泛的杂志上后,才开始获得公众的关注,并产生了前所未有的影响。《美国新闻》刊登的最早的三次大学排名完全是基于声誉调查的方法。首先,按照卡内基的高等学校分类法,各种高校被分成不同的组。然后,高校的校长列出提供优质本科教育的高校名单。但是这种方法受到了很多批评,尤其是那些没有回复的校长指出,校长只能够对自己学校的教育质量进行评估,没有资格对其他学校的教育质量进行评估。

1988年,《美国新闻》对调查方法进行了改革。改革主要有以下两个方面。第一,除了调查校长,问卷还发给了院长和其他的学术成员。这样,就能够获得更全面的质量评估。第二,声誉调查的结果只占排名成分的25%,其余的75%是学校的客观数据或成绩(如招生标准、教师学术成果、教育资源和毕业率等)(Bogue&Hall, 2003)。另外,自1988年起《美国新闻》每年出版一本大学指导的书,这本书里还包括更多关于排名高校的其他信息(Webster, 1992)。

《美国新闻》的本科学校的排名方法进行了多次改革。1995年,《美国新闻》要求调查问卷的打分者考虑本科教学的质量。另外,为解决排名方法中高校成果的比重不够的问题,毕业率在排名中的比重上升(Morse, 1995)。1996年高校成果的比重再次加重,并且增加了"增值"的标准,即用学校招生的数据(如新生入学考试成绩)来预测高校的毕业率,然后将真正的毕业率和预测的毕业率进行比较。如果真正的毕业率比预测的毕业率高,那么排名就会提高(Bogue&Hall, 2003)。

1999年,《美国新闻》开始采用标准数据来计算排名,这样更能反映在排名构成中的高校之间的差异。2000年,排名的计算方法又增加了研究生和本科生的比例,因为一些高校将很多研究经费投入到研究生教育而不是本科生教育。依据卡内基的分类法来分类高校的方法也引起了一些问题。例如,卡内基高等学校分类法自2000年以来,进行了两次改革。由于卡内基分类法的改变，一些学校突然进入另一类高校的排名，尽管它们并没有任何的重大变化（Myers&Robe，2009）。

一些评论家认为由于《美国新闻》不停地改变排名的方法，引起学校排名变化的是排名准则比重的改变而不是学校质量的变化。但是，另一些评论家认为，《美国新闻》不停地改革是为了不断地提高和改善自己的评估方法。美国学者韦伯斯特认为，《美国新闻》对本科学校的排名是"到目前为止最好的排名"。同时，他也指出一些高校针对排名的方法，调整了一些非质量的数据，以达到提高在《美国新闻》上排名的目的。

除了《美国新闻》，还有两个规模较小但是也具有一定影响力的排名——《财经杂志》和《普林斯顿评论》。1990年，《财经杂志》出版了第一份排名，叫作《美国最佳大学性价比》。这份排名并非质量的排名，而是价值的排名，即支出学费所获得的教育质量与完成大学应该支付的费用之间的比较。这个比较是基于以下几方面因素，例如新生的考试成绩、新生的高中排名、师资来源和质量、图书馆资源、毕业率和保留率、毕业生的学术和职业成果。然后，根据计算出的大学学费与实际的学费进行比较，实际的学费越低于计算的学费，那么排名就越高。一个有趣的发现是，在《财经杂志》上排名高的学校在学术质量、学费和隶属机构等方面都存在很大的差异（Bogue&Hall，2003）。

《普林斯顿评论》出版的《最佳368所大学》是对书中排名的368所各种类型大学的学生进行问卷调查的排名结果。2008年出版的书中包括了61份排名，这些排名是基于八个方面的调查，包括学术活动、政治活动、学生人口结构、校园生活质量、聚会活动、课外活动、学校的类型和社交生活。调查问卷有81个问题，学生根据各自学校的情况来回答。学生几乎都是自愿参加这个调查的，百分之九十以上的问卷都是学生通过网络完成的。

与在本科教育排名的地位一样，《美国新闻》似乎是唯一一个对研究生教育和专业学院排名有影响力并流通广泛的杂志。仅有一个领域《美国新闻》的排名不是占统治地位，那就是商学院。许多主流杂志都对商学院或工商管理学位进行排名，如《商业周刊》《福布斯》《华尔街时报》。另外，《经济学家》和《金融时报》还对工商管理学位进行国际排名。尽管每份排名采用的方法都不完全一样，但是所有的排名都考虑毕业生的薪水或者毕业后的职业发展。

二 微观模式

（一）目标模式

泰勒主持了美国 1934 年至 1942 年间开展的一次课程改革研究活动"八年研究"，形成了目标教育评价模式。泰勒的目标评价模式的主要思想是认为教育评价就是确定教育目标实现程度的过程。他认为教育目标是进行评价的核心和关键，评价的过程包括了实态的把握和价值的判断，学生实际的行为变化是评价的事实依据，而教育目标则是价值判断的准绳。目标模式对于实施评价的方法、步骤以及评价结果的运用都做了说明，他将评价过程分为以下步骤：确定教育目标、设计评价情境、选择和编制评价工具、分析评价结果。对于评价结果的运用，他认为评价的结果应该反馈到方案的设计中去，作为修改目标，改进教与学。许多学者认为泰勒模式是教育评价理论发展史上第一个结构紧凑、较为完整的模式。但该模式也存在一定的缺陷，如忽略了对目标自身合理性的评价；由于强调评价标准来源于统一目标，忽视了对学生个性化发展的评价等。后来，泰勒的学生布卢姆及其同事对教育目标又进行了详尽的研究，提出了"目标分类学"，将教学目标分为知识、情感、运动三大技能领域。围绕着如何促进学生最大限度地掌握知识、发展智能、完成教学目标，布卢姆提出了诊断性评价、形成性评价和总结性评价三大评价方法。

（二）决策取向模式

决策取向的评估模式是基于评价是"为决策者提供有用信息的过程"这一理念而发展起来的，该模式侧重对评价方案实施全过程的监督和管理。由美国学者斯塔弗尔比姆提出的 CIPP 模式即是决策取向模式的代表①。

CIPP评价模式包括背景评估、输入评估、过程评估和成果评估四个步骤，从而为决策的不同方面提供信息。这一模式结构紧凑，逻辑脉络简洁清晰，容易实施，在教育评估理论中占有重要地位。该模式每一阶段都同教育计划或实施中不同的决策相联系，以便及时有效地提供反馈信息，纠正决策偏差。背景评估为确定目标提供信息，它主要包括描述教育目标，确定教育目标的适当性和可行性。输入评估就是条件评价，为设计教育程序的决策提供信息，主要包括确定目标实现的条件以及实现目标的程序，实质上是对方案的可行性、效用性的评价。过程评估是对教育实施过程进行评价，为决策者提供反馈信息，用于发现计划和方案实施过程中的潜在问题。成果评估是对教育实施过程的结果达到目标的程度进行判断，它主要是测量结果，并给予解释和价值分。四种评估具有独特的作用，但它们之间又相互配合，共同发挥作用。

CIPP模式的主要特点是把背景、输入、过程和结果综合加以评判，将诊断性、形成性、终结性等评价有机地整合在四个层次之中，能有效地帮助决策者随时修订原计划，改变资源的分配使用方向和方法，提高方案的实际效果。正如斯塔弗尔比姆自己定义评价那样："评价最重要的意图不是为了证明（prove），而是为了改进（improve）。"

（三）目标游离模式

20世纪60年代后期，由于新的教育思想的影响，以科学和决策为取向的教育评价受到责难，不少人反对利用各种标准化的测验将学生划分等级，提倡让每一位学生的个性得到自由发展。在这种思想指导下，人文取向的评估模式应运而生。其中，教育研究专家斯里克文的目标游离模式即是人文取向评估模式的代表。

---

① 张伟江、李亚东等：《大众化高等教育的质量保障与评价》，高等教育出版社2011年版，第147—180页。

在《评价方法论》中,斯里克文提到了教育评价的两大功能:一是对正在实现中的教育方案和计划进行价值判断;二是总结功能,以发现一些"非预期的""副效应"或"相反效应",即教育活动除了收到预期的效应外,还会产生各种"非预期效应",或者叫"副效应"或称为"第二效应"。这种非预期效应既可能是积极的,也可能是消极的,但它对教育活动的社会价值总要产生这样或那样的影响。因此,斯里克文主张应该对预期效果和非预期效果同时进行评价,教育评价的范围应该是教育过程中一切有价值的方面,也即评价结论的依据是活动参与者所取得的实际效果,而非方案制订者的预定目标,为此,该模式在实际操作中借用人类学的研究方法,强调观察、访谈、问卷等质性方法的运用。因而,评价不再是单纯的测量技术,而是反映了重视个体需要的多元价值取向。

(四) 参与取向模式

这一模式以心理构建思想为基础,强调评价过程是所有与评价方案有利害关系的各方共同参与、共同协商的过程。美国学者斯塔克提出的"应答式评估模式"就是典型代表。

斯塔克于 1974 年提出了"应答式评估模式",他认为教育价值在表现形式上有时是扩散的、潜伏的,在评价期间不一定能够觉察得到,而且许多教育现象除了表现出为特定教育目的服务的价值外,其自身也具有内在价值。传统的评估强调目的的表述和客观的测验,很难体现教育价值的多样性、复杂性。而应答式评估不需要事先确定目标,而是要充分了解有关人员提出的问题,通过收集有关的信息来对问题进行回答,主要采用观察和反应等定性的方法,是"建立在人们以自然方式评价事物的基础上,这就是客观和反应"。因而其结果更有弹性和应变性,更适合于一个复杂的多元的客观世界的现实和各种层次、各种观点评价者的需要。

(五) "第四代教育评价" 模式

所谓"第四代教育评价"是指 20 世纪 80 年代于美国兴起的一种教育评价理论,创立者是印第安纳大学教育学院的库巴(E. Cuba)和维德比尔特大学的林肯（Y. S. Lincoln），1989年他们正式出版了《第四代教育评价》专著[①]。

他们将在其之前的教育评价划分为三个阶段，第一个阶段为教育测量，第二个阶段为泰勒的目标评价，第三个阶段为CIPP、应答式评价等组成的多样化模式阶段，他们认为前三代评价模式具有共同的不足之处：将评价对象及其他一切有关的人都排除在外，评价者没有完全享有充分的工作权利与自由，使整个评价工作很难做到公正、准确；忽视现实生活中价值体系的多元性，没有看到由文化造成的"价值差异"问题，使得评价很难为各种文化背景下的人们普遍接受；过分强调在评价中采用"科学方法"。

第四代评价思想认为，"评价"是一种心理建构过程，评价描述的不应是事物真正的、客观的状态，而应是参与评价者或团体关于评价对象的一种主观性认识。评价的最终结果也不是事实发现意义上的对于事物的实态描述，而是参与评价及与评价有关的人或团体基于对象的认识而整合成的一种共同的、一致的看法。"第四代教育评价"强调评价工作并不终止于获得结果，而且还在于推广、使用结果。

（六）测量模式与判断模式

评估作为判断成了评估的核心，而判断的直接对象是学生的学习活动。教育学者乔京（Joughin）概括了两种评估的类型：（1）评估是一种用量的方法来测量学习成果，即测量模式。（2）评估是对学习的质量评价和判断的过程，即判断模式。

教育学者海格和布特勒（Hager& Butler）具体分析了这两种类型的区别。他们认为在科学的测量模式看来，知识是客观的、不受环境影响的。评估就是测试知识的掌握程度，可以与实际脱离。在测量模式中，评估使用封闭式的问题，即这种问题的答案是客观的、固定不变的。相反，判断模式结合理论与实际，该模式认为知识是临时的、

[①] 张伟江、李亚东等：《大众化高等教育的质量保障与评价》，高等教育出版社2011年版，第147—180页。

主观的、受环境影响的。这种与实际联系起来的评估采用开放式的问题，即这种问题的答案是不固定的。① 著名学者奈特（Knight）也强调了测量模式和判断模式的重要区别。他指出，复杂的知识体系必须采用不同的判断模式来评估，而不能采用简单的测量模式来评估不可测量的学习成果。② 邦德进一步指出教学评估并不仅仅是判断学生的学习活动，而是积极地帮助学生对自己的学习活动进行自我判断。③

另外，教学评估的方法主要有两种：直接评估和间接评估。直接评估是指评估的结果是明确的、可见的、可自我解释的和有说服力的证据，以证明学生是否掌握一定的知识和技能。④ 直接评估的方法多种多样。例如，由雇主或其他专业人士对学生的技能进行评估；学习期间的作品或者成果；课程、资格考试或综合考试的成绩；课堂内的即时问题回答等；毕业论文或者毕业设计等。这些方法都是直接对学生的知识和技能进行考核，并通过学生的表现来了解学生的学习状况。

间接评估是指通过一系列的指标来证明学生的学习情况。这种间接的评估方法与直接的评估方法相比，相对缺少明确性。与直接评估方法一样，间接评估方法也有很多，例如，学生的毕业率；研究生院的录取率或研究生院的入学考试成绩；毕业生就职后的反馈信息；应届毕业生的就业率；学生对大学期间课程质量的评价；学生对掌握的知识和技能的自我评估；学生、毕业生和雇主的满意度调查；参与科研项目的学生人数；毕业生或雇主向学校提供的奖学金或赠予的数量；等等。

---

① Hager, P. &Butler, J.. Two model of educational assessment [J]. Assessment and Evaluation in Higher Education, 1996, 21 (4): 367 – 378.

② Knight, P.. Grading, Classifying and Future Learning [M].//D. Boud& N. Falchikov (Eds.), Rethin-king assessment in higher education. Abingdon and New York: Rouledge, 2007: 72 – 86.

③ Boud, D. &Falchikov, N. (Eds). Rethinking assessment for higher education: Learning for the longer term [M]. London: Routledge, 2007.

④ Suskie, L. Assessing student learning: A common sense guide. (2 nd ed) [M]. Jossey-Bass, 2009.

三 国际高等教育质量保证机构

高等教育评估活动在 20 世纪 90 年代逐渐在全世界普及开来，各类评估机构的数量正在以惊人的速度增加，这些评估机构的交流也日益频繁。在这一过程中，人们逐渐意识到，需要建立一个机构来协调各国评估机构的关系，共享各国评估机构的经验，推动评估制度的不断完善。国际高等教育质量保证机构正是在这样的背景下应运而生。

此外，全球化进程的不断深入开始渗透到高等教育领域。一方面，世界各国的留学生数量不断增加；另一方面，越来越多的高等教育机构在他国开设分校进行教学和研究活动。国际高等教育质量保证机构在监控、评估这类跨国高等教育活动中发挥着越来越重要的作用。

(一) 国际高等教育质量保障机构网络 (INQAAHE URL: // www. inqaahe. org/)

1991 年，以香港学位认定审议会 (Hong Kong Council for Academic Accreditation, HKCAA) 为中心的国际高等教育质量保障机构网络在香港成立。其最初只有八家成员，随着高等教育评估的不断发展，INQAAHE 的会员数也在不断增加。截至 2010 年，已经有近三百家的各国高等教育质量保证机构、政府相关部门和大学加盟该组织。具体包括：附属机构 (Affiliate) 37 家，正会员 (full members) 150 家，准会员三十多家，机构会员二十多家。事务局负责日常工作。目前，INQAAHE 的具体事务由荷兰的"荷语及佛兰德斯语区认可机构"负责。INQAAHE 一年举行一次总会和研讨会，定期发行会报和学术刊物。

设置 INQAAHE 的目的在于"针对高等教育的质量评估、质量改善、质量维持，收集和提供现行的理论与实践，以及目前正在开发中的理论与实践"。

在全球化浪潮的推动下，全世界兴起了新一轮的高等教育国际化浪潮，跨越国境的流动已经成为司空见惯的现象。事实上，各国的教育制度是存在差异的，这种差异为国际的流动制造了障碍。为了适应这种趋势，INQAAHE 正在通过不断调整和丰富其功能，以期扮演越来越多的角色。21世纪初，根据大学校长国际协会（IAUP）的提议，INQAAHE开始探讨制定全球品质标签，包括制定判断质量保证机构的国际基准，为质量保证机构贴上品质标签。如果某大学能获得持有全球质量标签的认证机构的认可，该大学即可被视为具备国际一流水准。但是，由于各国高等教育制度的复杂性、质量保证体系的多样性，这一改革迄今尚未实现。

作为全球品质标签的替代措施，21世纪初，INQAAHE召开的年会上通过了质量保证的范例指南（GGP）[①]。GGP由十个项目组成：（1）使命宣言；（2）质量机构和高等教育机构之间的关系；（3）决策；（4）外部委员会；（5）公共面；（6）评估手册的准备；（7）资源；（8）投诉制度；（9）质量保证机构的质量保证；（10）和其他质量保证机构的合作。指南是65个国家的评估机构共同参与、反复讨论的结果，旨在成为各国外部质量保证（EQA）机构共同遵守的准则。

如今，INQAAHE已经成为统领全球高等教育质量保证机构的知名国际组织。当然，规模的不断扩大也会为其带来一些负面问题。例如，在解决本国高等教育评估中存在的现实问题上，这一庞大的国际组织究竟能够发挥多大的作用；如何协调诸多家不同教育制度、不同文化背景、不同机制的质量保证机构之间的关系。

（二）区域性高等教育质量保证机构

20世纪90年代后期，一些区域性高等教育质量保证机构相继成立，进入21世纪以后，以欧洲为代表的区域性高等教育质量保证机构发展迅速，它们在维护本区域高等教育质量方面正在发挥着越来越重要的作用。

1. 美国高等教育认证委员会（CHEAURL：http://www.chea.org）

在CHEA成立之前，对美国认证机构的认可是由1975年成立的中学后教育认证委员会（COAP）以及随后成立的临时组织中学后教

[①] http://www.uned.ac.cr/paa/pdf%5CGGodINQHAE.pdf, 2010-11-29.

育认证认可委员会（CORPA）来承担的。COAP 和 CORPA 解散后，在高校校长的建议下，1996 年，全美 60 多个认证机构和千余所高校共同组成了 CHEA。CHEA 是一个协调和审核美国认证机构的专业团体，本部位于华盛顿，主要通过举办会议和发行小册子与会员共享评估信息，也从事一些研究项目开发。CHEA 最重要的职能是对美国的认证机构进行认可，从而保证认证机构的质量。目前，CHEA 是唯一从事认证机构认可的非官方组织，它拥有近四千所的大学、学院会员，认可了几十所地区性、全国性和专门职业性的认证机构。

2. 欧洲高等教育质量保证协会（ENQA URL：http：//www.enqa.eu/）

1994 年至 1995 年期间，欧洲实施了一项针对高等教育的评估项目（European Pilot Project for Evaluating Quality in Higher Education），该项目总结了欧洲高等教育质量保证的共有经验。以此为契机，在欧洲理事会的提议下，2000 年，欧洲高等教育质量保证网络正式成立，后更名为 ENQA。设立 ENQA 的目的是促进欧洲区域高等教育质量保障的合作。只有在博洛尼亚宣言上署名的国际、地区质量保证机构才有资格加盟 ENQA。ENQA 旨在构筑以博洛尼亚宣言为基础的欧洲高等教育圈（EHEA）。目前约有近三十个国家和地区的 46 家正会员，随着加入博洛尼亚进程国家数量的上升，预计今后 ENQA 的加盟国数量将会继续上升。

ENQA 制定了欧洲高等教育区质量保证标准和准则，在挪威召开的欧洲高等教育区教育部长会议上，该标准和准则获得各国教育部长的肯定，今后各国的质量保证体系将会遵循这一标准和准则。

3. 中东欧高等教育质量保证机构网络（CEE Network URL：http：//www.ceene-twork.hu）

CEE Network 是中欧、东欧诸国的高等教育质量保证机构于 2002 年创设的，总部在匈牙利，成员包括来自俄罗斯、德国在内的 16 个国家的 24 家质量保证机构。与欧洲其他地区相比，中东欧地区的高等教育评估活动相对比较落后。随着博洛尼亚进程的发展，该组织可能会被纳入到 ENQA 的框架中。值得注意的是，2006 年，CEE Network 和欧洲高等教育认证协会（ECA）缔结了合作协议。

4. 北欧高等教育质量保证网络（NOQA URL：http：//www.noqa.net）

NOQA 是北欧各国高等教育质量保证机构创设的，成立于 2003 年，目前成员包括来自五个国家的五个机构。该地域的高等教育质量保证活动开展得比较早。1992 年开始，北欧各国的高等教育质量保证机构每年都会举办一次会议，对如何开发质量保证体系交换意见。

5. 欧洲高等教育认证协会（ECAURL：http：//www.ecaconsortium.net/）

ECA 成立于 2003 年，截至 2010 年 9 月，ECA 共拥有来自 11 个国家的 16 个高等教育质量保证机构，其中，来自德国的机构就有五家。大多数区域高等教育质量保证机构的主要活动是进行机构间的交流和信息交换，并没有开展诸如认证之类的具体评估活动，在没有各国政府参与的前提下推行评估活动是十分困难的。但是，ECA 却是一家专门从事认证的质量保证机构。ECA 提出的目标是：2007 年实现会员机构间的相互认证[1]。在遵循 INQAAHE 和 ENQA 的质量保证基本原则的基础上，ECA 开发了自己的标准。预计在未来，类似 ECA 这样的国际高等教育质量保证机构之间的相互认证活动会进一步得以普及。

6. 欧亚质量保证网络（EAQANURL：http：//www.eaqan.org/index_en.html）

EAQAN 成立于 2004 年，是由独联体和波罗的海三国（爱沙尼亚、拉脱维亚、立陶宛）的高等教育质量保证机构组成的。目前，成员来自七个国家的七个机构。该网络的成立受到了 EU 建立的欧亚经济共同体（ECC）的启发，成员国在地理和历史上有较多相似之处，具有

---

[1] Heusser, Rolf (2006) "Mutual Recognition of Accreditation Decisions", www.inqaahe.org/···/1259589098_quality-assurance-of-transnational-education-a-providers-view.pdf, 2010-09-19.

较强的凝聚力。虽然在身份上是一个独立组织，但其规章上明确指出，要加强和 INQAAHE、ENQA、CNN Network 的联系，发挥该组织的最大功能。

7. 亚太质量网络（APQNURL：http：//www.apqn.org/）

2003 年 APQN 在香港成立。2004 年，在澳大利亚维多利亚州注册成为合法的民间 NPO 组织。同年，在澳大利亚大学质量保证署内设立秘书处开始正式运营。自 2009 年 3 月起，秘书处工作由 AUQA 转交给上海市教育评估院承担。

APQN 的宗旨是，加强区域内教育质量保障机构的功能，扩大机构间的交流与合作，共同提升亚太地区的高等教育质量。具体目标包括：促进亚太区域高等教育质量保持和改进；为该区域新建立的质量保证机构提供建议和专家意见；发展质量保证机构之间的联系，相互接受对方的决定和判断；帮助其成员确定教育机构跨国界运作的标准；促进整个区域学历资格的认可；促进学生在教育机构之间，以及成员国之间的迁移。

通常，某一区域性机构组成的基础是各成员国之间或多或少存在的一些共性，例如，拥有共同的利益、共同的语言、共同的旧宗主国以及相近的教育制度，但是，APQN 是个例外。除了地理位置相近，便于学生和教师的流动之外，会员国之间的共性并不明显。APQN 原则上采用联合国教科文组织对亚太地区的定义。北至俄罗斯，西至中亚的土库曼斯坦，南至新西兰，东至太平洋岛屿，拥有占世界人口半数以上的广大区域，会员中发展中国家多是 APQN 的一大特点，APQN 每年召开的各种研讨会也是比较注重这些发展中国家的区域能力建设。

截至 2010 年，APQN 共有 72 个会员，分别来自 28 个国家和地区的高等教育质量保证机构、政府相关部门以及从事质量保证的高等教育机构。我国上海市教育评估院、云南省高等教育评估中心、香港学术与职业资历评审局、台湾财团法人高等教育评鉴中心基金会等都是 APQN 的正式会员。

(三) 国际化的专业认证机构

专业认证机构是指对某一专业进行认证，它是高等教育质量保证机构中的重要一员。专业认证的领域主要集中在医学、商学、卫生护理、法律、工程等专业上。通常，专业认证机构只对本国高等教育机构进行专业评估。但是近年来，专业认证机构开始迈出国门，制定该专业的国际标准。在这一方面处在领先地位的是商学教育，下文介绍三家走在国际化前列的商学教育专业认证机构。

1. 美国大学商学院协会（AACSB International URL：http://www.aacsb.edu/）

AACSB International 创立于 1916 年，当时的名称是"American Assembly of Collegiate Schools of Business"。该机构仅对美国国内的 MBA 项目实施专业认证。20 世纪 90 年代以来，经济全球化的浪潮很快席卷世界，商学院也如雨后春笋在世界各国出现。部分美国大学的商学院开始尝试和海外大学联合办学。为了适应时代的发展，该机构将名称更改为现在的 AACSB International，开始对全球商务教育进行认证。

AACSB International 主要实施商业和会计两种认证。众所周知的 MBA 认证只是商业认证中的一个分支。AACSB International 的认证对象包括和商务教育相关的本科、硕士、博士课程，最终以学院为单位颁发认证。商务认证的规模较大，截至 2010 年，有来自全球近四十个国家的近六百所大学接受了认证，其中有 100 多所大学是非美国大学。

截至 2011 年左右，国内获得 AACSB International 商业认证的大学有 14 所[①]：内地三家（清华大学、中欧国际工商学院、复旦大学），香港地区六家（香港中文大学、香港城市大学、香港浸会大学、香港理工大学、香港科技大学、香港大学），台湾地区五家（台湾辅仁大学、台湾"国立政治大学"、台湾"国立交通大学"、台湾"国立中山

---

① 熊庆年、田凌晖等：《宏观高等教育评估学引论》，高等教育出版社 2011 年版。

大学"、台湾大学)。同时获得商业和会计认证的大学有香港中文大学、香港理工大学、香港大学和清华大学。

　　AACSB International 的商务认证标准是在 1991 年制定的。该标准由六个模块组成：使命和目的、教师构成及教师发展、课程内容与评价、教育资源与责任、学生、知识的贡献。以"课程内容和评价"为例，认证标准规定，50% 以上的课程应该属于一般教育（general education）的范畴；作为从事商业活动的基础，学生应该学习"会计""行动科学""经济学""数学和统计学"等内容。此外，认证标准对硕士课程的核心内容也做出了明确的规定。

　　2003 年，AACSB International 对商务认证标准进行了大幅度的修改，新标准的思路和以往相比有了很大的变化。例如，在"课程管理"方面，新标准认为，"虽然课程管理必须具备系统的学习过程，但是不要求设立特定的科目。在课程的管理过程中，我们要求能为学生提供学习以下一般性知识和技能的机会"。这些知识和技能包括："交流能力""伦理理解力和论证能力""分析技能""活用信息技术的能力""多文化、多样性的理解能力""反思能力"。在新基准中，像这样规定了培养学生何种能力的条款还有很多。可见，和旧标准相比，新标准越来越重视学习结果，即通过项目的学习，学生究竟获得了哪些具体的能力。

　　2. MBA 协会（The Association of MBAsURL：http：//www.mbaworld.com/）

　　MBA 协会成立于 1967 年，总部设在英国伦敦，是一家专门对商学院 MBA，DBA 和 MBM 项目进行质量认证的机构。和 AACSB International 相同，在 20 世纪 90 年代发展成为一个国际性的专业认证组织，认证范围涵盖全球各大洲（西欧 32%、英国 28%、拉丁美洲 16%、东欧 10%、亚洲 5%、澳大利亚和新西兰 5%、中东和非洲 2%、北美 2%）[1]。目前，已经认证了来自全球 72 个国家和地区的 167

---

[1] 熊庆年、田凌晖等：《宏观高等教育评估学引论》，高等教育出版社 2011 年版。

所商学院,其会员数已经接近一万人,遍布在全球88个国家和地区。

截至2011年左右,国内获得该认证的商学院有六所,分别是上海交通大学安泰经济与管理学院、中山大学岭南学院MBA教育中心、中山大学管理学院、浙江大学管理学院、香港城市大学商学院、香港理工大学工商管理研究院。

MBA协会共开发了四个质量认证标准,分别是MBA认证标准、DBA认证标准、MBM认证标准和远程教育认证标准。

3. 欧洲管理发展基金会(EFMD URL：http://www.efmd.org)

位于比利时首都布鲁塞尔的欧洲管理发展基金会成立于1971年,发展至今,已经成为管理发展学界最大的国际组织。2011年左右,该组织拥有超过730家的机构会员,会员遍布全球82个国家和地区,涵盖了学术界、商界、公共服务业以及咨询业等各个不同领域。有25家来自内地、香港和台湾地区的中国机构加入了EFMD,其中23家(92%)是高等教育机构。

EFMD创办了两套和高等教育相关联的质量认证体系。一是欧洲质量发展体系(EQUIS)[1],二是EFMD项目认证系统(EPAS)[2]。

EQUIS创办于1997年,其基本目标在于提高全球管理教育的水平。EQUIS认证重点既不是放在某一特定的高等管理教育项目,也不只是局限在MBA项目上,它针对的是该商学院从本科教育到博士生教育的各类教育项目。EQUIS是一种整体评估,不仅对商学院的课程做出评价,还对商学院的研究、网络学习、管理者培训和社区服务等进行评估。当然,评估的重点放在管理教育上。EQUIS认证的另一个特色是重视项目的国际化程度。除了要求商学院提供证明其拥有高水平教学标准的有力证据以外,还要求提供能证明该项目具有高度国际化的数据,例如,从全球雇佣教职员的数量、学生在国外接受教育的情

---

[1] http://www.efmd.org/index.php?option=com_content&view=article&id=167&Itemid=180,2010-11-30.

[2] http://www.efmd.org/index.php?option=com_content&view=article&id=472&Itemid=192,2010-11-30.

况以及是否和国外大学建有联盟关系等。

EQUIS 分为十大认证模块，分别是"环境、发展战略和使命""项目质量""学生工作""师资力量""科研发展""高级培训""社区贡献""学校资源和管理""国际化""企业合作"。在每一个模块下列有具体的标准或准则。

截至 2010 年，已有 128 所商学院获得了 EQUIS 认证。2011 年左右，国内获得该认证的十家商学院情况如下：内地五家（中欧国际工商学院、北京大学光华管理学院、清华大学经济管理学院、复旦大学管理学院、上海交通大学安泰经济与管理学院），香港地区四家（香港科大商学院、香港城市大学商学院、香港大学经济与工商管理学院、香港理工大学工商管理学院），台湾地区一家（台湾"国立政治大学商学院"）。尽管 EQUIS 是欧洲人设计的，但与其认可标准一样，EQUIS 自身也越来越国际化。在被认可的 128 所商学院中，众多来自非欧洲地区，注重灵活性和尊重差异性成为该认证模式的特点之一。

为了完善 EQUIS，2005 年 EFMD 开发了 EPAS 认证体系，针对的是那些提供国际学位的商务管理项目。EPAS 也属于全方位的项目认证，其认证模块包括五大块：（1）处在国家和国际环境中的学院；（2）项目设计；（3）项目传送和操作；（4）项目成果；（5）质量保证过程。EPAS 认证特别看重认证对象在该领域取得的学术声誉、实践水准和国际化程度。和 EQUIS 相比，EPAS 认证目前依然是以欧洲诸国为主的，国内部分商学院正在积极准备申请该项国际认证。

第三节 我国高校本科教学评估改革趋向

一 评估之实：教学评估是否真正促进了教学

美国学者 E. 格威狄·博格在其《高等教育中的质量与问责》一书中指出："20 世纪后半叶，在美国高等教育领域中令人瞩目的政策重点是入学和问责制问题。尽管在高等教育领域，有不少其他的议题已经摆上了桌面，但不断增加的入学人数和绩效评估仍引起了人们更为高度的关注。进入 21 世纪，对高等教育质量的诉求依然是人们关注的中心问题。"

可以说，当今高等教育迎来了一个评估时代，评估范围之广、形式之多、内容之丰富，都是空前的。大量证据表明，凡举办了高等教育的国家或地区，普遍建立了相应的评估制度。诸如五花八门的大学排名，如火如荼的高校评估认证，各式各样的教育质量报告……大学从来没有像今天这样被公众和媒体聚焦与放大，在某种意义上，大学已从象牙塔走向了社会的中心，它需要向外界证明和展示自身的质量或绩效。

为了顺应世界及我国社会经济和高等教育的大发展，保证和提高高等教育质量，我国也开展了一系列的评估活动，强有力地保证和促进了高校教育教学质量的提高。但如果我们认真分析，不难发现，以往开展的评估更多的是表明政府对高等教育质量的姿态，这样的评估具有鲜明的外部性、整体性、规范性、程式性等特征，这虽然在特定的时期或特定的层面发挥了其相应的作用，增强了高校的质量和规范意识，但也存在明显的不足与欠缺，如过分强调外在评价，轻视了内在评价；过分强化统一性和规范性，忽视了自主性和创新性；关注了短时速效性成果，忽略了长远发展性评价。

随着社会主义市场经济制度的建立，经济和社会的发展形态出现转变，政府在资源配置中的垄断地位已经被打破，市场成为资源配置的主导机制。这种转变要求政府从过去事无巨细地管理着经济和社会发展的角色中走出来，履行"经济调节、市场监管、社会管理和公共服务"的职能。在社会公共领域则提出建设公共服务型政府。在教育管理领域，自 1985 年《中共中央关于教育体制改革的决定》提出要"加强宏观管理，坚决实行简政放权"至今，政府职能转变的改革已走过二十多年历程，尽管政府减少了对高等教育机构的直接管理和过程干预，更多运用评估工具对高等学校进行宏观管理，但目前由政府主导以行政性评估为主要形式的高等教育评估制度仍然羁绊着具有中国特色的现代大学制度的构建进程。

首先,政府评估涉及内容众多,耗散了高等学校的办学精力。各个层级的教育行政部门针对不同工作而设计的评估项目层出不穷,涉及学校安全、辅导员队伍建设、学位论文、重点学科、人才队伍建设、学校设置等高等学校工作的各个方面,且由于政府是教育资源的分配者,政府评估与高校发展有着重大利害关系,高校对每一项评估都不敢怠慢,需要消耗大量的人力、物力和财力,分散了办学资源和注意力。

其次,政府主导的评估形成了高等教育机构对政府负责的观念,却遮蔽了其他利益相关者的诉求。高等教育机构——无论是公立还是私立——作为公共服务的提供者,其所提供的教育服务质量需要满足不同利益相关者的需要,并接受利益相关者的问责。政府作为公众的代理人其对高等教育机构质量的评估可以从宏观层面进行质量监控,然而,随着市场经济发展而来的利益分化,使得学生、用人单位的质量需求与高等教育机构供给之间的矛盾日益凸显。

再次,政府评估的强势地位,压抑了社会评估等其他评估优势的发挥。社会评估具有价值多元、形式多样、专业性强等优势。在现行的高等教育评估制度中,社会评估等评估行为和评价结果难以获得权威性,使其缺乏生存和发展的必要基础,因而导致其先天发育不良,难以形成与政府评估优势互补的良性发展机制。

以大学排名为例,各种排名所依据的主要是一些从学校教育教学的相关方面抽析出来的数据和表格,依此可将那些历史、文化、层次、类型、地域各不相同的高校或学科专业简约成可以比较的同类并排序。然而,任何两个学校或学科专业都难以直接或间接加以比较,因为学校也好,学科专业也罢,推动其发展的是活动着的真实的个体,是那些具有不同秉性、经历、才智的人[①]。但在排名中,所排列的不是作

---

① 刘振天:《高校教学评估何以回归教学生活本身》,《高等教育研究》2013年第4期。

为生命个体的活生生的人,而是"人力、物力、财力、实力"等单调冰冷的产品,尽管排名中也有"人",但这时的人不是个体(张三、李四)而是整体(如师资及其结构等)的。因此,大学排名不可能全面反映,也不可能还原成以生命个体活动为中心的学校真实生活。以下具体从三个方面分析以往我国开展的相关评估的主要欠缺与局限:

1. 以往开展的各类评估,如首轮本科教学水平评估等并没有考虑大学生的输入特征等因素的影响,那么研究者对于一所高校的产出大多以——"多少学生获得更高的学位"或"毕业校友收入的多少"等等来衡量——并没有真正告诉公众更多关于教育的影响或者教育对于发展学生才能的有效性,也就是说并不知道学生通过学习收获提高了多少,也即不同学校不同教育项目的实际有效性,相应地就没有办法从相关的评估数据来判断哪种类型的教育项目或措施有可能是最有效的。

2. 以往开展的相关评估对影响学生成长与发展的环境数据信息的收集和分析还相对简单粗糙。如果缺乏大学环境的相关数据及对其进行的细致分析,即使是研究者或评估者拥有关于大学生的输入和输出的相关数据,我们对于教育过程的理解仍然会受到限制。因为一所大学的环境是如何影响它的运行从而导致不同的大学产出不同的教育效果,这是通过评估必须要解决的重要问题之一,也是评估中较难、较复杂,同时也是较容易忽视的一部分。关于环境的评估越接近学生,那么评估对学生产出的影响就具有更大的意义,然而通常这类评估更为困难、花费也更大,在实践中收集这类数据的困难也是对环境的评估还较原始落后、简单粗糙的主要原因之一。

3. 以首轮本科教学水平评估为代表的我国相关评估的开展体现了整体性、集中性和程式化等特点,这虽然使其具有相应的优势,但从某种意义上来说也反映了其局限性,也就是评估形式上以学校现实教育教学工作和活动作为对象,实质上却偏离了真实的教育教学生活过程。以评估标准为例,指标体系大部分是针对教学设施、师资力量等教育"投入"设计的,将作为整体的学校教学生活(从而将整体的人的活动）机械地分割为不同的标准，并据此对相关工作作出事实或价值上的判断，看似严密科学合理，但依然是只见森林不见树木、只见群体不见个体，并没有深入到真实的学校生活之中。

如果从真实性来看，任何两个整体的高校或学科专业的教学都难以直接或间接比较，因为学校也好，学科专业也罢，构成它的是活生生的，具有不同秉性、经历、才智的真实的个体。但在以往的规制下，评估很少涉及作为生命个体的活生生的人，而是没有生命及灵气的"物"；没有深入观测和衡量学生在学期间的切身体验与发展成效，对教学效果的观测也只是被简单化为单纯的学业成绩；对一些真正体现教学质量的核心要素，还不能向公众提供更为清晰、明确的成效展示。

这样的评估极容易陷入形式主义与机械化的倾向，较难还原以生命个体活动为中心的学校教学的真实状态，相应地也难以深入到真实的学校教育教学生活之中，从而导致无论评估规模多么宏大，过程多么热烈，除了与少数人（如管理者）有直接关联外，大多数师生却成了看客，评估似乎与他们毫不相干。确切地说，评估除了说明作为复数的学校在整体上的排名以及是否符合评估标准外，很难说给一个个生命个体的观念、情感、价值和行为到底带来了怎样的实际变化。没有真实生命个体参与的、没有建立在个体活动过程中的评估，难以承担从根本上促动改革和提升质量的重大使命。而要改变这种状况，真正推动深化改革和持续提高质量，必须使评估回归真实的教育教学生活，强化评估的生活自然性、生命过程性、全员参与性、形式多样性与生成发展性。

二 评估之矢：教学评估如何直抵灵魂深处

系统—生态理论（ecological systems theory）是布朗芬布伦纳（U Bronfenbrenner）提出的个体发展模型，强调发展个体嵌套于相互影响的一系列环境系统之中，在这些系统中，系统与个体相互作用并影响着个体发展。布朗芬布伦纳的系统—生态理论对环境的影响做出了详细分析①。

　　事实上，高校也是一个相对独立的系统，相应地大学生是高校中的一个子系统，并与高校中其他一系列子系统是"一组嵌套结构，每一个嵌套在下一个中，就像俄罗斯套娃一样"。也就是说，大学生这一发展的个体处在从微观系统、中观系统到宏观系统的几个系统的中间或嵌套于其中。微观系统即大学生自身产生的系统，比如大学生入学时、在学时及毕业时的状态；中观系统是指大学生直接参与的各环境系统之间的联系或相互关系，若此种联系是积极的，发展可能实现最优化，相反，非积极的联系会产生消极的后果；宏观系统是指那些大学生并未直接参与但却对他们的发展产生影响的系统。以上每一系统都与其他系统交互作用，影响着发展的许多重要方面。因此，本书试图把系统—生态理论运用到我国高校本科教学水平评估的设计中来，以期为更好地理解和分析并进一步控制影响大学生成长和发展的因素提供一个强有力的分析框架。（如图2.1所示）

　　换句话说，如果研究者不确定大学生在高校成长的这段时期内，是哪些因素综合对之施加了影响，并使之产生了相应的变化，那么仅仅拥有单方面的评估数据是较难发挥很大价值的。为了更好地理解这一点，可以用园艺学领域的一个例子来做对比。假设我们来到一个关于玫瑰花的展览会，尽管浏览哪些人种植的玫瑰花更大、更漂亮或者更芳香是一件令人非常愉快的事情，可是却对于告诉人们如何成功地种植玫瑰是基本没有作用的。进一步来讲，如果获取了一些关于种子的类型、修剪的技巧等方面的信息的话，对之的理解就会加深一步。但显然不能据此就做出结论：玫瑰花长势好坏的区别仅仅是和种子以及修剪的不同有关。当然还要考虑它们的生长环境的影响，也就是玫瑰花生长的土壤类型、种植方式、光照、肥料、灌溉安排、杀菌以及杀虫剂的使用等。这些因素对于玫瑰花的生长来说都是非常重要的

---

① Bronfenbrenner, V. Ecological systems theory. In R. Vasta (Ed.), Annals of child development. Greenwich, CT: JAI Press, 1989, 187–251.

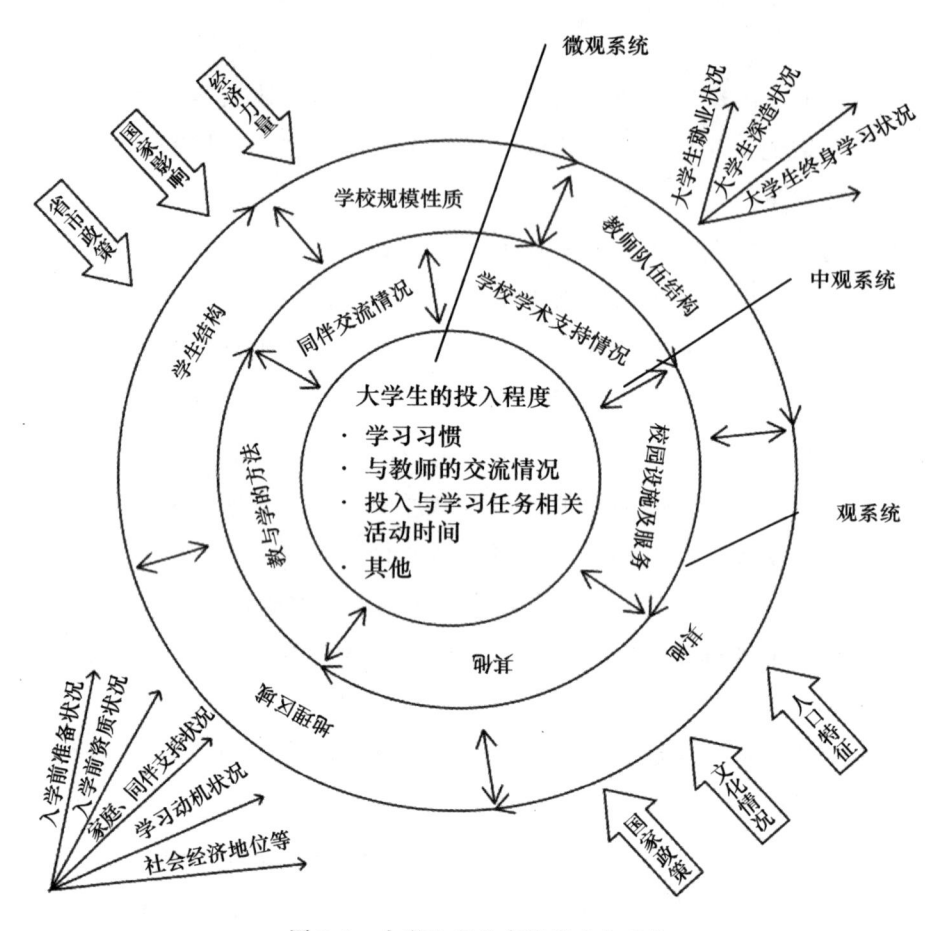

图 2.1 大学生所处高校的生态系统

因素。

因此，将系统—生态理论运用于高校本科教学水平评估可以较全面深入地对大学生在高校期间的发展变化进行衡量，并据此对学校、政府等各方的相关政策和措施做出修订。简而言之，以下几个方面集中体现了其先进性和优越性。

（一）加强了对学生这一主体的关注度

英国学者麦尔肯·弗雷泽（Malcolm Fraze）说："高等教育的质量首先是指学生发展质量，即学生在整个学习过程中所'学'的东西，包括所知、所能做的及其态度。"学生是高等教育的主要服务对象，是高等教育服务的参与者和受益者，理应是高等教育质量的评价者、监督者和改进者。早在1998年，联合国教科文组织在《21世纪高等教育展望与行动宣言》中就明确指出："把学生视为高等教育关注的焦点和主要力量之一，应当在现有的制度范围内通过适当的组织结构，让学生参与教育革新（包括课程和教法的改革）和决策。"

基于系统—生态理论的本科教学水平评估着眼于每一个个体的真实生活，更加重视收集和检测涉及大学生这一系统并与教学过程及教育质量密切相关的因素和信息，个体的"教"与"学"的生活（在这里，个体主要指一个个教师和学生，当然扩大的个体也包括学校）体验、困惑是评估的对象，评估要解决的任务就是化解这些困惑和困难，也即确定学习者实际上是否发生了某些变化、个体变化的数量或程度以及发生这种变化的原因，这样的评估深植于每一个个体生命的活动之中，因而无论是对于教师教育教学的改进、学校管理水平的提高，还是学生自身的全面发展都具有不可忽视的重要作用。

（二）充分考虑了各子系统间的相互影响作用

基于系统—生态理论的本科教学水平评估鼓励研究者在看待学习者的行为时，不是只把它看成是个人的产物，而是把它看成是学习者自身系统，以及学习者所在的生态系统间发挥作用的各种要求和压力共同作用的结果。

例如，在研究环境对大学生学习成果的影响时，如果不考虑大学生的输入特征是不太可能正确理解环境与教育成果之间的关系的，也即没有大学生的输入和输出状态的对比，就没有办法知道不同学校的不同的教育环境或项目对大学生的发展所产生的实际有效性。另外，环境在对大学生的学习成果产生影响的同时，大学生的输入特征也在影响着作用于他自身的大学环境的某些因素，例如大学生价值观的变化对学校课程设置的影响；大学生的智力、人格、先前成就对教师教学设计和技巧选择的影响等。因而，只有充分考虑大学生、环境等各子系统间相关因素的相互影响，才能对促使大学生发生变化的力量、教学设计或教育项目的优劣性等做出较明确的判断，从而使教师、大学生、管理者等各方能更有力地使用评估结果来营造一个更有效的教育环境。

（三）更有利于评估结果的分析和反馈

基于生态—系统理论的评估是通过对比不同教育政策或措施对教育成果的不同影响来达到提高其有效性这一主要目的的，也就是说评估关注的是能够为每一个生命个体带来怎样的变化，通过评估活动怎样更深入地了解学生或教师的发展是如何被不同的教育政策或措施影响并改变的。

因而评估是在真实自然状态下对学校教育教学活动所进行的评价，是过程性和发展性的，目的是协商、对话和建构，即发现和解决真问题。正如斯堪的那维亚航空公司总裁 J. 柯尔所言："航空公司质量的声誉不是来源于顾客对飞行绩效明细表的了解或对航空公司财政状况的了解，而是来源于每个顾客和航空公司雇员相遇的'真实时刻'。"高等教育也是这样，大学的质量不是评估报告或者质量报告中所显示的那些数据和表格，也不是某一特定时空检查和评估出来的绩效成果，而是广大师生员工创造性"教"与"学"的日常行为的真实表达。离开具体的教育教学生活这"真实的时刻"之源，就不足以说明质量、评估质量和提升质量。

第 三 章

基于系统—生态理论高校本科教学评估之概述

第一节 基于系统—生态理论高校本科教学评估之理念和目的

一 基于系统—生态理论高校本科教学评估之理念

自1994年我国正式确立高校教学评估制度并开展高校教学评估工作以来，几十年间先后经历了试点评估、首轮水平评估等模式的变化，一直在坚持并不断地改进和完善。可以说，高校教学评估是在我国高等教育迅速发展以及社会深刻转型的背景下展开的，是我国高等教育质量监控和保障体系的重要组成部分。但值得指出的是，从高校教学水平评估的制度安排及效果来看，其对高校教学工作及其质量提升的效用是单一线性的，对其复杂性和深度关注还不够，高校教育教学观念、教学模式、教学方法等依然故我，教育创新、教学革新、以人为本等仍然停留在号召上。特别是在我国高等教育经过近年来的规模扩张以及外延式发展之后，高校教学评估应该转移到注重提高教学质量、促进教学改革的轨道上来。

评估是对价值的某种反映，换句话说，一所高校的价值是通过所收集到的和所引起关注的关于高校自身的信息而揭示出来的。从事高等教育的绝大多数教师和管理者都认同我们在致力于提高高校的卓越性，然而，更深入一点来看，我们对卓越性的认识仅仅停留在口头或表面的水平，也就是说，看起来似乎确实在为提高高校的"卓越性"在努力，然而事实上当真正去做的时候才发现困难重重。高等教育管理者和研究者应采取哪些特别的政策和措施来提高高校的"卓越性"呢？什么对高校来说才是真正重要的？研究者要把注意力放在哪儿？我们努力的方向是什么？我们应如何做好资金分配？换句话说，是什么理念和价值观引领我们去致力于获取和创造高校的卓越性？尽管对于这些问题有许多可能的答案，但自20世纪末以来有两种关于"卓越"的理念统治着高等教育者的所思所想、所作所为。简单地列举一些，例如资源和声望。关于这两点，特别值得一提的是，它们内在于高等教育的相关政策和措施中，但却很少明确陈述。问题是丰富的资源和卓越的声望是不是高校办学的最终目的？它们是否比高校获得优秀的教育成果更为重要？

  以上提到的这些不同的理念对评估活动的开展有非常明显的暗示和影响，甚至某些评估理念是与高校本科人才培养的基本目的不相适应的，甚至是会阻碍这些目的顺利实现的。例如，一所高校的资源是高校教学质量建设的基础性工作，或者说是外围的工作，仅仅是为大学生的学习创造良好的条件、带来充足的资源，这些外围的、基础性的质量建设本身并不能保证高校教学质量的提升，其意义和影响只有通过高质量的学生学习才能得到真正体现。有研究表明，虽然在教学质量的提升中，资源的确非常重要，但是将质量等同于资源的看法是偏颇的。缺乏对学生学习发展关注的质量评估体系并不能从根本上改善大学的教学，更加无法提升大学教育质量[1]。高等教育质量保障和评价应该关心的问题是"大学的资源和投入是否旨在为学生提供有价值的教育经验和活动，并因此给他们的人生带来

---

[1] Astin A. W., Achieving Educational Excellence: A Critical Assessment of Priorities and Practices in Higher Educa-tion [M]. San Francisco: Jossey-Bass, 1985. 转引自喻恺等《学生体验：英国高等教育质量保障体系的新内容》，《中国高教研究》2009年第5期。

了提升?"①

纵观我国首轮本科教学水平评估,评估指标体系将重点放在了办学指导思想、师资队伍、教学条件与利用、专业建设与教学改革、教学管理、学风、教学效果和特色项目等方面,包含了从仪器设备、图书资料、师资到办学理念、教学管理体制、运行机制等,似乎涵盖了高校教学的各个方面。但是深入分析不难发现,这些评估工作所涉及的要么是"教"的条件、材料或平台,要么就是站在管理者和教育者的立场上来筹划思考,其着眼点聚焦于"教"的改进及其条件的改善,基本上没有关注教学过程中的大学生学习等方面的状况,在本来最应该强调以学生为中心和出发点的教学质量评价中,学生仍然被"湮没"了。从总体上看,这轮评估所推动的也仅仅是高校在"教"及其条件方面的改革和建设,并没有真正深入地关注高校的教学质量。

"学生不是一个消极的信息储存系统,而是一个自我决定者,他积极从可感知的情境中选择信息,并根据个体的已知构建新知。"② 学生拥有自身独特的内部机制和力量来决定其对外部教学信息的选择和取舍,并非"有所教必有所学",更不是"教多少就学多少"。离开了学生积极主动的学习,再好的"教"恐怕也不会产生任何效果,也根本无从论及任何教学质量了。所以说,学生是信息的主动选择者,是学习的主导者和执行者,是教学质量和效果的最终决定者和体现者。正是从这个意义来说,提高高校教学质量就是要提高大学生的学习质量,高校教学质量的建设和评价最根本的还是要从优化学生的学习过程、提高学生的学习质量来努力。

本书基于系统—生态理论的本科教学水平评估的设计理念即为高校的卓越性主要体现在所培养大学生的个人发展状况上。在这一理念

---

① Pascarella E. T., Terenzini P. T., How College Affects Students: A Third Decade of Research [M]. San Francisco: Jossey-Bass, 2006. 转引自喻恺等《学生体验:英国高等教育质量保障体系的新内容》,《中国高教研究》2009 年第 5 期。

② J. B. Biggs 等:《关于课堂学习模式及其意义的探讨》,《吉林教育科学:高教研究》1993 年第 1 期。

下,最卓越的高校应是那些对大学生个人发展有最大影响力的高校,也就是说,最能为学生增值的大学。早在 2002 年,著名学者亚历山大·阿斯汀(Alexander Astin)就提出,最好的高校能够最大限度地促进学生的学习与发展,[1] 相应地,质量评判标准应是学识和学生随时间而发生的积极变化。

但这并不意味着资源、声望等因素并不重要。高校需要资源来支持其功能的完成,并且需要声望来吸引更多的学生和资源。这些因素与大学生发展之间的关系可以用"系统—生态"的理念和思维来研究。那么,什么是生态模式?第一,构成生态的是活体,他们是变化生长的。第二,他们之间是相互作用的。第三,各系统与外部环境间有密切沟通。总之,生态模式是一种交互作用,在教育教学的过程中会有"生成"和"涌现",有一种生命力在呈现。正如教育学者艾德勒所说,教育是一门"合作的艺术",而不是"操作的艺术"。操作的艺术完全是"生产"的,而合作的艺术则不完全是生产的,它"仅仅是帮助"产品的完成。也就是说,没有教师等外界条件的参与,大学生也能学习,对于大学生的学习而言,外界条件的参与不是绝对必需的。但是如果大学生的学习和教师等外界条件合作,那就更可能获得所期望的结果[2]。

相对中小学生而言,大学生更是主动的学习者,更能影响学习的效果和教学质量。因为大学生无论在生理上还是心理上,或是社会意义上,都已经基本成人了,拥有个人相对成熟稳定的知识结构、价值倾向、观念态度等。在教学过程中,大学生本身对知识、教与学、教师等的理解,自己先有的学习经验、知识背景、个性特征等方面的特征影响甚至决定了他们对学习方法、学习进程、学习方向等教学信息的取舍和学习效果的优劣。正是从这个意义上来说,大学生的自身特

---

[1] 威廉姆·耐特:《院校研究与质量保证——以美国高等教育为例》,刘智勇译,《高等教育研究》2008 年第 8 期。

[2] 华东师范大学教育系、杭州大学教育系:《现代西方资产阶级教育思想流派论著选》,人民教育出版社 1980 年版,第 234—240 页。

征及学习状况是关系高校教学质量的根本因素，提高高校教学质量在根本上就是要提高大学生的学习质量。

基于系统—生态理论的教学水平评估正是以大学生的个人成长发展为基本出发点，通过对大学生学习、发展以及学习成果的系统设计和考量，使得评估对教学条件与资源等物质技术层面（表层）、教学规范管理等制度层面（中层）、教学模式与习惯等文化层面（深层）等方面均有促动和影响，建立了以学生为中心的高校教学质量评价和保障体系，理顺了学生为什么学（目标建构）、怎么学（学习参与）、学什么（课程服务）、学生希望得到的教学管理服务支持（教学服务、管理服务）等，从而有助于集合学校高效优质的相关资源为大学生的成长发展提供最合适的环境和服务。不仅发挥了评估促建设、促投入、促规范的作用，更有利于发挥评估促发展、促改革、促转变等方面的作用。

总而言之，基于系统—生态理论的教学水平评估具有弹性化的评估标准、多元化的评估主体、灵活规范的评估程序和方法，建立了全方位、信息化、科学化的教学质量监控与评估体系，形成了外部评估与内部评估、正规评估与经常性评估相结合的、上下互动的、长效的评估制度和机制，适合不同层次、不同类型、不同基础、不同目标高校的切实需要，真正地深入了教学、评估了教学、触动了教学，调动了高校各利益相关者进行教学改革与建设的积极性，加强了教学评估对高校办学及教育教学工作的正向促进或增益作用，限制了评估所可能产生的负向约束甚至损害作用，体现了"以学生为中心、以学生发展为本"的前沿化的先进评估理念。

二 基于系统—生态理论高校本科教学评估之目的

我们为什么要测试学生？我们以什么最终标准来评估教师的表现？评估是一种源于主体需要的主体性活动，它由评估主体决定、提出和组织实施，任何评估活动都可能同时服务于多个对象，具有多种功能和作用。当它服务于不同的目的时，指向该目的的功能和作用就会被强化、被突出。需要指出的是，此时，其他的功能、作用依然存在，只不过是处于次要的地位。个别情况下，有些功能、作用还会被抑制。

客观、科学、合理、可行的教育教学评估目的取决于评估的目的是由谁来确定，即评估主体对评估客体满足主体需要的现实结果和可能结果的反映与认识，也就是所谓的价值判断。评估主体出于什么需要提出评估的要求，从哪个角度来反映和认识价值关系的客体，以及客体的规定性和反应会怎样，等等，就构成了评估目的的基本要素。从理论上讲，决定和实现评估目的的"客体主体化"和"主体客体化"过程是辩证的对立统一，需在同一认识和实践过程中共同实现①。同样，在决定和实现评估目的过程中，评估主客体之间的相互关系和相互作用所显示出的辩证法的本性，是不能截然分开的。因为教育教学评估主体的需要和规定性与评估客体的需要和规定性既对立又统一，互为前提，否则现实的主客体关系就不能形成。

不同的评估目的，决定了评估主体考察评估客体的重点内容和主要方面，以及所采用的评估手段和做出评估结论的形式。对于某一次具体的教育教学评估而言，应当发挥哪些功能与作用，主要取决于本次评估的目的和对评估目的的认识和理解。

在本科教学水平评估的实践中，从利益关系的角度来看，随着评估主体多元化格局的确立，教学水平评估就不应该仅是政府对培养单位的评估了，而是各个评估主体从自身的利益角度出发对教育教学整个活动过程的评估。任何一个评估主体由于其所处位置、拥有信息和资源不一样，其利益诉求、评估标准、评估技术、方法也不一样。因此，应该根据各个评估主体的和高校本科人才培养的利益关系状况、评估能力和评估成本制约的情况，重新调整评估职能，改变政府包揽评估活动的局面。

而本书以系统—生态理论为基础对本科教学水平评估进行设计的

---

① [英] 约翰·怀特著：《再论教育目的》，李永宏等译，教育科学出版社1997年版。

根本目的为尽可能多地了解和获取关于如何建构教育环境从而使大学生的个人能力得到最大程度的发展，也就是通过提高大学生的个人发展来更好地实现高校教育教学功能的不断改进和完善。以此为分析框架来开展评估有利于高校各不同的利益相关者即不同的评估主体根据不同的评估职能，采用不同的评估方式，既可以开展以改进和发展为目的的评估，突出其诊断和反馈作用；也可以开展以证明、选择和核定效能为目的的评估，突出其鉴定和决策作用；还可以开展以提高人们认识或获取公众支持为目的的评估，突出其激励和沟通作用等。

例如，政府作为评估主体，可以通过本研究的分析框架对培养单位的办学条件和办学水平以及大学生的整体素质进行评估；培养单位作为评估主体，其评估的主要目的是对国家的相关政策及大学生的学习状况和学习效益进行评估；大学生作为评估主体，其评估的主要目的是对政府的高等教育政策和培养单位所提供的学习和生活环境、条件进行评估。

具体来讲，教育者和管理者会经常面临如下问题：教什么；如何教；谁来教；如何给学生以指导和建议；要求修哪些课程；如何构建学生的个人和社会生活；如何测试和评估学生的表现等。这些问题包含了很多选择：这种要求与那种要求；这种教学方法和那种教学方法；等等。而以系统—生态理论为基础对本科教学水平评估进行设计则可以为不同决定所可能产生的影响提供大量信息，从而对于如何做出这些决定有不可估量的价值，因为这种分析框架能为不同决策所产生的影响提供大量可靠的信息，从而可以有效地阐明如何通过评估来分析和辨别何种政策和措施对促进大学生个人发展是最有效的。

另外，目的是人类有意识的活动的出发点，也是最终归宿，评估目的能否实现，一方面取决于评估目的本身的客观性、科学性、合理性、可行性；另一方面取决于评估主客体对目的的认识和评价以及彼此之间的相互作用。当然，还有外在环境、条件和其他随机性因素的影响和制约。相比之下，前二者更为重要更应引起注意。同样，教学水平评估也不例外，评估主体提出的评估目的本身和实现目的的过程，在相当程度上决定着教学水平评估的质量和效益。因而，我们必须形成正确的指导思想，从实际出发，结合具体情况把握好不同功能、作用之间"度"与"量"的关系，才能保证评估目的的完美实现。

第二节 基于系统—生态理论高校本科教学评估之内容和程序

基于系统—生态理论的本科教学水平评估为评估活动的设计和复杂评估问题的处理提供了强有力的分析框架，弥补了以往评估不甚完善的地方，相应地避免了因其不完善而造成的抑或十分严重的后果，以下介绍基于系统—生态理论的高校本科教学水平评估的基本内容和程序：

一 应分别收集大学生所处高校微观、中观、宏观各系统相关评估信息。微观系统包括形成大学生自身系统的入学时输入信息、在学时投入信息、毕业时输出信息。大学生入学时输入信息指的是学生刚入大学时的个人能力等方面的信息；大学生在学时投入信息指的是其在学期间用于各项活动的精力分配情况；大学生毕业时输出信息指的是通过相应的教育措施和项目所发展的大学生的个人能力等方面状况。中观环境系统是指大学生直接接触的并对其产生影响的环境信息，宏观环境系统是指对大学生产生影响但其并不直接接触的环境信息，相对来讲这些环境因素尤为关键，因为其包含了教育者和管理者所直接控制的影响大学生个人发展的诸多信息。以上这些因素和系统之间是相互作用、相互影响的，如果缺失了某一部分，就会导致评估更为困难或者根本无法正确解决所要调查的相关问题。

二 对中观和宏观环境系统评估信息进行收集。环境信息包括在大学期间可能对大学生的教育产出产生影响的任何事物。尽管在评估中这些环境信息拥有显而易见的重要作用，但在实践中仍是最容易被忽略的部分。如果研究者仅仅获得关于大学生自身的评估信息数据，而没有评估环境，那么由此而得出结论的价值是有限的，因为无法解释大学生进入大学后为什么会发生这样或者那样的变化。

环境评估面临着一系列的技术和方法上的困难,其中之一即为如何对观察的单元进行界定和划分。本书以系统—生态理论为分析依据对高校环境的评估进行了进一步的分解,也即对大学生产生直接影响的环境系统,如参加的课程、教师的教学行为、咨询教师的行为、大学生密切接触的同伴等;对大学生产生间接影响的环境系统,如一所大学的规模、教师队伍、生师比、学生来源等。目前许多对环境进行评估的工具的使用价值是有限的,因为它们主要是用来评估一所高校整个的环境而不是每个大学生所亲身经历的环境状况。

三 建立数据库。以上所收集的相关评估信息就形成了一所高校的教学基本状态数据,以此为基础建立教学基本状态数据库系统,并服务于本科教学水平评估工作,有助于形成一种生态、绿色的数据系统和常态监控机制,相应地,高校等相关部门不必再为评估的开展准备大量的纸质材料;在评估过程中,可以查询和利用常态数据,并形成数据分析报告供相关评估人员使用;通过审读教学基本状态数据和分析报告便可了解高等学校教学工作基本情况,确定进校考察重点,提高进校考察效果,降低进校考察工作强度,有效减轻了相关部门和人员进行评估的工作压力。正如有学者所说:"最让人着迷的是这些系统能为你提供一种你所需要的能力,让你能看得足够远同时也能让你观察的足够近;你能从很高的总结层面概览,也能从个体层面关注细节。"

运用系统—生态理论来进行评估的前提就是建立一个包含大学生自身系统信息、中观和宏观环境系统信息的综合的数据库。有许多商业工具和调查项目可以为高校收集相关的评估数据提供技术支持,比如可以从学校的相关部门获取数据,或者对大学生的教育期望等相关个人情况进行调查访问,等等。或许一些研究者会试图跳过这一环节,认为创建这样一个数据库完全是一个技术问题,可以留给计算机专家来完成,但经验却表明事实恰恰相反,缺少这样一个综合的数据库或许会成为任何一所高校期望通过评估来提高教学质量的最大障碍。同时数据库的建立也有效地避免了各部门为了评估而评估、为了评估而临时找数据或凑数据，甚至弄虚作假的现象，有效地提高了评估工作的效度和信度。

四　对评估信息进行分析。教学基本状态数据是反映高校教学工作运行状况和教育质量的重要依据之一，然而，无论数据库建立得多么完美和综合，如果缺少正确合理的分析方法也是无法发挥作用的。通常数据库收集的大都是原始的数据，要使其变得真正有价值，就必须要经过一个加工和处理的过程，即对所收集的数据进行比对分析，从而有利于分析趋势、查找问题，及时有效地发现各种规律和问题，达到适时监控的目的。例如，以下这些问题都要通过详细的分析才能予以解决：来到我们这所大学的新生具有什么特征？在大学期间他们经历了什么？他们是如何被这些经历所影响的？也就是说不仅要了解大学生从进入大学直到毕业是如何变化的，还要知道为什么每一位大学生个体会发生不同于其他人的如此不同的变化，以及不同的教育过程和经历是如何对他们产生影响的。

事实上，以往不太完善的评估项目很少运用合适的分析方法，因而对其评估结果的使用就缺少甚至没有证据的基础。简单来讲，对评估信息的分析可以运用两种方法，描述性的分析只用来阐述大学生自身系统、中观和宏观系统的现实状况；而因果分析则用来对各系统内部和各系统之间复杂关系的综合评估。两种最常用的对评估信息进行分析的技术是交叉分析和相关分析，交叉分析较多适用于描述性的，而相关分析较多适用于因果性的。另外，还有更多更先进的分析工具和分析技术可以运用。

五　评估结果的运用。如果一个评估结果根据某种理论能被很好地转化为行动或政策，那么相应地这个评估计划将是最有效的。评估的目的也就是提高其结果运用的数量和质量。在对评估结果运用的过程中，要注意根据不同的对象合理地使用评估结果，选择合适的方式来交流评估结果，并且尽可能地降低对某些评估结果运用的消极抵制现象和情绪。

例如，各高校可对自身教育质量进行分析、预警和校际比较，并适时地分析和监控各类数据信息，准确地把握自身的教学基本状态，发现问题，找出差距，制定整改措施，从而为学生的成长和发展营造更好的环境，促进高校的可持续健康发展；各级管理部门可以利用系统数据和处理结果开展对比、分析和预测，对相关政策或措施进行补充或修订，提高教育决策的科学性和可靠性，加快促进高校教育教学质量的提升；社会公众可以据此进一步了解各高校的教育教学质量情况，促进社会公众对高等教育的了解、支持和监督，从而增强高校提高教学质量的自觉性，等等。

第三节 基于系统—生态理论高校本科教学评估之各系统间关系

布朗芬布伦纳的系统—生态理论明确提出了人的发展是个体生物因素和外界环境因素交互影响的结果，因而在看待学习者的行为时，不是只把它看成是个人的产物，而是把它看成是学习者以及学习者所属的系统内，发挥作用的各种要求和压力共同作用的结果。以此理论为基础对高校本科教学评估进行设计可以帮助教育者、管理者等衡量大学生自身系统、环境系统的不同特征，并纠正或调整这些不同特征所产生的相对影响效果。在本研究的评估分析框架下，大学生自身微观系统与中观、宏观环境系统内部和系统之间是交互作用、动态生成的，具有很强的关联性。那么这些因素间是如何联系的、联系的程度如何、研究者又应如何对待呢？以下就以几个具体的例子来加以说明，详细分析可见本论文第七章"评估信息分析应用"一节。

假设研究者注意到许多同学毕业时似乎没有获得很好的写作技能，因而研究者决定努力去探讨是否有特别的课程参与模式会加速或阻碍学生们写作能力的发展。相应地，研究者会对毕业生组织一次关于英语写作技巧的测试，并且对参加不同课程学生的平均测试表现进行比较。结果发现，专业是自动化的同学要比专业是社会学的同学的测试成绩相对较低。那么是否可以因此得出自动化专业对写作技能的发展是不利的，而社会学专业则可以加速写作能力的发展这样的结论呢？显然是不能的。做出如下假设是不太合理的，也就是选择社会学专业的大学新生比选择自动化专业的大学新生拥有更好的写作基础，那么即便这个假设是合理的，研究者可以期望毕业时社会学专业的学生比自动化专业的学生取得更好的测试成绩，即使不同课程对写作能力发展的效果是一样的。

或许可以在医学领域找到可以类比的更为恰当的例子。医学领域的评估是要了解哪种治疗方法或手段是最有效的。如果研究者致力于使人们明了医院对病人治疗的方法和效果如何，那么仅仅收集病人住院时间长短、出院时状态如何等信息是远远不够的。也就是研究者必须同时拥有病人入院时的身体状况、住院时是否积极配合治疗、出院时身体状况以及医院所给予病人的治疗措施等信息，才能对病人所接受治疗方法的效果进行较为准确的判断。

也就是说若只单单对大学生毕业时的输出成果进行评估，那么这类评估所产生的数据将是极难解释的，甚至是不可能解释的，换句话说，这类评估所产生数据的意义是不甚清楚和明确的。因为大学生毕业时的输出信息某种程度上会受到大学生刚入学时相关输入特征的影响，因而在试图评估环境因素影响之前，对相关大学生的输入特征的影响进行控制就显得尤为重要。以每学期课程期末考试为例，没有其他附加信息，教授运用学期期末测试来评估他的教学情况，这就隐含着如下假设：所测试的内容也即所学的内容。然而现实是很少有学生刚开始学时对课程一无所知，有的同学可能比其他同学了解得更多一些。更进一步说，大多数课程的期末考试测试的并不仅仅是课程内容，还会受到诸如写作技巧和判断能力的影响。有大学教学经验的教师都知道，如果所教的部分学生非常聪明、有才能，那么他们即使通过课程接受了非常少的内容，也能在期末考试中取得优异成绩。另外，如果一位同学在期末考试中的成绩很一般，但事实上通过这门课程学到了许多也是可能的，尤其是在课程刚开始时这位同学对相关问题几乎没有了解,并且应试技巧也不很丰富的情况下。也许只有当课程内容专业性非常强,并且学生在注册这门课程之前对其了解甚少的时候,教授们做出如下假设才有一定合理的基础,也就是所测试的就是通过课程所学习的。

一 大学生输入信息与输出信息间的相关性

除了个别的例外,大学生的输出信息与他们的输入信息间具有比其他任何变量更强的关联性。具体来讲,输入特征单个变量与输出特征变量间关联的强度取决于评估的可靠性以及输入与输出测量间间隔的时间长短。表3.1显示了从2004年CIRP新生调查中所选样本的输入信息项目与三年后——2007年同一批学生样本的输出信息间的关联程度。

表3.1[①] 部分输入信息(pretest)与输出信息(posttest)间的关联

(样本为2004年14527名新生,于2007年跟踪调查)

部分输入信息	关联程度
高中期间成绩	0.44
政治自由主义(相对于政治保守主义)	0.53
每周用于学习的小时数	0.35
帮助朋友解决私人问题的频率	0.33
自我评价	
数学能力	0.68
学术能力	0.50
写作能力	0.50
领导能力	0.57
自信程度	0.41

---

① Astin, A. W., and Denson, N. (2009). "Multi-Campus Studies of College Impact: Which Statistical Method Is A ppropriate?" Research in Higher Education 50: 354-67.

续表

部分输入信息	关联程度
专业选择	
工程	0.78
美术	0.38
教育	0.52

表中第一项——高中期间成绩与大学期间成绩的关联程度为0.44，这看起来是适度的，但要考虑三年的时间间隔及高中与大学评分标准的巨大改变。表中的第二项，政治自由主义（相对于政治保守主义）与输出信息间表现出了较强的关联程度，这表明学生间政治倾向的不同在大学期间保持了相对的稳定性。每周用于学习的小时数这一项则显示了较低的关联性，这可以被解释为经过大学的经历，学生的学习习惯发生了重大的、不同的变化。在这里请注意"不同的变化"中的不同，如果所有的个体都改变并且改变的程度大致相同的话，那么经过一段时间以后他们之间的情况也将保持相对的稳定，相应地也就使输入变量与输出间表现出较高的关联性。因而，当谈起输入与输出间的关联由于变化而衰减时，实际可以解释为一个单独个体与其他个体间不同的变化：一些同学的分数增加，一些同学的分数减少，还有一些同学的分数则保持不变。学生与学生间这些方面的变化越不一致，那么输入变量与输出信息间的关联程度就越低。如表3.1所示，各个输入变量与输出信息间的关联程度表现出了巨大的差别。

另外，不同专业学生的输入信息与输出信息间表现出了不同的关联程度。工程专业学生输入信息与输出信息间的关联表现出了最高值0.78，而农学专业学生输入信息与输出信息间的关联则表现出了最低值0.32。这其中的主要原因是入学时选择工程专业的同学在毕业时依然选择的是工程，尽管有许多同学在大学期间从工程专业转到了其他领域，但在相同时期内很少有同学从其他领域转入工程专业。但英语专业的情况就不尽相同了，不仅有许多同学从英语专业转到其他专业，而且有更大数量的同学从其他领域转入英语专业。换句话说，英语专业比工程专业学生输入信息和输出信息间的关联表现出更大的模糊性。

二 大学生输入信息与环境信息间的相关性

大学生的输入信息表现出与输出信息间更强的关联性这一点并不足为奇，这正表明了学生某方面的输入变量经过某段时间后依然表现出了相对的稳定性。但对环境变量影响效果进行分析时的问题并不是由输入和输出间的关联所引起的，而是由环境变量与输入变量间的关系所引起的。从某种程度来讲，不同的人往往会选择不同的环境，而环境也会对人进行选择。也就是说，输入信息特征与环境特征间存在某种关联。

那么什么样的输入特征与环境特征间存在关联以及关联的程度如何呢？为了探讨这些问题，就选定了一些输入特征并且计算了它们与环境特征间的关联性。表 3.2 显示了四个输入特征变量与不同环境特征间的关联程度。实际上，这些输入特征变量与环境特征间具有统计意义上显著的相关性，表 3.2 只给出了与五个一般院校特征的关联性。这些关联数据表明，加入高竞争性院校的学生比加入低竞争性院校的学生更可能来自具有优良教育背景的家庭。他们更多来自私立独立高中并且在高中时期都有外语学习经历。

表 3.2[①]   **四个输入变量与环境变量间的关联**

输入变量	环境变量	关联性
父母收入	高竞争性院校	0.20
	四年制公立学校	-0.09
	私人宗教学校	0.05
	学校规模	0.08

[①] Astin, A. W., and J. Lee. "How Risky Are One-Shot Cross-Sectional Assessments of Undergraduates Students?" [J]. Research in Higher Education, 2003, 44 (6): 72 – 657.

续表

输入变量	环境变量	关联性
父亲受教育程度	高竞争性院校	0.28
	四年制公立学校	-0.18
	私人宗教学校	0.11
	学校规模	0.08
高中期间外语学习的年限	高竞争性院校	0.21
	四年制公立学校	-0.28
	私人宗教学校	0.17
	学校规模	0.10
	罗马天主教院校	0.08
来自私立独立高中	高竞争性院校	0.15
	四年制公立学校	-0.12
	私人宗教学校	0.15
	学校规模	-0.03
	罗马天主教院校	0.05

私立宗教院校也表现出相似的情形，也就是学生大都来自有良好教育背景的家庭、来自私立独立高中并且有外语学习经历。具有较大规模的院校也是如此，除了他们的新生并不是更多地来自于私立独立高中。

加入四年制公立学校的学生与加入高竞争性和私立宗教院校的学生形成了比较鲜明的对比：他们更倾向来自教育背景稍差、收入较低的家庭，并且相对来说高中时期较少来自于私立独立高中和有外语学习经历。最后，加入罗马天主教院校的学生来自私立独立高中和具有外语学习经历的人数略微高于平均水平。

另外，来自私立独立高中的学生比公立中学的同学更倾向于选择罗马天主教院校和高竞争性的院校。相比较来讲，来自公立高中的同学比来自私立高中的学生更可能加入公立高校。

简而言之，以上这些分析表明大学生的输入特征与环境特征间具有显著的相关性。显然，在没有控制若干学生输入特征信息的情况下，评估环境变量特征对学生输出的影响是没有意义的。即使在单个院校内，学生的输入特征与环境经历间的关联性也是非常显著的，这些环境经历包括宿舍住宿状况、荣誉课程的注册情况、课外活动的参与情况、用于工作的时间、用于交往的时间以及学生学习的专业领域等。

综上所述，由于大学生毕业时的输出信息某种程度上会受到大学生刚入学时相关输入特征的影响，因而在试图对环境因素进行评估之前，对大学生相关输入特征的影响进行控制就显得尤为重要。如果没有可与大学生输出信息相对比的输入信息，那么就没有办法知道一个教育项目实际产生的效果。另外，如果缺少大学生在不同环境下不同表现的信息，也就无法判断哪种教育项目或措施可能是最有效的。或者如果研究者不了解在相同时期内有哪些环境因素作用于学生，那么单单拥有大学生自身系统的相关输入、输出信息数据，其价值也是有限的。可以说，这些可控制或可改变的环境因素是非常重要的，因为正是这些经历为将来大学生产出的提高提供了可能。当然，环境系统出现一些情况是不可避免的，关键是研究者和管理者要了解和掌握已经做了什么去改善它或者可以做什么以阻止在未来发生类似的情况。具体来讲，假如我们知道一项特别的教学方法或特别的课程比其他的效果好，那么对于未来更有利于教学产出的高校环境的营造将是非常有利的。

第 四 章

基于系统—生态理论高校本科教学评估之微观系统信息分析

第一节 大学生所处微观系统之输入信息数据分析

一 大学生所处微观系统输入信息种类

一位曾参与过 NMSC（美国国家优秀奖学金）评审的专家讲述了他的感受：以前经过作为心理学博士生的训练和在各种医疗机构从事临床和心理咨询工作的经历，使得他习惯于以一种发展的框架来看待人的行为，也就是说，当人们在某种状态下来寻求您的帮助时，您也以某种方式来尽力改善他们的状况。而作为医生所提供治疗的成功程度是以患者状况的改善程度来判断的。如果一些患者来就诊时比其他患者的状态更糟糕，那么您就不能简单地以经过您治疗的患者的最终状况作为判断您治疗有效性的依据；相应地，判断治疗有效性的依据应该是经过治疗的患者的状况有了多大程度的提高和改善。后来这位专家从医疗领域转向了教育领域，这在研究方向上看起来似乎是个大的转变，但教育领域的问题似乎和心理健康领域的问题一样有趣，或许更为容易处理。

这位专家在 NMSC 从事的第一个研究项目是关于哲学博士的生产效率，他与卫斯理大学和芝加哥大学的相关研究者发现，某一类学校比其他的学校更可能培养出后来获取助学金或者取得哲学博士学位的毕业生。因为这类高产出的大学往往拥有更大的图书馆，更小的生师比，更多具有哲学博士学位的教师。因而研究者得出这些较好的设备和资源为学校的高产出提供了相应的条件。

但更进一步的研究发现，大学生的入学特征或许是影响学校产出的另外一个重要因素。如果把大学生的输入特征考虑在内的话，一些所谓高产的大学其实并不名副其实，也就是说有可能是减产的。真正高效率的大学应是教育产出与学生的输入状况相比取得更多方面的成效。

在缺乏大学生输入特征相关信息的情况下，想要了解教育政策或措施对教育教学产出的影响是非常困难的，甚至是不可能的。因为输入信息不仅和产出而且和环境是紧密相连的，许多可以观察到的环境和产出间的联系其实很好地反映了输入信息的影响，而不是环境对教育产出的影响。这些输入信息包括：大学新生他们的计划和期望是什么？当他们毕业时他们希望拥有什么？他们为什么选择这所大学？他们的入学动机是什么？他们的性格等人格特质怎么样？他们的价值观和态度是什么？他们学术基础的优劣点是什么？他们的社会背景如何？他们高中时期所参加的主要活动是什么？他们高中时期的主要成绩怎么样？他们父母的受教育程度怎么样？以下主要对三个方面的入学特征变量进行了探讨：

（一）先前成就

斯滕伯格的智力概念与学习者的先前知识和技能密切相关——特别是他们具有的与任务相关的知识和技能。与任务相关意味着，在进行后面的学习之前必须先教授这些事实、技能和理解等。只有掌握这些知识，后面的学习才可能发生。这样一来，鉴别出先前成就，不仅对于安排教学很重要，而且还可以用来解释，为什么在一些情况下学习在一些学生身上没有发生。

课堂上传递着各个领域的思想，而这些与任务相关的事实、技能和理解等以各种各样的形式出现，是思想的逻辑进程的一部分。例如，在推理时可能会用到各种顺序——从总体到细节，从简单到复杂，从抽象到具体，或者从概念到程序。这些逻辑进程是学习的结构，它们在每个阶段的新的学习发生之前，确定出了所需要的行为（例如，程序必须先于概念，而简单事实必须先于复杂细节）。学习的流程如果在任何一个水平上出现故障，几乎都会阻碍后面的水平的学习。如果学生没有充分获得教学计划中较高水平的概念，可能并不意味着他缺乏能力，而只是因为他没有充分掌握与任务相关的先前行为。

（二）社会经济地位

社会经济地位这个短语可能意味着许多不同的事物，但一般来说，它是收入和受教育水平的近似指标。对研究者来说，学生的社会经济地位由他们父母的收入和受教育状况直接决定。众所周知，社会阶层和教育成就相关。相关研究人员已经研究了社会阶层、民族/种族和学校成就之间的关系，这些研究得出了普遍结论，即不同种族和民族群体在教育成就上的差异，绝大部分可以用社会阶层来解释。

显然，如果社会经济地位在学生成就中发挥了作用，那么它代表的东西，一定比父母的收入和受教育水平更加具体。研究表明，还有许多更有意义的特征与收入和受教育水平相关，在这些特征方面，处于较高和较低社会经济地位学生的内外生活有很大差异。有研究者认为这些特征——它们是收入和受教育水平的间接产物——影响了学生的成就。其中的特征之一就是，处于较高社会经济地位的学生更有可能在年龄较小时，从家庭和街坊以外获取世界的知识。这些孩子有更多的机会接触书籍、杂志、公共网络文化产品以及文化活动，还可以接触那些拥有这些学习资源的人，等等。这样，他们就更加迅速地发展了阅读和会话能力，从而在上学一开始就具有优势。同时起作用的还有父母的教育（他们经常使用正式的或复杂的语言，让孩子对具体的交流情景进行独立思考），这与来自较低社会经济地位家庭的孩子形成了鲜明的对照，那些家庭强调服从和顺从，而不是独立思考；可能强调死记硬背的学习方法（记忆、回忆事实等），而不是独立的、自我定向的学习。

从以上分析可以看出，较低和中高社会经济地位的学生有十分显著的差异，相应地就出现了以下问题："有关社会经济地位的哪些方面造成了课堂中的差异"，以及"作为教师，能做些什么来减少这些差异呢"。那么课堂正是减少学生成就差异的合乎逻辑的地方，许多正式的干预正在努力减少这些差异，然而这些努力并不可能完全消除差异。这样一来，处理这些差异就成为课堂教师的日常工作。总的情形很明显：较低和较高社会经济地位学生的不同家庭和出身背景，为他们入学做了不同的准备，教师的任务就是围绕这些差异来组织教学，从而尽可能减少学生成就的差异。

许多课堂研究者已经鉴别出一些教师行为，它们能最有效地提高这两类学生的成就。鲍尔斯与弗林德斯（Bowers&Flinders，1991），谷德与布罗菲（Good&Brophy，1997），希尔（Hill，1989）以及肯尼迪（Kennedy，1991）提出了如何教这两大学生群体的一些建议。

例如，对于一些社会经济地位较低的学生，他们的自我意识可能比较差，如果教师再频繁地纠正他们的错误，而不提供支持或鼓励，那么他们会把这当成是对个人的批评。因此，反馈可能会被处境不良的学生理解成批评，所以，在这种情况下，反馈需要在一个支持和鼓励性的背景下进行，这一点与社会经济地位较高的学习者所需要的教育环境不同。

另外，在课堂上向学生提供多样的教学辅助材料（比如试听材料、学习中心以及探索性材料等），它们鼓励学习者运用自己的经验、先前学习内容以及偏好的学习方式等，构建和解释所学的内容。对于那些可能受益于替代学习方式的学生，多样化教学会成为重要的知识来源。

还有一种方法可以减少由社会阶层造成的成就差异，那就是，对所有的学生都寄予厚望，并鼓励他们取得好成绩。可能并不是所有的学生都能得到教师充分的期望，以及得到教师针对课外学习所给予的奖赏。在课堂上给学生以期望、支持和鼓励，可以缩小学习者之间的一些成就差异。

最后，作为有效教师，应该为学生提供机会，让他们表达对所知事物的理解，并利用自己的经验，在所学的各种思想和事实之间，形成各种联结和联系，这样可以鼓励学生用他们感觉最舒服的方式，建构并表达自己的理解和意义。这对于达到课堂教学目标有两个重要影响：提高学生对你所教科目的投入和兴趣；并向他们表示，人们认为他们要说的东西是有价值的。

缩小班上学习者差异的其他方法还有：

（1）围绕学生已经有所了解的重要思想来组织学与教。

（2）让学生比较他们所知的内容和你所教的内容，从而认识先前学习内容的重要性。

（3）设计一些课时，提供机会让学生解决冲突并为自己建构新意义，从而考查学生是否具有了充分的先前知识。

（4）提供一些任务，让学生在探索问题过程中体验模糊性和不确定性，这些问题在现实生活的真实情境中往往有多种答案。

（5）告诉学生知识的建构需要共同的努力，不是由学生独自寻找知识，也不是由教师来单独控制。

（6）在上课过程中，评估一个学生掌握知识的情况，并提供反馈。

（三）人格

当我们用词语来描述学生的时候，比如说值得信赖、富有创造力，以及独立、焦虑、快活或权威主义、寻衅等，它们指的是学生人格的某个侧面。人格是个体各方面的特征、动机、信念和能力的综合体，包括情感反应和性格，甚至还有价值观等。人格这一概念的确十分宽泛，据一些学者的说法，它甚至还包括智力和特殊智力。这里我们没有必要采用如此宽泛的视角，因为并不是被视为人格的每个侧面都适用于课堂教学。另外，人格又有几个重要的侧面，离开了它们学习可能就不会发生，它们被称为人格特质。人格特质是人们行为的持久方面，它们在各种各样的环境中保持一致。它们不像能力倾向和成就那样，会随着特定的学科内容、年级水平或者教学目标而发生改变。

事实上，课堂上的内容只能引发部分特征，对其他部分则没有影响。人格的某些方面一直处于潜伏状态，直到人对世界产生了某种特别的领悟，它们才会被激活。

二 大学生所处微观系统输入信息作用分析

国际生产工程科学院（CIRP）经过超过四十五年的研究，目前已拥有近千万学生和近两千所高校的输入信息，为美国高等教育有关学生产出的研究收集了大量的数据。因此，以下本书就以国际生产工程科学院（CIRP）的新生调查为例来阐述大学生输入信息的收集和运用的相关问题[①]。

相关研究发现，大学生入学时的自我期望与每一类型的输出测量都有特别的联系。例如，那些入学时说自己大学期间可能结婚的同学四年后结婚的比例是入学时没有这个计划同学的三倍多。相似地，入学时计划拥有一个法律或医学学位的同学，五年后升入研究院的是那些入学时只计划拥有学士学位同学的三倍还多。这些都说明自我预期可以有效预测大学生的产出。简而言之，当研究者没有把大学生的自我预期加入到输入评估中来时，将失去一个潜在的并且非常重要的关于输入差异的来源。

必须强调一点的是有许多除了自我预期之外的其他大学生入学特征能影响学生的输出测量。纵向多因素的研究表明平均有15—20个大学生入学特征对学生的输出测量有预测作用。许多大学生的入学特征对相应的学校管理方面是有潜在价值的。至少有四个大学的功能领域可以有效地运用大学生的入学信息：录取与招聘；通知和预警系统；课程和项目评估；公共信息平台。

（一）录取与招聘

高中时成绩尤其是大学新生的入学测试分数是高校录取时普遍密切关注的。另外大学生的相关输入数据可以为确认那些可能影响学生

---

① Astin（1999），"Student Involvement: A Developmental Theory for Higher Education". Journal of Student Development, 40 (5): 518-529.

做出关于大学选择决定的因素提供帮助。例如 CIRP 的新生调查定期地让学生评估影响他们报考某所大学不同因素的重要性，像学术声誉；社会声誉；低廉的学费；所在地；特殊教育计划；亲属、教师、咨询者的建议等。学生同样被要求指出他们所考虑其他学校的数目、他们所上大学是第一还是第二选择。所有这些信息将会极大地帮助理解那些影响学生选择他们所要上的大学的因素，并且识别出有可能出现在大学新生招募过程中的潜在新生。

（二）通知和预警系统

随着高等教育大众化和普及化的来临，相关的管理者开始关注学生辍学和保留的情况，并开始致力于提高高校学生的保留率。在这种状况下，对学生入学综合信息的需要就显现出来。越来越多的管理者和研究者转向研究数据资源密集型早期预警系统的设立，以提高学生咨讯通告的及时性和有效性。那么这些系统的核心组成部分即为学生的相关信息，并且由于一年级是大学生辍学的高发期，因此关于学生入学前的信息数据，比如学生的先前成就、学术准备、学习习惯、学术和社会参与情况等将对无论是识别有辍学风险的学生还是提高这类学生咨讯的质量都是极其有价值的。例如美国普渡大学著名的数据库系统包含各类新生入学前信息，以服务于对学生辍学的早期预警、课程和项目的计划与评估等。

（三）课程和项目评估

国内高校普遍存在一个现象，即在设计课程和其他教育项目时几乎没有考虑过学生这一重要客户的特征。国际生产工程科学院（CIRP）关于新生调查的一个主要目的就是为高校提供可以用于课程计划和项目评审的学生特征的总括。关于学生信息的各个项目中可以被用于这个目的的有：学生在中学所学的课程；学习的主要领域；人生理想；上大学的目的；对不同领域补习的需要。关于学生入学信息数据另一个特别有用的运用就是跟踪入学新生特征的发展趋势。尽管大多数学校普遍检测学生标准化考试分数、性别、种族等方面数据的变化，其他如学生的计划、理想、价值观、态度等领域的变化趋势也是可收集的有用的信息。国际生产工程科学院（CIRP）在实行新生调查的四十五年间揭示了一些相当引人注目的关于学生兴趣和价值的变化趋势。和20世纪70年代早期的学生相比，当今的学生对获取财富、权利、地位表现出更多的兴趣，普遍拥有较强烈的经商愿望，而对一些利他的和建立一个富有意义的人生并不太关注，对人类服务等相关职业不感兴趣。这些变化很大程度上促进了许多高校设立了公众和社区服务项目，并要求某种形式的社区和公众服务作为大学生通识教育课程的一部分。

（四）公共信息平台

大学新生的入学综合信息可以为各级各类公众媒体，如校园出版物、报纸和杂志等提供丰富优秀的素材和资源。大学新生输入的相关数据作为公众信息力量的充分发挥有利于高校间新生综合情况比较的大规模有规范的开展。

第二节　大学生所处微观系统之投入信息数据分析

美国特拉华大学在2007年7月任命Patrick T. Harker为第25任校长。Harker校长实施的主要政策，在他的战略规划文件The Path to Prominence中陈述如下：营造一个多元化的、令人感到奋发向上的大学学术环境，从而能激发学生投入到广阔的学术追求中去。他对之做了如下描述：

> 特拉华大学必须吸引聪敏的、有才能的、经历丰富的、多种族的、各地的学生，这是伟大的大学具备的特征。特拉华大学的教育必须使学生的好奇心和对学习的热爱成为一种习惯。我们的学生必须拥有发明、创造和创业的机会。我们必须使我们的学生富有课堂以外的共同经历，和学校及他人融为一体的传统，并以母校为荣。

在接下来的十年，我们会继续密切关注大学生的注册率，继续关注学生成功率的不断提高而不是学生人数的不断增长。在国际化的社会，我们的学生要成功地成为领袖，多样性是衡量我们教育质量的一个越来越重要的维度。相应地，特拉华大学的课堂也将变得越来越多种族的、富有人文气息的、国际化的和充满智慧的。

Harker 校长的规划无疑是振奋人心的，但是，如何评估大学在营造学术氛围以及使大学生投入有意义的学习方面的效果呢？幸运的是，已经有了大量的、重要的研究和调查工具来衡量大学生的投入程度。

一 CSEQ 和 NSSE 的特征及运用分析

早期关于大学生投入程度的研究工作主要是由位于洛杉矶的加利福尼亚大学的 C. Robert Pace 开展的，运用的是 the College Student Experiences Questionnaire（CSEQ）。正如前面所提到的，Pace 的研究指出："大学生投入到完成学习任务或从事学术活动中的精力越多，相应地他们获得的将越多。" CSEQ 是一个综合的信息收集工具，包含了大量学生投入到广阔教育活动中程度的信息。CSEQ 问卷开头收集学生的基本背景信息，问卷的主体集中于代表了大学期间经历的划分为几部分的活动，并且要求作答者指出参加这几部分活动中每一项的频率，运用从"非常频繁"到"从来不"四个级别来回答。这些活动参见表 4.1 所列。除了评估学生参与这些活动的程度和质量外，CSEQ 还收集学生所读书籍和文章的数量、学年中所写论文的数量和长度。同时，学生也被要求评估一系列通识教育方面学校的做法和氛围如何。在问卷的结尾，要求作答者评估在特殊技能和与那些与通识教育能力相连的行为的哪些方面有进步和有巨大收获。

CSEQ 调查问卷有两个版本，分别为四年制和两年制大学。从评估高校的有效性这个角度出发，CSEQ 是通过学生的自我评估间接地测量了学生在特殊的通识教育能力方面的增长情况，并且描述了大学环境对发展这些能力的影响。CSEQ 调查问卷包括了公立和私立、四年制和两年制大学。看起来，CSEQ 调查问卷是一个完美的测量工具。

表 4.1[①]   **大学生学习投入程度的评估维度（CSEQ）**

被调查者投入以下活动的频率	
图书馆：评估对图书馆设备的使用程度、运用相关技能如使用数据库来查找信息、书目的程度	学生组织：评估学生对学校课程以外组织和不同类型活动的参与情况
计算机和信息技术：评估学生运用计算机写报告、运用邮箱作为交流工具、运用互联网作为信息收集的工具及运用计算机进行数据分析等方面的程度	个人经历：评估学生、教师和员工间不同类型交往的程度和质量以及学生以个人方式寻求正式或非正式帮助的程度
课程学习：评估学生投入特殊的与课程相关的活动，如投入课堂讨论、与同学合作完成一项课堂任务等的程度	学生友情：评估不同信仰、道德和国家背景学生间交往的程度和类型
写作经验：评估学生对诸如词典、百科全书、写作风格手册等工具的运用情况，学生就写作寻求教师及其他帮助的情况	科学的、定量的经验：评估学生投入与数学、科学、实验室经历、科学工具的运用等特别活动的程度
教师经验：评估学生与教师交往的程度，包括课堂讨论、学术咨询、职业指导、课外讨论、正式的本科生研究活动等	讨论主题：评估学生所关注谈论主题的广泛程度，包括时事政治、社会热点、艺术、不同生活风格等
文艺活动：评估学生参加绘画或音乐课程；参观博物馆；参加音乐会或独唱会；参加乐队、合唱队、舞会等活动的频率	谈话信息：评估学生对他们在课堂上所获得知识的运用程度、是否被激发起去做关于这个主题的深层阅读，或者是否被劝说改变一个主题等

[①] College Student Experiences Questionnaire: http://cseq.iub.edu/.

续表

被调查者投入以下活动的频率	
校园设施：评估各种不同校园建筑和智力的、社会的、文化的、体育等设施的运用情况	
对学校学术严谨性的评估： ——学校对发展学术、智力质量的强调 ——学校对发展美学的、有表现力的、创造性品质的重视 ——学校对发展批判性的、评价的、分析性品质的重视 ——学校对发展理解和欣赏多样性品质的重视 ——学校对发展信息素养技能的重视 ——学校对发展职业能力的重视 ——学校对课程与个人的相关性和实际价值的重视	

  然而我们都生活在一个不完美的世界。在接下来的十几年里，高校以及其他机构的研究人员发现 CSEQ 调查问卷的回答率急剧下降。这一方面是因为学生在学年中要接受不同来源的无数调查问卷而导致的疲于应付，另一方面是因为 CSEQ 调查问卷的内容太多，有八页的长度，以致完成率下降。

  1998 年，C. Robert Pace 的同事 George Kuh（位于布鲁明顿的印第安纳大学中学后教育研究中心的负责人）对大学生投入度调查问卷进行了进一步的完善，也即为基于 CSEQ 调查问卷的由皮尤慈善信托基金支持的 NSSE，具体内容如表 4.2 所示。NSSE 既有纸质的也有网络的版本，多数参与者都可在 15 分钟内完成网上问卷，与传统评估手段如 CSEQ 相比，极大地缩短了现场考察时间，并能收集、分析和检测出对参评高校来说具有很高价值的数据信息，拥有良好稳定的信度和效度。

表 4.2[①]　　　　　大学生投入度调查的评估维度（NSSE）

学术挑战的水平：评估学生课堂准备的程度，包括课程阅读和论文写作的质量、课程技巧和内容重点、校园学术技能和内容重点等	主动和协作学习：评估学生提问问题、课堂演示、关于课堂主题与其他同学合作状况、以社区为基础项目的投入状况以及在课外讨论与课程有关思想的状况等
学生与教师的交流：评估学生与教师讨论课外作业、评分、职业规划等的程度，学生与教师合作研究的投入程度，课外与教师交流情况	教育经验的丰富程度：评估学生与来自不同种族或民族、不同宗教和政治信仰、不同信念和价值观人们的交流状况；评估校园环境是否支持不同经济、社会、种族或其他民族同学间的交流；评估学校是否强调技术的运用；以及学生是否广泛地参与实习、社区服务、留学、独立学习、课外活动等
校园环境支持状况：评估学生对学校所提供的使他们能够取得学业成功，或者应对非学术问题，以及在学生、教师和员工间培育建设性关系的资源支持状况	

NSSE 自 2000 年在全美正式推行以来，参与调查的院校已从最初的 276 所，发展为 2008 年的 774 所，成为同类研究中项目最广、设计最严密、资讯最丰富的一个。

（一）对象选取适宜

与 CSEQ 旨在评估四年大学期间学生投入程度的一般情况不同，NSSE 选取至少在学校就读两个学期以上的一年级与四年级学生进行调查，且其数量各半。这种抽取方法充分关注了两个年级大学生的不同特征，即大一学生的体验反映了该校在奠定学生学业基础上所做的工作和特点，这对于学生能否顺利获取学位非常重要；而大四学生即将毕业，他们见证了该校为学生整个学习经历投入的资源和活动安排情况，是学校整体教育环境和质量的最佳裁判人。另外，比较不同年级大学生在学习感受和经验上的落差，也可具体呈现学生的整体大

---

① College Student Experiences Questionnaire：http：//cseq.iub.edu/.

学生活体验，为学校下一步的相关策略选择和改进提供借鉴。尽管NSSE可以应学校的要求分别对新生和老生进行测量，但NSSE对不同高校新生和老生投入度分析应予以重点关注方面的国家标准仍是不同的。

但是，很多研究评估的著名学者都指出了这种评估方式的重要缺陷，即当前的新生状况不能完全地等同于目前大四学生入学时的基准状况，其中的时间因素所导致的诸多变化和影响没有被考虑进来。对此缺陷，运用纵向评估就是一种较好的解决方式，也就是测量同一组学生在时间发展序列上的学习生活投入和体验的变化。被测大学生群体在入学之时参加一次测试，经过一段时间的大学生活之后，同一组学生再次接受测试。另外，须注明的是还有一个专为两年制大学设计的大学生投入度调查工具——CCSE。两年制和四年制大学的大学生投入度调查对学生参与大范围的学术和合作活动同样重视。

（二）标准设计多元

针对学生多元的学习生活，NSSE用多项选择题组成的量表分别调查学生学习行为、学校投入有效教学实践的努力及学生对学校促进学习和自身发展程度的看法。本着容易理解、易采集数据、主题集中的原则，NSSE设计了5个关于有效教育活动的标杆，共涵盖42个核心问题，涉及学生行为和院校特征。每所参与的高校不仅会在每个指标上获得一个百分制分数，还会得到按卡内基高校分类法确定的同类院校平均分和全国平均分，以做参考。这使得调查结果在同类高校间具有很强的可比性，可有效指导公众择校。

首先，它将学术挑战水平作为核心指标，指出富于挑战和创造性的活动，对学生学习和大学质量具有重要意义，并要求学校通过提出高期望来推动学生成就的高水平发展。其次，该调查将有益于学习和发展的活动划分为三个标杆，即积极的合作学习、师生互动和丰富的教育经历。最后，则是让学生进行多元体验，在群体中更广泛、深入地学习、合作与实践。此外，NSSE量表还采用了"支持性学习环境"

这一指标了解学生对校园氛围的满意度。

从标准设计的原则和具体内容看，它具备三个重要功能。第一，标准容易理解，推动了教师、教育管理者、认证机构、潜在学生及其家长间关于有效教育的特征讨论。第二，标准从经验上指出了学生投入有效教育活动的层次，并可通过在不同类型院校间的分值比较，使人们了解学生表现、监控变化进程。最后，标准也指出了学校为改善学生行为和院校情况可以采取的措施，明确了改进计划的基线。

（三）结果应用广泛

如前所述，NSSE 已远远超越了传统大学排行榜的作用，向人们提供了一种大范围收集高等教育质量信息的手段，并以此重构人们对大学质量探讨的重点。概括来讲，NSSE 收集到的数据结果，主要有以下三方面应用：

一是院校改进。调查结果的核心应用，是改善学生学习体验、提高教学效果，继而改进学校教育质量。因而，NSSE 报告分析并解释了有关学生学习投入度的核心关键数据，并以此帮助学校准确了解自身，决定改进方向。另外，NSSE 通过调查、公布促进学生投入和成功的普适性教育实践活动，使各院校在模仿"范例"特征中获得提高。同时，它还从公众舆论的角度倡导人们以学生的就读经验审视教育质量，从而强化学校对学生体验的重视，促进院校自我完善。

二是匹配认证。认证，是美国实施高等教育评估的主要方式。依据 NSSE 官网上的认证工具包，约 1/3 的参与院校已经能够在恰当时机收集有关学生学习投入度的数据，整合到认证的自评环节。同时，NSSE 可标定他们从评估中获得改进的有效教育行为，指导院校的未来发展。

三是由于 NSSE 将学生和家长期望了解、乐于接受的出自学生的第一手调查资料呈现了出来，使公众获得了与学习质量最为相关的学生体验信息，从而使调查结果成为学生或家长的择校参考。

(四) 支持服务丰富

为保证院校、公众合理解释与运用调查结果，NSSE 提供了相应的指南和工具，确保评估作用的充分发挥。在推动院校自我改进方面，NSSE 常年组织互动的网络讨论会（Webinars），增强教师、管理者和研究人员对数据的认识和分析。情景化 NSSE 资料工具则通过分享学生对条目观点的情景化信息和应答时的心理状态，帮助管理者更确切、合理地分析调查结果。而为帮助已参加该项目多年的院校了解进程中的变化与发展趋势，NSSE 设计了多年数据分析指南，为学校有效分析自身发展情况提供资源、信息和建议。在辅助公众择校方面，NSSE 推出了大学选择指南，其中罗列了人们在择校和决策时思考的重要问题，如"学生是如何谈论他们的教育经历的"，帮助潜在学生及其家庭快速了解与指南问题呼应的高校调查结果，从而便捷地指导择校行为。

此外，NSSE 还重视在年度报告中分享某些院校对结果使用的有益经验，以及与其他数据共同应用的实例，这些为高校、研究机构、学生和家长等对调查结论的运用提供了有价值的模板和范例。

在特拉华大学，NSSE 的调查数据信息是通过两种不同的表格传达给最终用户的（如图 4.1 所示）[①]。图 4.1 生动地描述了特拉华大学的学生在写论文时从不同渠道收集观点和信息频度如何的对比数据。第一幅图是 NSSE 的调查数据信息与不久前调查情况的对比，也就是 2001 年和 2005 年新生与老生调查情况的对比。第二幅图显示了 2005 年新生和老生调查结果分别与卡内基分类中的其他及同类大学相对比的情况。这样的对比是非常重要的，例如第二幅图所显示新生的调查结果明显比其他两类大学的平均得分低，这就提示特拉华大学要关注后续调查情况以便监控学校的通识教育领域的发展状况，是持续如此还是会变得更糟。

---

① College Student Experiences Questionnaire: http://cseq.iub.edu/.

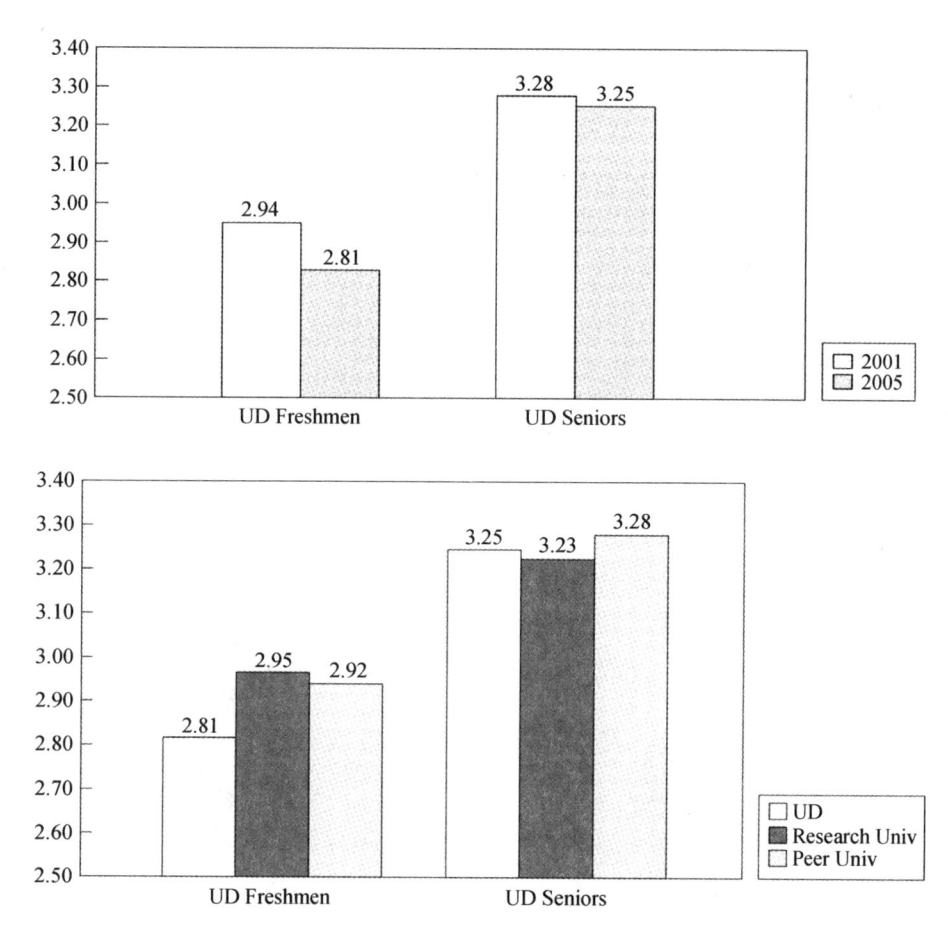

图 4.1 你在写论文时从不同渠道收集观点和信息频度如何？①

1 = 从不；2 = 有时；3 = 经常；4 = 特别频繁

　　图 4.2 展示了学生用于课程准备的时间分配情况的调查结果对比。通过这样的图表把 NSSE 的调查数据所传递的信息清晰简洁地表达了出来，便于读者了解校内和校际的对比情况。在这里必须重新强调的是只单单评估学生的投入是不够的。其实更关键的活动是如何看待和处理这些评估信息。例如，某些学校把 NSSE 的调查数据部分地作为教师委员会提出相关建设性意见的基础，这些建议涉及学校课程的设

---

① College Student Experiences Questionnaire：http：//cseq.iub.edu/.

置和评估不同学科间专业能力的措施。

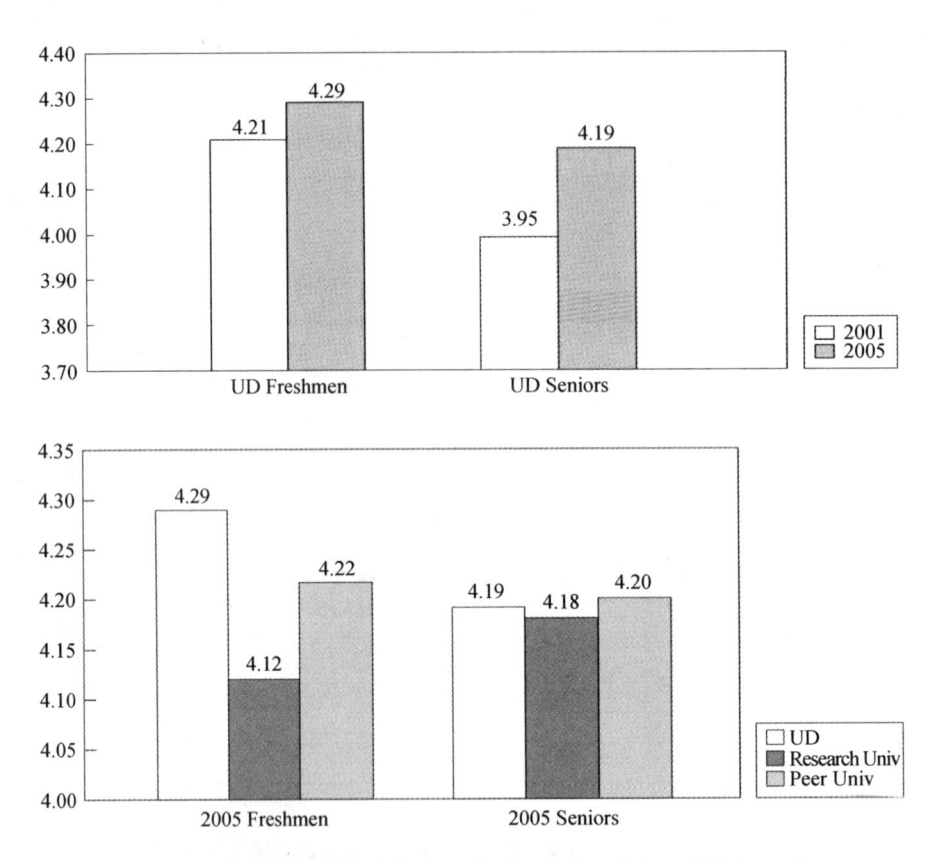

图 4.2 你每周用于课程准备（学习、阅读、写作、排练等）的
时间分配情况如何？①

1 = 0Hrs/Wk；2 = 1 – 5Hrs/Wk；3 = 6 – 10Hrs/Wk；4 = 11 – 15Hrs/Wk；5 = 16 – 20Hrs/Wk；
6 = 21 – 25Hrs/Wk；7 = 26 – 30Hrs/Wk；8 = More Than 30Hrs/Wk.

二 FSSE 和 BCSSE 的特征及运用分析

印第安纳大学的高等教育研究中心研制了与 NSSE 和 CCSE 相配套的调查工具——FSSE（the Faculty Survey of Student Engagement）。FSSE 调查了教师对通过 NSSE 和 CCSE 所评估的学生投入度相关方面的回

---

① College Student Experiences Questionnaire：http：//cseq. iub. edu/.

应。教师既可以选择对自己班级的，也可以对学校的"特定典型"学生进行测量。FSSE 调查数据的最终分析结果不仅仅是对学生投入到某一特定维度学生和教师评估结果的聚敛和发散程度的对比，而且为教师塑造一个对话区提供了定量依据，从而使教师更方便准确地了解学生在哪些方面可能确实是更充分参与，以及如何发展相应的学习策略以促进学生在某方面更充分的参与。

另外一个相似的有用的工具是 BCSSE（the Beginning College Survey of Student Engagement），BCSSE 主要用于收集关于大学预科的学术和辅助课程的相关信息，要求学生自我评估和确认他们可能需要帮助的学术及大学生活的领域，并且让学生指出高中时期并没有达到自己所预期的投入程度的学术和学校生活领域。这些领域包括批判性思维、有效写作、技术的运用、与其他人的有效合作等方面，这些维度与 NSSE 所评估的维度是基本一致的。同时运用 BCSSE 和 NSSE 能确认在进入大学之前和之后学生投入度差异的消弭程度。

第三节 大学生所处微观系统之输出信息数据分析

如果只有一种关于大学生成果的测量，那么高等教育的整个评估过程将被极大地简单化。然而，从另外一种角度来看，高等教育可能会有很多种产出，并且没有其中的任何一种能够作为评估教育项目所产生影响的合适的方法。事实上，高等教育的不同利益相关者——学生、学生家长、教师、用人单位、立法和政策制定者等——其中每一方都对高等教育的产出有各自不同的侧重点。即使在一个既定的团体内，例如学生群体对上大学的目的也存在多种多样的可能性。一些学生或许对发展自己的智力比较感兴趣；另一些同学或许对发展自己的人际交往、领导能力比较关注；其他一些同学或许主要是为了获得一份好工作；等等。

相应地，许多研究者提出了对学生学习成果测量的不同分类方式，

这里主要参考了阿斯汀提出的分类方法，也就是把学生的学习成果分为两大类：认知类、情感类。（如表 4.3 所示）

表 4.3　　　　　　　　　大学生学习成果的分类[①]

产出的类型	认知类产出	情感类产出
精神层面的	学科内容知识	价值观
	学术能力	兴趣
	批判性思维能力	自我概念
	基本学习技能	态度
	特别才能	信仰
	学业成绩	对大学的满意度
行为层面的	职业成就	领导力
	获奖	公民权
	特别推荐	个人关系
	过级情况	业余爱好

一　认知类产出

认知类包含了高等教育一些最重要的产出，也是对产出进行评估时研究者主要考虑的对象。为了方便对认知类产出区分并进行相应的评估设计，通常将之分为以下几个方面：通识教育类、职业和专业胜任能力。

（一）通识教育类

通识类教育产出是和一些读写类特殊技能紧密相连，主要关注如人际交往、批判性思维等方面的共通性的知识，它们被认为是独立于学科专业的所有本科生都应获得的、可在不同学科领域和情境之间进

[①] Astin, A. W., and R. J. Panos, 1969, The Educational and Vocational Development of College Students. Washington, D. C.: American Council on Education.

行迁移的核心的本质性知识和技能。正如教育专家帕斯卡雷拉所说："这些技能与所有的学科都有关联，它们能使学生在一系列新的情境中进行运作。"[1]

美国特拉华大学把以下若干项作为每个学生必须拥有的通识教育类技能：

①拥有口头和写作交流、定量推理和运用信息技术的有效技能；
②学习运用批判性思维解决问题的能力；
③既能独立地学习、工作，又能完成团队性的学习或工作任务；
④致力于道德规范，认识到自己担负的社区、社会的相应责任；
⑤理解构成探索艺术、人文学科、科学和社会科学等领域知识的不同思维方式；
⑥发展有益于终生学习的好奇心、自信心和投入度；
⑦发展把学业知识和课外经历融合的能力；
⑧拓展对人类创造力和审美与智力表达不同方式的理解和欣赏；
⑨理解构成美国社会的基础，包括多元文化的重要性；
⑩发展国际视角为了在越来越国际化的社会更好地生活和工作。

对通识教育类产出的评估更多地集中于学生能多大程度上有效地运用这些技能来完成不同的任务。在对认知—心理类进行评估的所有领域中，通识教育类评估或许是最不发达、困难最大的一个领域。尽管如此，许多研究者仍坚信对其进行合理恰当的评估是当今高等教育界面临的一个最重要的任务。如在美国，越来越多的高校开始运用一个或多个市售的测试来对通识教育类的产出进行评估。其对通识教育类产出进行评估的工具经过了一系列的发展，如早期的 ACT—COMP 就是具有特别创新性的一种，最近较常用的是由 CAE 实施管理的一种名为 CLA 的工具，其更强调通过基于实作的任务（performance-based task）来评估学生在宽泛的学科情境（如自然学科、社会学科、人文

---

[1] E. T. Pascarella, P. T. Terenzini, How College Affects Students: A Third Decade of Research. San Francisco: Jossey-Bass Publisher, 2005, 37 – 45, 78 – 110.

学科、艺术等）中的各种能力。

　　CLA 回避了多项选择的题目形式，而是通常以基于实作的真实生活的任务来呈现，如通过使用各种不同类型的文档或公文、报纸的剪辑、图表和数据、科学报告等（这些数据必须是经过评鉴和评估的），让学生根据提示，通过短文的形式来准备一个备忘录或政策建议报告等，以此来展示他们的批判性思维、分析性推理、问题解决、写作技巧等方面能力的提高。美国的 CLA 采用了纵向评估的形式，被测学生的群体往往在入学之时参加一次测试，经过一段时间的学习之后，同一组学生再次接受测试。这种测试方式保证了对入学时的各种输入变量的良好控制。但是，纵向评估也存在着对影响学习结果的校外经验等环境变量无法进行控制的缺陷。加拿大 YITS 评估就采用了一种较理想的解决方案，该方案的设计思想是选择一组没有进入大学的高中毕业生，他们在个人特征和学术背景上与进入大学的且接受测试的学生群体基本相同，并将该组学生作为控制组。

　　YITS 每隔两年就对 18—20 岁的青年群体的发展进行抽样测量，不管这些青年是否进入大学。这样的数据可以用来对进入、未进入大学的青年群体之发展状况进行比较，从而更准确地评估大学对于学生发展所起的积极作用。目前来看这是一个完美的本科生学习结果的评估设想，但如何找到满足条件的控制组群体还是较为困难的。

（二）职业和专业胜任能力

　　职业和专业胜任能力是指在一个特定的领域中所获得的知识或能力，如生物学、文学、地理学等。"它们涉及对如下方面的把握，即：为何应用、何时应用、怎样应用特定的知识。"① 对特定领域的知识进行评估，对于比较各个大学在某一学科上的教学质量特别有用。在很多专业领域，如会计、护理、法律、工程、师范、医学等，完成大学的职业准备计划是通往实践的唯一途径，很多大学毕业生在事业上的

---

① R. J. Shavelson & L. Huang, "Responding Responsibly to the Frenzy to Assess Learning in Higher Education". Change, 2003, 35 (1): 24 – 35.

成功很大程度上将归功于大学期间接受的职业准备计划的质量。

对职业和专业胜任能力进行评估的工具包含大范围的各种测试。比如，在美国，很多评估工具既评估特定领域的也评估共通性的学习结果。比如，专业领域测试（Major Field Test，MFT）既评估若干本科专业，也同时评估一般性的认知结果，如分析问题、解决问题、解释信息等方面的能力。墨西哥的EGEL[①]和美国的MFT[②]类似，是一种关注特定领域知识结果的一次性测试，其结果在一定程度上与大学专业领域中的教学质量相关。但是，因为缺少一种比较的基准，一次性评估的效度受到不少质疑。澳大利亚的GSA[③]和巴西的ENADE[④]采用的就是横截面评估的方式，即对1年级新生和4年级毕业生在13个不同学科特定领域的知识和技能同时进行测试。对于横截面评估而言，入学新生被视为控制组，其当前状况被近似地等同于现有毕业生的当时入学状况。因此，新生和老生之间的差距可近似地视为"大学对大学生的学习获得和能力发展上所起的作用和作出的贡献"。但是，很多著名相关领域的评估学者都指出了这种评估方式的重要缺陷，即当前的新生状况和当前老生入学时的基准状况不能完全等同，另外其间时间因素所导致的诸多变化和影响没有被考虑进来。

在当前的各种评估工具中，存在着一种较为特殊的评估，即对毕业生一般性的职业能力（occupational competencies）的问卷调查。这些评估调查的对象是已毕业的学生。比如，澳大利亚的CEQ（对已毕业4个月的学生进行调查）、澳大利亚的毕业生就业目的地调查（the

---

① GENEVAL, EGEL [DB/OL]. http：//www.ceneval.edu.mx/portalceneval/index.php? q = info.examines. 2010 - 08 - 07.

② ETS, Major Field Tests [DB/OL]. http：//www.ets.org/mft. 2010 - 10 - 10.

③ Australian Council for Educational Research, GraduateSkills Assessmen [tDB/OL]. http：//www.acer.edu.au/tests/university/gsa/intro.html. 2010 - 10 - 30.

④ ENC-Provao (Exame Nacional de Cursos) and ENADE (Exame Nacional de Desempenhodos Estudantes) [DB/OL]. http：//www.inep.gov.br/superior/enade/default.asp. 2010 - 08 - 16.

Graduate Destination Survey, GDS)（对毕业 1 年以上的学生进行调查）、① 加拿大的青年工作转换调查（the Youth in Transition Survey, YITS）和 NGS（National Graduates Survey）（对毕业 1 年以上的学生进行调查）、② 英国的大学毕业生目的地调查（the Destinations of Leavers-from Higher Education, DLHE）（对毕业 1 年以上的学生进行调查）③ 等，都主要关注大学毕业生的职业发展状况、职业选择或继续深造等方面的情况，目的是通过对毕业生的可雇佣性和深造情况来反推学生在校学习的质量和效果，并为被调查的大学进行本科教育教学的改进提供决策参考。

另外，各国为激励被评估者更认真、更投入地参与测试和调查都做出了一些尝试，这些措施在激励参与者的积极性方面取得了较好的成效，值得仿效和借鉴。比如，巴西的 ENC-Provao 就把是否参加测试作为毕业的一个基本要求；而英国 DLHE 纵向评估及美国一些高校 CLA 的参与者可获得 1 英镑或其他的奖励和礼物，从而调动了学生参与测试的积极性，提高了学生参与测试的认真度。而在澳大利亚和墨西哥，相关测试的成绩可作为国家性的额外职业资格证明之一，参与的学生可将测试的参与情况及相应结果列入课程目录中，以增强自身求职或深造的竞争力；同时，政府也积极鼓励雇主和研究生院把学生的测试表现作为衡量学生的重要指标。

二 情感类产出

（一）情感类产出内涵

情感类产出的重要性是显而易见的，其包含大学生的自我概念、

---

① Graduate Careers Council of Australia, Graduate Destination Survey [DB/OL]. http://www.graduatecareers.com.au/content/view/full/867. 2010 - 07 - 25.

② Stat Can (Statistics Canada), Youth in Transition Survey [DB/OL]. http://www.statcan.ca/English/sdds/4435.htm. 2010 - 08 - 21.

③ Higher Education Statistics Agency, Destinations of LeaversfromHigherEducation [DB/OL]. http://www.hesa.ac.uk/manuals/06018/dlhe0607.htm. 2010 - 08 - 17.

个人价值和态度等方面许多重要的品质,例如人际能力、领导能力、动机、自我理解、诚实、成熟、同情心、自尊心、社会责任心、良好的心理和身体健康等。各国的评估实践都强调如下的核心思想,即大学的作用不仅仅是帮助学生获得知识和技能,态度、价值观等方面的发展也同样重要。实际上,各种非认知目标不仅通过课堂教学,也会通过大学所组织的各种课外活动及环境氛围熏陶得以达成。这些活动包括各种指导、咨询、师生交流、文体或其他活动等。"课外活动的存在及数量表明,大学是否重视学生的非认知学习结果,并将其作为学生课堂学习的重要补充"。[①]

在评估活动中对学生自身价值观的关注是一个较有实际意义的领域。国际生产工程科学院(CIRP)在过去四十五年间对新生价值观的监测让人深感不安。从20世纪60年代到80年代,大学生们表现出一个引人注目的转变,即越来越物质并对拥有权利和地位更感兴趣。他们更多地把大学教育作为赚更多钱的手段,而不是接受教育的一种途径。同时,大学生们对他人的幸福、环境和社会问题表现得越来越冷漠,较少有对培养意义深远的人生哲学更为关注的。这些价值观的变化与大学生们职业计划的变化相伴而生,例如对经商类职业的选择和爱好达到历史新高,而对人类服务类职业的选择达到空前最低纪录。

相关的高等教育机构已对学生价值观的这些变化做出了回应,包括创建鼓励学生参加公众和社区服务活动的项目等。美国创建于1985年的"校园契约"包括大约1100所高校,致力于培养大学生的公民和社会责任。这个协会提高了大学生参与公众和社区服务的程度,为高校联系了有效的社区合作伙伴,并为寻求把基于公众和社区的学习融入课程的高校教师提供资源和培训。加利福尼亚州通过了一项法律,要求加利福尼亚大学和加利福尼亚州立大学为大学生提供某种形式的

[①] Middle States Commission on Higher Education, Framework for Outcomes Assessmen [tDB/OL]. http://www.montclair.edu/pages/InstResearch/AssessmentDocs/Middle%20States/Middle%20States%20Framework%20for%20Outcomes%20Assessment%201996.pdf. 2010-07-20.

志愿者或公众服务项目。在国家层面，成立了国家和社区服务公司，为高校社区服务的发展和服务学习项目提供机构和资金的支持。

（二）情感类产出测量

1. 行为测量

有许多情感类行为方面的产出被认为与大学教育教学的产出相关。如何对这些产出进行评估部分上依赖于这些行为发生的频率。一方面，一些通常只发生一次的行为方面的产出可以通过简单的清单来进行评估，也就是大学生是经历了还是没有经历这个行为。这些行为大致包括：是否参加了大学生联谊会；是否有办公室实习的经历；是否参加过荣誉课程；是否参与过教授的研究项目；是否从大学退学；是否婚配；是否得过奖励等。另一方面，还有一些行为方面产出的发生频率经常变化，这些行为的评估就需要以定量的方式来进行。这些行为大致包括：大学生与教师或同学的个人交往；迟到或旷课；参加校园游行；与其他人讨论不同的主题；独立地学习；喝酒；抽烟；参加体育或文化活动等。基于早期阿斯汀等人用不同的方法计量这些活动的发生频率的实验，研究者发现最有效的方法是询问大学生"他们是经常、偶尔或从来都不参加"这些活动。

另一种评估行为产出的方式是时间日志。对大学生这些方面的活动或行为的评估可以通过大学生对他们每个星期投入每项活动小时数的预估来进行。通过时间日志来对行为方面产出进行评估可从以下几方面进行：学习；做作业；看电视；快乐阅读；业余爱好；参加体育或文化活动等。

最后一组行为方面的产出是大学生的教育或职业选择。这些包括大学生对本科和研究生专业的选择；辍学或转学的决定；读研或参加职业学校的决定；职业和雇主的选择；收入；工作表现；特别的收获或奖励等。很多情况下这些行为方面的产出也被认为是精神方面的，因为大学生还没有做出真正的行为表现直到他们确实进入职场。

除了自我报告之外，还可以通过设立独立的观察员来对大学生的行为产出进行评估。尽管运用像教师或学生事物助理这样的观察员有许多方面的优势，然而这些优势很可能被费用、不方便或其他不利因素所击败。美国 Alverno College（阿尔弗诺学院）就曾有效地利用外部观察员来对大学生的行为产出做出了成功的评估。

2. 精神层面产出的测量

尽管许多精神层面的产出可以运用之前描述的测量行为产出的答复方式来进行评估，但研究者发现还需要一种不同的应答方式来评估情感类精神方面的产出。

对教育者来说有较大兴趣的是大学生的自我意识。一种特别有用并且简单的评估大学生自我意识的方式是生成一个关于自我特征描述的列表，内容包括学术能力、自身智力信心指数、领导能力、情绪健康等，并且让大学生给每一类这些方面自我特征的适应性分别打出等级，例如程度是非常、有一些、基本没有，或者以与同龄人相比的结果做出规范的判断（前百分之十，高于平均，平均水平，低于平均）等。

第二类情感类精神层面领域是大学生的自我价值观。国际生产工程科学院（CIRP）的相关调查经常性地包括多种类型的价值或生活目标的项目，例如抚养家庭、生活富足、帮助有困难的人、发展一种有意义的人生哲学等。对每一类价值观的陈述，大学生被要求指出对于他个人的重要程度，是必需的，还是非常重要、重要或不重要等。

另一类情感类精神层面领域是大学生的个人态度和看法，这一类包含范围很广，例如对经济惩罚、学生权利、妇女权利、教育价值、政府政策等方面的看法。对这类产出评估的方式也有很多种，但研究者比较倾向于运用经受时间考验的类型反应模式，这种模式的应答方式为强烈赞同、赞同、不赞同和强烈反对。

最近由阿斯汀等人开展的国家纵向研究涉及一个相对较新的情感类精神层面产出的领域，即大学生的精神素质。研究表明，对大学生的精神追求、镇定性、伦理关怀、世界观等方面的特性进行可靠的衡量和评估是可能的，并可以运用于关于大学生发展的相关研究中。

一个特别有趣的对大学生情感类产出进行评估的领域是大学生的

政治取向。另外,对大学生的心理健康状况进行大致的评估也是可行的,可以通过询问大学生自身感到焦虑、沮丧的频率,或者他们是否寻求过任何类型的心理咨询或治疗。

对大学生情感类精神层面产出进行评估时还有一个非常重要的领域即为大学生的满意度。实践证明,对大学生进行调查获得的满意度相关方面的数据能导致学校政策的重大改变。由于大多数大学生在学期间都投入了大量的时间和精力,因此他们对这些经历的感受将有着很大的分量。实际上,很难证明其他方面认知或情感类的、行为或精神层面的产出应该被给予比学生满意度更大的优先和权重。

评估大学生满意度最简单的方式即为评估大学生总体的满意度。这类评估通常较为常用的有两种互补但不重复的途径。第一种途径让学生表达对整个大学经历的满意或不满意的程度,是非常满意、满意、保持中立、不满意、非常不满意……第二种途径是给出一个需要做出假设回答的问题:"如果你可以重新选择大学,你会选择同一所大学吗?",回答大致为"当然是、或许是、不知道、或许不、当然不"。

另外可采用问卷的方式来对大学生的满意度进行调查,调查的维度可从以下几方面进行,要求大学生分别给出每一维度的重要性和满意的程度,这些维度包括:

——咨询服务的质量和效率

——校园风气

——校园支持设施

——对学生个体的关注程度

——教学效能

——招生和财政援助的有效性

——注册有效性

——对多元化种族的回应

——校园安全保证

——职业规划服务

——卓越的校园服务

——大学的社会活动

——文化活动

——校园辅导计划

——以学生为中心的情况（对学生的态度）

这些项目可以大致归纳为以下几个方面：

a. 教学、学术：例如，专业领域的课程内容；专业领域的指导；课余时间可辅导的教师；指导教师提供信息的价值等。

b. 规则和政策：例如，高校政策的学生参与情况；规范学生行为的规则；人身担保和安全等。

c. 设施：例如，教室设备；学习区；学生活动大楼；建筑与场地的一般条件等。

d. 录取、注册：例如，一般注册程序；学生在能参加的时间所需要课程的可用性；计费和收费付款程序等。

e. 综合的：例如，对学生个体的关注程度；学院教学人员的态度；校园种族和谐度；校园媒体等。

针对每一维度设立相应的标准，进而根据标准可形成一份战略规划概述，指出学校的优势所在（即非常重要并且满意度调查得分很高的那些项目）和学校所面临的挑战（即非常重要但满意度调查得分较低的项目）。这份报告为高校提供了清晰的路线图，不论是在学生所需重点设备的恰当采购方面，还是其他需要关注的至关重要的领域。还可附上另外的、针对具体高校的可选择的问题，这是为了使以上项目的调查开展得更为深入，或者是为了强调那些没有被包含在标准项目里的一些问题。

位于美国宾夕法尼亚州费城的费城大学（Philadelphia University）就曾特别有效地运用了 Noel-Levitz 的满意度调查[1]，当它从它的前身——费城纺织学院（Philadelphia College of Textiles）——转变为一

---

[1] Taylor, B. E, and W. F. Massy. *Strategic Indicatiors for Higher Education*: *Vital Benchmarks and Information to Help You Evaluate and Improve Your Performance*. Princeton, NJ: Peterson's, 1996.

个完整的综合性大学时，很好地对其学生服务相关方面的内容和制度等进行了重组。例如，关于新课程领域学生总人数的增长以及更大型居住区的引入等方面的问题，根据调查，费城大学（Philadelphia University）就能够持续地监控满足关键学生需要的程度，并且能够在了解其他高校是如何实施的这样一个比较的背景下开展这些评估。

另外，每一维度标准的设置可参考每个项目的平均得分，并按以下学校特征来进行划分的：

○ 高校性质（公立；私立）

○ 类型（四年制；两年制）

○ 规模（学生人数低于2000人；学生人数在2000—6000人；学生人数为7000人或更多）

○ 班级（大学新生和二年级学生的分组；低年级和高年级学生的分组）

○ 性别（男性；女性）

○ 年龄（二十五岁以下；二十六岁以上）

○ 民族（白种人；所有的少数民族）

参加调查的高校也可以对校内不同院系间大学生的满意度情况进行对比分析，如下表4.4所示。某大学数学学院的学生趋向于对专业课程、图书馆设施和计算机设备表示不满意，但却对他们的学术咨询和建议非常满意。因而，数学学院的学术咨询和建议得到了学生满意度调查的最高得分，这就需要对数学学院的咨询程序做进一步的调查和分析，以决定其他的院系是否需要向数学学院的学术咨询学习以及如何学习，尤其是学术咨询这项得分低的艺术学院。表中所显示的另一个有趣的特征是艺术学院"与教师的交流"这项学生满意度调查的得分较高，与电气工程学院这一项较低的得分形成了鲜明的对比。或许这种差异与两个学院不同的学术任务、班级规模、教师间的文化氛围有关联。但无论何种原因，这种差异的存在表明对艺术学院和电气工程学院来讲，讨论这种差异存在的可能原因是非常有用而且是必要的。

表 4.4　　　　　　　三个不同学院的学生满意度得分情况①

专业	高得分的项目	低得分的项目
数学	学术咨询和建议	专业课程 图书馆设施 计算机设备
艺术	与教师的交流 与教授谈话的机会 指导的质量 图书馆设施	学术咨询和建议
电气工程	计算机设施	专业课程 与教师的交流

表 4.5 展示了最近在特拉华大学施行的大学生满意度调查的相关数据。表 4.5 显示了数据上的明显不同，但重点是分析和理解所表达的信息内容。显然地，参加满意度调查的绝大多数高校期望学校的得分显著地高于国家标准，尤其是关于"课余时间可利用的老师"这一项学生的满意度。在一个类似特拉华大学这样的研究型大学，和课程导师的接触不仅是学术取得成就而且是使大学生觉得有价值的一个必需因素。

表 4.5　　　　　　　　对学生满意度调查分析②

	特拉华大学调查数据	相对应条目的国家标准
课外辅导的有效性	3.99	3.76
对学生行为规则的满意度	3.05	3.53

然而，也有一些学生满意度的得分明显比国家标准低的例子，但

---

① Delaware Study of Instructional Costs and Productivity: www.udel.edu/ir/cost.
② Ibid..

这些例子并不一定是坏事，而是实际地反映了高校某种意义上的有效性。表4.5显示了特拉华大学学生对学校规范学生行为规则的满意情况低于国家标准。为什么会出现这种情况呢？经过分析发现，也就在这次调查开展前的几个月，特拉华大学颁布了关于学生饮酒的相关规定：学生如果违反两次将被通知家长，第三次违反将被勒令退学。从调查的开放式评论中得知，学校关于学生饮酒的相关规定是导致学生对学校行为规则满意度低的主要原因。

第 五 章

基于系统—生态理论高校本科教学评估之中观环境系统信息分析

到目前为止,在评估领域关于环境的评估显然是较为困难和复杂的,同时也是容易被忽视的部分。从最广泛的意义上来说,环境包含学生在接受大学教育的过程中作用于学生的、可能影响教育教学产出的所有因素。现代学习理论家班杜拉认为环境既影响着个体的发展,也受发展的个体的影响,然而他仍然没有对个体发展的环境做出明确描述,而布朗芬布伦纳的系统—生态理论对环境的影响做出了详细分析。本章以布朗芬布伦纳的系统—生态理论为前提,并在前几章讨论的基础上,对高校这一相对独立系统中对大学生产生直接影响的中观系统环境的评估进行了详细分析。

第一节 大学生所处中观环境系统之评估信息数据分析

当研究者开始尽力对大学生所处环境进行评估时,第一需要考虑的就是对环境进行观察的单元或基准。事实上,高校也是一个相对独立的系统,相应地大学生是高校中的一个子系统,并与高校中其他一系列子系统是"一组嵌套结构,每一个嵌套在下一个中,就像俄罗斯套娃一样"。也就是说,大学生这一发展的个体处在从微观系统、中观系统到宏观系统的几个系统的中间或嵌套于其中。以下就对大学生所处高校中观环境系统的评估予以分析。

　　大学生所处中观环境系统是指高校中作为每个个体的学生所直接接触或面临的环境。在一所高校内部，最明显的对中观环境系统的区分就是学院的不同。特别是在规模比较大的高校，比如艺术学院的学生很可能与其他学院的老师或学生很少或基本没有接触，但在其他一些高校，艺术学院的学生可能与学校内其他学院的学生住在一起或一起上课。也就是说，并不是同一学院的所有学生所面临和经历的环境都是一样的。因此，研究者所面临的挑战即为设计和确认评估每个学生所经历、所接受的环境影响的合适方法。以下所列尽管不甚全面，但提供了对大学生所处中观环境系统进行评估时所需要考虑因素的初步框架：

　　○ 大学生个体所在班级的特征：如班级规模、教师特征、教学方法等；

　　○ 大学生的同辈群体、室友或最亲密的朋友；

　　○ 大学生所接触的高校中其他系统人员的特征，如教授、咨询者、（协助学生解决问题的）指导老师、管理者等；

　　○ 校园服务和设施的运用，如健康服务中心、学习技能中心、图书馆等；

　　○ 参加的课程；

　　○ 投入不同活动的时间，如学习、课外阅读、娱乐等；

　　○ 接受专业人士咨询和建议的类型和数量；

　　○ 特殊教育项目的参加情况，如奖学金项目、国外学习情况、独立学习情况、发展或补习项目的参与情况、其他相关组织的参与情况等；

　　○ 住宿安排情况，如是单独宿舍还是合住等；

　　○ 接受财政资助的类型和数量；

　　○ 学生组织或其他课外组织的参与情况等。

　　当然，我们在这里阐述的一系列环境评估是从最末梢的观察单元开始的，也即反映了大学生所直接接触的学校环境。对环境的评估越接近学生，那么评估对大学生产出的影响就越大。然而，对大学生直接接触的也就是直接对大学生产生影响的这类环境进行评估往往十分困难，并且要花费更大的包括人力、物力等方面的成本。在实践中收集这类数据的困难也反映了关于环境的评估还处于较原始落后、简单粗糙状态的主要原因。

在对大学生所处中观环境系统进行评估时，需要考虑的另外一个问题就是从某种程度上来说，某些方面的环境情况是大学生自我产生的。换句话说，大学生可以选择或形成某些他们自己所经历的环境。例如，三位大学新生，他们参加基本上同样的课程，并且住在同一栋宿舍楼的同一层，那么这三位新生所经历的环境情况仍然可能是不同的，如果他们其中的一位选择晚上在宿舍自习，而另外一位晚上在图书馆学习，第三位同学则在学生会进行社交活动。在群体中学习与单独学习的同学以及主要在周末学习与在工作日学习的同学之间的经历还是有差异的。

自我生成的环境经历带来了许多其他技术和概念上的挑战。因为，只简单列举所有或大多数这些大学生的自我生成环境经历显然是不太可能的。尽管有分析此种环境经历的某种方法可以缓解概念和技术上的困难，但是并没有完全令人满意的分析这些环境经历的方法，并且结果也是比较含糊不清的。因而最好的期望就是对这些环境经历的一部分进行评估和衡量，并且挖掘可能产生的效果，以求有一个相对全面的意识和识别。

第二节　关于教与学过程中人力与物力资源评估信息数据分析

本节以美国研究型大学特拉华大学作为典型案例，并参考关于部门成本和效率的著名的相关研究，来分析如何评估教与学过程中人力和财力资源的布置以达到提高部门效率的目的。特拉华研究作为评估教学活动效率和成本方面体现最高水平的数据收集分析工具这一点已被广泛认可，是目前唯一一个以学科层次或学术单位为数据收集和分析基本单位的美国数据共享联盟①。

美国关于高等教育成本的国家委员会（the National Commition on the Cost of Higher Education；1998）对试图解释教师是如何分配时间以及教师的活动和不断攀升的学费之间关系的数据表示出强烈的不满。The Spellings Commission（2006）也曾责罚相关高等教育官员，原因是缺乏对高校教育的花费与可论证的学生学习成果之间关系的透明的、可靠的阐述和解释。在这样严峻的形势下，必须有可靠的方法对这些问题予以阐明。

教师的活动一般以分配于不同种类活动中时间的比例来描述，例如教学、研究、服务以及这三大类下小类的活动。Middaugh（2001）在NSOPF研究中以一些细节描述策略阐释了教师的活动，NSOPF是由美国国家教育统计中心每五年举办一次的国家数据收集活动支持的。NSOPF的许多表格都对教师的时间分配予以检查，并分别以花费在教学活动、研究活动、管理活动和其他活动中时间的比例来分析。其中教师花费在教室中时间的平均数，即意味着和学生的接触时间。位于洛杉矶的加利福尼亚大学的高等教育研究所（HERI）每年通过教师调查收集数据，积累了大量丰富的数据，不仅描述了教师是如何分配时间的，而且包括教师运用的各种各样的教学技巧，例如团队教学、基于问题的学习、合作教育等。

尽管不论是NSOPF还是HERI均收集了对政策制定者来说有用的信息，但这些都不是前面提到的美国关于成本研究的这两个机构需要解决的问题。NSOPF和HERI主要描述了教师活动的输入信息。如果教师平均花费60%的时间用于教学，30%的时间用于研究，10%的时间用于服务，那又怎样呢？学生家长、立法者和其他高等教育的资助者如何得知学生是否对教师花费在教学上的时间有

---

① University of Delaware. Faculty Senate General Education Resolution. March 13, 2000. http：//www/edu/facsen/reports/genedrpt1.htm.

可证明的、可衡量的回报呢？同样地，阐明教师研究和公众服务的收益程度面临着同样的压力。

一　如何评估教与学过程中人力和物力资源的利用

在考虑评估教学的效率时，如何有效地对教与学过程中人力和物力资源进行配置是必需的信息。那么，就需要强调以下问题："谁在对谁教什么，以什么代价？"也就是哪些教师在教什么课程，并且是以什么样的花费和成本？同样重要的，教师活动的产出是什么？这些都需要高等教育的不同支持者深入讨论的问题。以下就以特拉华大学的相关实践为例来进行说明。

1988年，特拉华大学面临着严重的经济衰退，政府财政支持缩减，需要平衡赤字预算。因此，管理者经过深思熟虑，引入了长期的预算以消减消极的金融影响。也就是说，如何重新分配财政资源从而更好地支持学校的教学目标毫无疑问地成为讨论的热点。在此研究过程中形成了如下规则，以规范战略规划办公室研究人员、院系主任、学院计划和预算委员会代表间的讨论：

○ 数据将不用来作为奖惩的根据，而被当作一种调查工具，用来决定反映可对比学院间效率问题的大量不同的变量能否作为质量问题的解释。

○ 来自一个单一的财政预算或学年的数据将永远不会被用来作为资源分配或重分配的依据。目的是为了发展关于趋势预测的指标，然后根据长期的性能和表现来作出可靠的决定。单一学年的数据可能比较特殊，会受到诸如教师的休假、注册率飙升和额外费用（例如专业认证活动）等因素的影响。

○ 数据必将是透明的、显而易见的。任何学术单位不仅可以获得关于他们自己效率和成本的测量，而且可以接触和利用学校里其他所有学术单位的相关测量情况及信息。只有在下列情况下，关于资源分配的决定才会是高效的，也就是相关的学术团体在如何分配资源的原则及措施上达成了共识，并且了解这些关于资源分配的决定是如何适用于整个学校的。

基于以上规则，特拉华大学达成了如下阐述学校一年一度效率和成本的可考虑因素[①]：

——FTE 专业

——授予的学位

——所教学生学分

——临时教师所教学分的比例

——非本专业学生所取得学生学分的比例

——所教的 FTE 学生

——FTE 教师

——每位 FTE 教师所教学生学分数

——每位 FTE 教师所教 FTE 学生数

——单独预算的研究和服务的直接花费

——教学的直接花费

——教学的收入

尽管这个列表或许看起来直白了些，但重要的是如何解释和运用从这些数据中提取的信息。表 5.1 列举了特拉华大学艺术科学学院与其他学院可对比的指标数据。

表 5.1 中显示的艺术科学学院是一个相对较小的学院，这个学院是一个拥有四十门主修课程和每年授予二十个学位的本科学院。如果仅仅从这点来考虑的话，那么很有可能这个学院就要关闭了。然而，当我们得知这个学院每学期学生的学时数量超过六千时，很显然这四十门主修课程不是这个学院教学活动的主要对象。实际上，一直以来大约 97% 的其他学院的学生依靠艺术科学学院的课程来完成学校对自己通识教育方面的要求。因此，任何把资源从这所学院分出去的做法都是很不明智的。

当检测效率问题时，最初考虑的一所学院主修课程的数目，这

---

① Delaware Study of Instructional Costs and Productivity：www.udel.edu/ir/cost.

反映在表 5.1 第一个项目。然而，主修课程只是输入测量的一个必需因素，并不能反映教学活动的产出情况。因而在表中加入"FTE Student Taught"来反映所教授的全日制学生的数量。以下这些做法是全国高校研究机构通常运用的：一个四年制高校的本科生每学期要完成 15 个学分（社区学院为 18 个），一个研究生每学期要完成 9 个。在表 5.1 "Student Credit Hours"这一栏，如果本科生以 15 个学分、研究生以 9 个学分为标准进行划分，那么得到的测量结果就是一个单位教学活动的全时工作量的表达。当运用于和 FTE 教师的比例时，那么对这个学院工作量有意义的衡量就是每个 FTE 教师教授二十五个到三十个学生。这个比例和很多入学指南等类书中通常所运用的生师比不同，在这里反映教学活动的每个 FTE 教师所教授的 FTE 学生数目是要求所有 FTE 学生被多少 FTE 教师所教授；前者的生师比只是具有点人数的功能，而对不同学科间的不同并不敏感。

表 5.1[①]　艺术科学学院 2004—2005 学年至 2006—2007 学年预算支持数据

艺术科学学院	2004 年秋季	2005 年秋季	2006 年秋季	2005 年春季	2006 年春季	2007 年春季
教学工作量及学院财政数据						
FTE Majors						
本科生	0	0	0	0	0	0
研究生	75	74	94	72	73	87
Degrees Granted						
本科生	—	—	—	0	0	0
研究生	—	—	—	15	14	15
博士生	—	—	—	9	7	9
总数	—	—	—	24	21	24
Student Credit Hours						

---

① Delaware Study of Instructional Costs and Productivity：www.udel.edu/ir/cost.

续表

艺术科学学院	2004年秋季	2005年秋季	2006年秋季	2005年春季	2006年春季	2007年春季
教学工作量及学院财政数据						
低年级	210	156	216	0	0	0
高年级	10	43	46	70	12	31
研究生	848	668	759	740	718	696
签约教师所教的学分	96%	96%	95%	95%	95%	92%
补充教师所教的学分	4%	4%	5%	5%	5%	8%
非专业所占的学分	3%	2%	3%	0%	0%	0%
FTE Students Taught						
低年级	14	10	14	0	0	0
高年级	1	3	3	5	1	2
研究生	94	74	84	82	80	77
总数	109	87	101	87	81	79
FTE Faculty						
系主任	0.0	0.0	0.0	0.0	0.0	0.0
签约教师	31.0	30.8	28.8	31.0	29.8	27.8
补充教师	0.3	0.3	0.3	0.5	0.3	0.3
总数	31.3	31.1	29.1	31.5	30.1	28.1
Workload Ratios						
学生学分/FTE 教师	34.1	27.9	35.0	25.7	24.2	25.9
所教 FTE 学生/FTE 教师	3.5	2.8	3.5	2.8	2.7	2.8
学院花费						
学院的直接花费	1,627,935		1,760,309		2,329,922	
直接花费/学生学分数	867		1,102		1,333	
直接花费/所教 FTE 学生	8,316		10,475		12,858	

以上所关注的主要是教学活动的效率，然而很多系和学院的负责人很快指出在研究公共服务领域有很多其他重要的关于部门效率

的测量方法。例如，在各学科间进行比较时会出现这样的情况，教学活动的效率较低而学院的成本和花费则较高，那么是否可以把这种现象产生的原因归结于是教师投入了其他和任务相关的活动，也就是科研和社会服务。

以下列举了特拉华大学完全不同学院间的可对比的指标。物理学院工作量的比例明显低于人文学院，并且这个学院每学分的花费以及所教 FTE 学生的花费却是非常高的。尽管物理学院和人文学院不应该被对比，但是这种不太恰当的对比仍然表明物理学院似乎应该被削减或者被淘汰。然而，对物理学院每位 FTE 教师科研和社会服务花费的估测表明每位教师承担了几十万美元的外部资金。因此，当我们考虑物理学院的教学活动时，并不能仅仅考虑学分数或每个教师所教的全日制学生，还必须要考虑教师和实验室研究活动间的联系和互相影响。

这些指标不仅为资源分配和再分配提供了以学院（系）为单位进行考虑的可能性，并且为阐明每个个体单位是如何以一种或另外一种方式为学校的教学、科研及社会服务作贡献提供了基础。很明显，表 5.1 中所列的艺术科学学院为学校的教学工作作出了重要的贡献；而物理学院则为学校的科研工作作出了杰出的贡献。事实表明学校内部学院之间数据的分享与对比有助于了解为什么一个既定的单位或学院是相似或不同于与其对等的单位或学院的，从而帮助学校从一个若干个学院各自为政的松散联盟转变为一个有着共同目标和任务的共同体。拥有被广为理解和接受的共同指标及方法使高校能够在无论是艰苦还是繁荣的年份都能够做出合适的决定，从而当评估学校的效率时，均展示出良好的、非常受欢迎的风貌。

在一所高校内部适宜相互对比的部门间比较效率和成本是有用的，与此类似，当外部相关标准健全时，对一所高校效率的评估所起的作用将会更加强大。当每位 FTE 教师所教授学生学分数和一个既定学院每个学生学分耗费的直接成本可以与其他高校相似的部门进行对比时，对它们的测量和评估将会产生更大的益处。在运用以上数据信息来进行分析时，应关注以下三个方面：①学校分类：即被评估学校应与国家何种类型高校的相关标准进行比较；②所提供的最高学位：例如某校的哲学和人类学系（部）只授予学士学位，如果与学校其他拥有研究生学位授予权的系（部）相比，则将对无论是教学活动效率还是学校成本的核算产生误导。因此，哲学和人类学系（部）只能与其他只授予学士学位的系（部）做比较。③相对的重点是本科生还是研究生教育。例如某学院不仅授予学士学位而且授予研究生学位，但是教学的重点在研究生特别是博士生层次上。而参与评估的其他同类大学的相同学院的教学重点则主要在于本科生层面上。例如特拉华大学的化学工程系（部）不仅授予学士学位而且授予研究生学位，但是教学的重点在研究生特别是博士生层次上。但参与特拉华研究的其他研究型大学的化学工程系（部）的教学重点则主要在于本科生层面上。在这种情况下，需要依据本科生与研究生的比例设置基本标准数据，从而使类似于此学院的学科或部门可以进行适当的比较。

例如，首先根据相关数据绘制出某高校某学院本科生的学分数、教授和具有教授任职资格教师的工作量及成本柱状图（此类图表也可以其他三类教师的形式进行复制），以及2005年和2007年其后两年此学院的研究活动（通常是来自外部资助的项目和资金）的柱状图，并与相关国家或省级标准相比较。从比较可以看出，2005年和2007年此学院的研究活动落后于标准。因而，此学院的管理者就会要求增加学院的研究活动，相应地，教授和具有教授任职资格教师的教学工作量被减少了，从而能让他们有更多的时间和精力准备项目申请和投入科研活动。从2007年到2010年间此类教师所教的学生学分数明显减少了，这是有计划、有目的地对之教学工作量进行削减以求科研活动取得预期的效果，而最后结果也表明2007年到2010年间此学院的产出取得了预期的效果。这是运用相关数据进行来赢得学校更高效率的典型例子。

二 如何评估以使教师等资源得到最大化利用

高校教学活动直接成本的差异在很大程度上是由于个人工资的不同造成的，那么还有没有其他因素呢？Middaugh et al.[①] 发现学科间成本的不同还与以下因素有关：

（一）以所教学生学分数为测量形式的教学活动量。与经济规模一致，一位固定类型的教师所教学生学分数越多，直接成本就越低。

（二）以教师的总人数来评估的部门规模：部门越大，那么成本将越高。

（三）拥有终身资格教师的比例。由于同一所高校的终身教授将比其他类别教师获得更高的报酬，因此，终身教授所占比例越高，直接成本将越大。

如前所述，这些发现对学校学科或部门效率的提高和成本的降低有什么作用呢？较可行的措施就是增加所教学生的学分数，并且由较小数量不具有终身资格的教师来教。但只要有大学经历的人都知道，大学教师对晋升以及终身资格获得所投入的精力要比教学多得多。因此，对于高校教师活动产出的评估来说，只交流和评估教师全方位的活动参与是非常错误的，而应更多地关注教师是如何分配时间的，以及其活动的所有范围如何与同类高校的国家标准相比较，这样有助于检验一所高校对它的核心资源——教师的有效利用程度。

高校能够且应该测量和评估的教师的关键教学活动领域有：学术建议；课程论文和毕业论文的监督、检查；课程设计与再设计；临床课程、合作教育课程等的监督。

从提高学校效率这一层面来讲，收集教师活动的信息来评估教师是如何分配时间这一点是非常重要的，这些数据能使参与的高校明白

[①] Middaugh, M. F., R. Graham, and A. Shahid. A Study of Higher Education Instructional Expenditure: The Delaware Study of Intructional Costs and Productivity (NCES 2003-161). Washington, DC: U. S. Department of Education/National Center for Education Statistics, 2003.

哪些教学活动在开展并且这些活动的强度与国家标准的比较情况，从而为教师资源的有效利用提供了更为完整的解释框架。另外，在计算教师活动时间分配比例的标准时，最好运用中位数而不是平均数，这样就更好地反映了中间水平，因为中位数不受极端变量值的影响。

第六章

基于系统—生态理论高校本科教学评估之宏观环境系统信息分析

第一节 大学生所处宏观环境系统之评估信息数据分析

大学生所处宏观环境系统是指那些大学生并未直接参与但却对他们的发展产生影响的系统。大多数研究在对比不同类型高校所产生影响时考虑的宏观环境特征有：规模、性质（公立、私立）、所授予的最高学位（学士、硕士、博士或职业类的）、性别（男子学校、女子学校或男女合校）、图书馆规模、教师队伍结构（拥有博士学位教师比例）、生师比、学费情况、学生结构（如女生比例、来自不同民族的比例、接受额外补助的比例等）、地理区域等。这些信息在同一所高校内基本是一致的，可以从教育部门发布的年度报告、商用的大学指南、大学目录或者高校网址上获得。

另外还有一类宏观环境因素可以运用于单一高校内的研究。例如，许多教育研究者相信学校的规模（以注册学生的数量来衡量）对学生个体的发展有着显著的影响。因而，学校的规模是一个重要的变量，拥有较大或较小规模学生群体的高校趋向于营造一种特殊的氛围，相应地这种氛围又会进一步影响学生个体的发展。有人可能会说，一个较小规模的高校可能会比较大规模的高校更可能营造出一种强烈的社区意识。相比于单单以学校规模来衡量所谓的社区意识，研究者更倾向于直接评估某所高校对社区意识的感知度。

许多国家（包括澳大利亚、加拿大、新西兰、英国和美国）拥有不同的高等教育体系，这些不同的高等教育体系在学位的授予、所提供的学习的领域、学校的类型和制度环境、结构特征、校园环境等方面有很大的不同。基于这种异质性，大学生所处高校宏观环境通过提升某些类型的校园经历或环境，从而对大学生的成长发展产生间接影响。而且，这些类型的结构特性或许还没有反映会对学生产生最强大影响的高校某些类型的特征。

一 宏观环境系统特征

（一）制度质量

如在本研究或者其他研究中所提到的，"大学质量"的说法会让人产生误解，因而本研究重点检测了制度选择性或者声望，而不是其他表征大学生所接受教育质量的客观指标。调查研究表明，制度的选择性对学生学位的完成率会产生很大影响，但是这个影响常常和大学生在大学期间的经历交织在一起。并且，制度选择性和大学生毕业之后的职业地位和在单位之中职业生涯的发展之间有很大关联。但是除了少数顶尖大学，这些关联和影响往往会很微弱。

另据最新研究表明，制度质量会很大程度上影响大学生的学位完成率。师生比也会对大学生的学位完成率产生影响，但这类影响往往会小些。大学生毕业的时间越久，从一所高质量学校完成学位所产生的影响会变得越来越大，毕业一年之后的比率为6%—8%，四年之后为13%—15%，十年之后为16%—19%。

（二）制度类型与管理

根据以往的研究，高校类型（例如按卡内基分类、公立或私立）的影响比较难以测量，因为这些特征往往和其他属性混合在一起，例如规模等。只有部分研究表明，小规模的、私立的文理学院（包括那些宗教附属的）比较有利于大学生道德规范的提升；考入一所私立院校往往会取得更大的成绩，并且学术和社会方面的自我意识会得到更大提升。

根据目前国内外的研究结果，研究者难以得出学校的类型与大学生的能力塑造、认知增长、道德发展、毕业后发展或工作满意度等方面的关联。但部分研究表明，私立院校对大学生公民价值感和社会活动方面的提升效果比公立院校要好。另据相关调查显示，宗教院校对大学生的公民与社会价值观等方面的提升会有更大的促进。

（三）学校规模

学校规模与大学生学习成果之间的关系或者是不存在的，或者是间接的。已有的相关研究表明，学校规模会对学生学位完成情况产生间接抑或消极的影响，这些影响通过学生对院校的接受程度、教师和学生的交流等途径而产生。总而言之，学校规模与大学生的认知增长、道德发展等方面没有连续的关系，但是学校规模对大学生的学术自我认同感会产生微小的负面影响。

（四）学校支出和资源分配

学校支出和资源分配这一因素往往会通过高校的中观环境而对学生的发展产生间接影响。关于学校支出和资源分配的研究最首要的发现，即为生均支出总额与国家拨款均和毕业率有较大关联。另外，按需资助的国家拨款尤其有效。另有研究表明，学生服务的支出与大学生批判性思维等方面学习成果的提升有较强关联；行政支出费用往往和学习成果的取得呈负相关，或许是因为这些资源并没有直接有利于学生的发展。令人惊奇的是，有相当多的研究结果表明，学费和教育成就之间并无关联，但会影响学生考虑是否升入大学，并且会影响他们对大学的选择。

二 宏观环境系统评估工具

有关评估此类高校环境特征的工具，在美国曾被广泛运用的有 College and University Environmental Scales（CUES）、the College Characteristics Index（CCI）、the Institutional Functioning Inventory（IFI）和 the Institutional Goals Inventory（IGI）。许多教育研究者设计 IFI 的主

要目的是对高校的生命力和持久性进行评估。IFI 包括 132 个感性的多项选择项目，例如某所高校的某些权力是合理分配的还是高度集中。题目内容涉及十一个方向，像对社会进步的关注度、对学生学习的关心程度、学校的精神，等等。IGI 的设计目的是帮助一所高校明确它的基本目的，并且决定这些目的中占有优势的部分。20 个目标领域（如学术发展、职业准备、研究、社会平等）包含 90 个关于目标的陈述（如帮助学生提高自我理解的程度）。接受调查的高校对调查中关于目标的陈述分别标出重要的等级，也就是说这些目标对学校的重要程度。高校运用 IGI 来对比高校内各群体（如学生、教师、管理者和学院理事）所给予各目标的优先权。IGI 不像其他环境评估的工具是用来不同高校间作对比的，而是单个高校用来决定不同目标的优先性的。IFI 和 IGI 曾在美国被广泛运用，但最近几年它们的流行性却呈明显的下降趋势。在这里提到这两个工具的原因是它们评估了高校环境很重要的方面，但目前为止还没有类似有用的工具。

一个在 246 所四年制美国高校间开展的关于学生发展的纵向研究为对比评估高校环境的这些不同方法提供了一个机会。一般来说，调查结果支持了以下假设，也就是学生行为形成的学校环境要比学校结构等特征所形成的环境产生更多不同的影响。

尽管本节所讨论的大多数工具是为校际比较设计的，但一般来讲它们也可以像 IGI 那样用于单个学校校内的评估。具有代表性的是，学校研究中心会运用这些工具中的一种来对教师、学生或者管理者的抽样来进行调查，并且运用他们的回答作为对环境状况的描述。这种对环境状况的调查数据可以很形象地与标准相对比，以明确本校环境与其他学校环境的对比情况。关于一所高校环境如此详细的描述能产生对于学校政策和措施的讨论和争辩。如果以此种方式运用环境信息的最终目的是促使教育环境的优化，那么这种评估模式就迫使研究者做出如下假设，即某种特殊的环境状况会发生某种特定的产出。

关于这个假设可以举以下的例子来进行说明。例如，通过相关调查得出本校环境的集体氛围要大幅低于相似学校的标准。对此种调查结果的后续讨论得出要采取相应的措施加强校园的集体氛围。如此措施的实施是基于如下原因：由于校园集体氛围的程度是与一个或多个期望产出（如学生满意度、学生保留率、教师道德等）相关联的，因而通过加强校园的集体氛围就可以使这些期望的产出便于实现。那么以上推理更容易使人相信这一个或多个期望的产出同样是令人不可接受地很低。这种单一环境状况的评估容易迫使我们做出此种因果假设，即使没有证据表明某种环境变量与某种期望的产出存在因果关联关系。

提倡运用校园环境单纯描述性信息的研究者可能对以上质疑提出如下回应，也就是如果不要求做出和产出之间未经证实的因果关系假设，那么关于环境的评估信息依然是非常有用的。原因之一是这些描述性环境评估信息为教师、管理者、学生间关于学校批判性讨论的产生提供了基础，而这些讨论极有可能导致学校政策、措施、态度或信仰的极大改变，因而具有非常重大的意义。

另外一个关于环境评估工具运用的问题来自于对这些环境变量原始状况的缺乏。是什么样的最初状况导致了学校环境如今的模样？为什么一些学校的校园环境比其他学校的更具有集体氛围？没有关于校园环境的最初或原始状况，任何试图改变或提高环境状况的努力都是盲目的。对单一环境变量的评估来说最需要回答的问题是学校对之控制的程度是多少。虽然学校环境变量的特征很大程度上依赖于在这些学校注册的学生的特征，但即使学生在校期间的投入程度和行为习惯并不全是由学生入校时的资质所决定的，那么高校又该如何去做从而营造更好的环境状况呢？这些都是如今高等教育研究领域最容易忽视的问题。

第二节 对宏观环境系统中效率与效能评估指标的分析

一般来讲，对部门行政效率与效能的评估要比对教学学术单位的效率进行评估更为困难。在评估教学效率、成本时，有一个可以参考的共通的因素——学生学分。学生学分是通常意义上对学生投入某门课程时间的测评。一个学生学分在化学和人类学的课程中，以及在一所大学和另外一所大学中都有着相同的含义。

但是，在对部门效率和效能进行评估时就没有如此统一的可以参考的因素，因而这就使得对校内和校际部门效率标准的制定显得异常混乱。这在很大程度上是由行政职能的本质以及对之进行量化的困难所决定的。尽管评估行政单位的效能或许并没有评估教学学术单位的措施那么直截了当，但也并不是不可能的或是令人生畏的。Taylor 和 Massy 认为一所学校的效能在于对环境战略性适应的能力。针对于此，Taylor 和 Massy 提出了十个表明学校功能和活力的关键指标[1]。

第一，收入结构：明了学校预算的不同收入来源，以及随着时间的推移学校对某一收入来源的相对依赖程度是非常重要的。学费依赖对许多学校来说都是一个真正的问题。一些相对较小的学校只有很少数量的捐赠资金来源，对于这样的学校来说，总收入来源中的三分之二或四分之三甚至更多都来自学费。因而，稳定的学费收入可以作为衡量这些学校不论是管理还是学生生活部门效能的一种间接的评估方法。具备高效能的学校通常尽最大可能地使收入来源更多样化，并且控制主要的收入来源如学费等使之更为稳定和可靠。每年学校不同收入来源相对贡献的剧烈变化表明这所学校没有很好地控制收入来源从而导致不得不面临这些不确定性。特别重要的是不仅要控制收入来源，而且要把不同来源收入对总预算的相对贡献与合适的同类的学校做比较。

以下介绍了理解和监控收入结构的具体策略：

一所高校都具有某些基本的收入流，这些收入来源通常包括以下几项：

——学费和强制性费用

---

[1] Taylor, B. E., and W. F. Massy. Strategic Indicators for Higher Education: Vital Benchmarks and Information to Help You Evaluate and Improve Your Institution's Performance. Princeton, NJ: Peterson's, 1996.

——合同和捐赠款

——政府拨款

——赠予

——基金和临时投资收入

——辅助操作

——其他收入

一所高校基本的支出结构包括以下几项：

——教学和部门研究

——资助研究

——扩展和公共服务

——学术支持

——学生服务

——一般性学校支持

——物资设备的运转和维护

——学生资助

为了监控收入来源，可以运用以下简单的比例运算：

<u>某项收入来源</u>
总的教育和一般性支出

通过持续地监测某项收入来源与总支出的比例情况，可以判断这项收入来源的稳定性如何。如果学费这项收入与总支出的比例在下降，那么了解其中潜在的原因是非常重要的。如果下降是由于合同和捐赠资金来源的相对增加，那么这将是一个好消息，表明学校研究活动和资金筹措活动的增加。一方面，如果下降是由于学生注册人数的减少，那么在其他收入来源保持稳定的情况下，注册管理措施就需要采取相应的修订和整改。另一方面，如果学费收入的比例在增加，那么同样需要了解为什么情况会是这样的。如果是因为有计划的学生注册人数的增加或者是有计划的、结构性的学费收入的增加，这将是一个积极的消息，尽管需要引起这些变化对学生保持率和毕业率所产生影响的密切关注。但是如果对每个收入来源与教育和一般性支出比值的持续观察表明学费收入的增长是由于其他收入来源贡献的相对下降，那么是时间该检测学校研究部门、发展部门或者其他负责单独收入来源部门的效益和效能了。

第二，支出结构：与清楚资金是如何流入一所学校同样重要的是，要明了和控制这些资金是如何支出的。例如，一所学校的支出结构是否与教学、学术支持、学生服务、财政资助及其他支出的比例相一致？任何一类支出都可能发生偶然的变化，但持续的某一类支出的增长必须引起我们去思考引起这些增长的潜在的原因。和收入来源一样，不仅要控制支出结构，而且要把不同支出对学校总支出的相对影响与合适的同类的学校做比较，其主要目的是为了确保学校资源的分配和消费形式是与学校的中心任务相一致的。

第三，目前资金收入与目前资金支出的比值：这一项是检测学校收入超过或者不足于支出的程度。显而易见地，目的是为了拥有超过支出的更多的收入，并且这项评估是对一所学校在没有额外收入的情况下可以运转多久的一个大致预测。一所学校如果更有效能，那么它也将拥有超额的收入。当 Taylor 和 Massy 最初提出这条评估标准时，他们认为这项指标可能只对私立学校有意义，由于公立学校对于资金平衡的控制是一直被禁止的，公立学校只能采取一些诸如控制教学和其他花费比例等方面的措施。然而，在随后的几十年间，美国许多州对大学的财政支持都明显地下降了。因此，公立学校的收入来源越来越多地开始模仿那些私立学校，包括更加依赖学费收入。相应地，收入过剩或赤字评估对公立学校来说发挥着越来越大的作用。

第四，新生申请者接受的比例和接受的申请者注册的比例：前者是对学校选择性的预测；后者关注的是学校的注册率。尽管开放的注册制度是十分合理的，但也产生了一些问题，诸如如何管理以及提供合适的学术和学生支持服务以提高学生的成功率。

第五，全日制学生与全日制教师的比值：Taylor 和 Massy 强调了把教师工作量作为评估学校效能指标之一的重要性。如何在学科层面做这项分析以及评估工作量的措施已在前一章有详细阐述。

第六，学校奖学金和助学金支出与总学费收入的比例：这是评估学校将学费等收入的多大比例作为补贴要上这所大学所需的花费。一般来讲，高校能够而且必须运用财政支持作为吸引和保留学生的一种手段；补贴的实际程度就是一项重要的评估，尤其对于依赖高学费收入的学校来说。学费补贴的程度越高，那么用学费收入来支持学校其他方面花费的可能性就越低，因而迅速使收入来源多样化的需要就更为令人信服，而这对许多学校来说是一项非常困难的任务。尽管目的是为了吸引尽可能多的付全额学费的学生，然而现实是基于需要和择优进行的财政援助对于吸引和保留学生是必需的。相应地，招生管理措施必须包含学费补贴做法的详细考虑。

第七，全日制教师中终身教职状况：这项指标检测了 FTE 教师中拥有终身职位的比例。拥有终身教职教师的比例越高，在固定的教育预算内学校能引进新教师的弹性就越小，这就阻碍了学校增加新项目或者提高现有项目以适应不断增长的学生需求的能力。因而，一些学校就通过采取使终身教授退休或辞职的方法来增加引进新教师的弹性。

第八，所有全日制雇员中教师的比例：这是一项必须详细和恰当解释的重要指标。全日制雇员中教师所占比例越高这一点可以用来作为以下两种场景之一的代表：学校非常重视其学术功能这一面，因而有充足的人员增补来支持教学、科研和服务等；或者学校没有恰当地安排工作人员来充足地支持管理及其他对学校中心任务的完成来讲是必需的非学术工作的开展，因而教师必须被要求承担多重角色。因而，依据对这项评估指标的阐释，全日制雇员中教师所占的高比例既是对学校有效效益也是效率低下的测评。

第九，评估维护积压与设备重置价值的比例：延迟的维护严重地危害了学校的效率和效益。花费于延迟维护这一严重问题上的资金表明学校的资源不再能为学校任务的完成提供帮助。因而，这项指标中标明的延迟维护资金的比例越高，那么学校资源的潜在流失就越大。一些学校的延迟维护已达到了为保持成本效益而拆除和更换结构的临界点。然而，替换基金对其他学校目的来说是不可用的。高效能学校采取的一个简单规则就是他们每年拿出物资设备重置价值的至少2%的资金用于设备的更新和维护。这项规则的潜在假设即为学校建筑的预期寿命是五十年，每年留出这些建筑重置价值的2%，经过五十年将产生充足的资源来完全消除延迟维护，并且使学校完成一个周期的维护计划。尽管这项规则对一所高校来说似乎是一个雄心勃勃的目标，但如果距离实现这个目标越近，那么延迟维护将越少地削弱学校的效益和效能。

第十，过去五年间校友捐赠的比例：校友选择对母校进行财政资助的情况可以被视为他们对在校期间所接受各种项目和服务的质量和有效性满意度的评估。

另外一个评估学校效率的非常有用的方法是询问最终使用者对学校相关部门所提供服务的满意度。学生满意度调查很长时间以来被用于评估财政资助等学生需要的满足和重视程度。可设计和运用相关的调查量表作为常用的诊断工具，来确认学生对学校不满意的领域，然后提供一份非常详细集中的数据收集结果，在此基础上采取恰当的修订和补救措施。特别值得一提的是最好设计一系列基于网络的调查问卷，可以包含十五个到二十个学生可以迅速完成的与特别问题相关的项目。

以下阐述具体运用的一个例子。基于满意度调查所获得的信息，高校可以掌握学生对学校学术咨询、学生注册程序等某方面不满意的情况。但学生只大致指出了对学校某一方面如学术咨询的不满。然后通过网络问卷进行进一步调查，可以得知学生对学术咨询的不满意主要集中在可咨询的导师和提供给新生的信息质量（主要是为了满足通识教育的需要所要参加的课程）这两方面。一旦专业明确了以及更深入的学习已经在进行，那么高年级的学生对从咨询导师那里所获得的信息都表示基本满意。以上调查结果就促使学校采取相应的措施来改善学校学术咨询的状况，比如设立"学校咨询中心"，为仍然没有确定自己学习特定领域的学生专门定制。

除了对学生的调查，许多高校还要求行政单位运用类似于学术计划评审和鉴定的方法进行系统综述。相关单位首先被要求进行自学，并且要产生一份详细陈述部门任务、目标以及这些任务和目标是如何与学校更大的任务和目标相关联的报告。外部评审常常用来评审部门自我学习的质量和效果。

第七章

基于系统—生态理论高校本科教学评估之信息处理及分析

本章讨论了如何合理地建立数据库、有效地分析和使用评估数据，这或许是本书最重要的部分之一，因为如果没有正确地对数据进行分析，或者没有恰当地使用结果的话，那么即使是最综合最复杂的评估项目，其评估的有效性也会大打折扣，而且很容易导致评估出错，降低评估的正确性。

本章不仅为决策者提供塑造高校各利益相关者之间关于高等教育价值和目的对话的实证的路线图，并且为研究者提供关于提升大学影响研究的、基于数据驱动的指导。

第一节　高校本科教学评估数据层次和数据结构

要建立普通高校教学基本状态数据库，使高校教学状态和教学质量的监测信息化、常态化，《教育部关于普通高等学校本科教学评估工作的意见》（教高〔2011〕9号）对教学基本状态数据常态监测的内容与形式作了相应规定："高等学校要充分利用信息技术，采集反映教学状态的基本数据，建立高等学校本科教学基本状态数据库。高等学校对数据库数据要及时更新，及时分析本科教学状况，建立本科教学工作及其质量常态监控机制，对社会关注的核心教学数据须在一定范围内向社会发布。国家建立全国高校本科教学基本状态数据库,充分发挥状态数据在政府监控高等教育质量、社会监督高等学校人才培养和本科教学评估工作中的重要作用。"

教学基本状态数据库就是利用信息和网络技术,按照教学工作的基本规律,把高等学校与本科教学工作密切相关的数据按照一定的逻辑关系组织起来,以数字化方式呈现出来,形成系统化的、反映高等学校教学运行状态的数据集。基于系统—生态理论的本科教学水平评估数据库即利用信息和网络技术,按照教学工作的规律,把高等学校与本科教学工作相关的数据按照布朗芬布伦纳相关理论的逻辑关系组织起来,形成反映教学运行状态和效果的管理信息系统。

数据库的内在结构由数据项组成,数据项的选取应遵循如下原则:一是科学性原则。数据库所采集的数据应真实、客观、准确,同时具有原始性。二是系统性原则。数据库指标体系应反映教学工作的全貌和规律,包括大学生成长发展的环境、条件、状态和效果等。三是操作性原则。数据库指标应可测量,易采集,同时要尽量减少数据采集和管理的工作量。四是导向性原则。数据库指标体系应反映教学工作的时代特点和要求。

一 大学生所处微观系统之信息数据收集

(一) 大学生所处微观系统之输入信息数据收集

每所学校、每个课堂都存在着大量的个体差异,任何人,只要他曾在课堂上进行过观察,都会很快注意到,学校里的大学生们在很多方面是不一样的,比如他们的经验、家庭的社会经济地位、文化、语言以及学习方式等。这么显然的差异有什么重要意义呢?

一直以来,学生被视为一个个空容器,教师的工作则是负责把当天的课时内容倒进去,也就是按照一定的年级水平,熟练地传授学科内容,传授的方式和内容与书本、课程指南、练习册,以及学术性科目中的呈现方式一样。如果这样的话,就会出现一些矛盾,例如,无法解释为什么一些学生得分低,而另一些学生得分高;为什么一些学生想学习，而另一些学生甚至不想到学校来；为什么一些学生乐意做额外的作业，而另一些学生却压根儿不做作业；以及为什么一些学生持有利于学校的态度，而另一些学生却在诋毁学校；等等。因而，不管教师多么熟练地传授知识，这些差异总会影响到教学效果。

因而，这就要求学校教师、管理者等做出许多有关学习者的决定，它们不可能归纳为简单的公式或规则，也就是说，教师、管理者等相关人员要抽出时间来了解和认识个别差异，从而使课堂安排等方面适应大学生的先前成就、人格特质、学习风格等特征。具体来讲，大学生的输入特征信息数据可以被分为两大类：固定不变的特征和随时间改变的特征。

1. 固定不变的特征

包括学生的性别、种族或民族、家庭情况、居住地等，这些特征在某种情况下也会发生改变（例如父母更换他们的居住地、收入或教育情况的改变），但绝大多数情况下大学期间学生的这些人口统计学的特征将保持稳定。还有其他的一些学生特征也可以被看作不变的，就是所上高中的类型和毕业年限。

2. 随时间改变的特征

这一类特征可以被进一步细分为六小类：认知功能、愿望和期望、自我评价、价值观和态度、行为模式和教育背景。①愿望和期望。这一类包括学生的自我预期、可能的职业选择、可能的主要研究领域、人生理想（如在经济上很富足、成为学术权威、获得认可、影响社会价值、参加社区行动计划）。②价值观和态度。这一类包括对一系列社会问题的态度：同性恋、种族、女权、支持还是反对死刑、毒品、裁军等；以及对一些教育问题的看法：大学的学费、多样性、学生的权利、高等教育的目的。③行为模式。至少有两种形式是需要评估的，一种行为模式是以平均每周学生花费在不同活动上的小时数来统计的。例如国际生产工程科学院（CIRP）的调查问卷中就包含一个时间表，在这个时间表中学生要注明每周他们花在以下活动上的小时数：做家庭作业、社交活动、和老师的交流、锻炼、聚会、工作、参加学生俱乐部或组织、看电视等。另一种行为模式是可以用一种粗略数量统计的方式来评估，也就是大致统计下行为发生的频次，是经常发生、偶尔发生还是从来没有发生，这些行为通常包括参加宗教活动、示威游行、没有按时完成作业、辅导其他学生、感到不自信或绝望、到老师家做客等。④教育背景。关于学生的教育背景这一输入特征也包含很广泛的内容，并且这些特征与学生的学习产出有着紧密的联系。国际生产工程科学院（CIRP）的新生调查包含学生许多不同的教育背景特征：中学类型（公立、私立）、中学毕业年限、中学时在班级排行、是否参加特别课程、中学时的学习习惯等。

（二）大学生所处微观系统之投入程度信息数据收集

教育专家帕斯卡雷拉和特伦兹尼经过长期深入的调查研究，在他们的经典著作《学院怎样影响学生：二十年来的研究发现与思考》中阐述了相关的研究成果，对影响学生成就和成功的因素做出了清晰的阐述：在其他条件相同的情况下，学生对学习或学术活动投入程度越大，那么他们的知识和能力水平提高得越明显。帕斯卡雷拉和特伦兹尼进一步阐明了对学生投入的衡量应主要体现在以下几个方面：对课程内容的投入和精通程度，例如作业的完成情况、课堂讨论的参与程度等；课内外与老师交流的质量和程度，包括课程内容的讨论、学术建议、职业咨询、课外讨论等；与不同信仰、民族、国家学生合作学习、社会事务等方面交流的程度和类型；学生与各种各样和课程内容相关活动的接触程度，如他们运用课堂内容的程度、对较广范围主题如时事等的关注、对不同类型组织和活动的参与程度；学生运用校园设施从事相关活动的程度，如对学校图书馆和数据库的使用；等等①。

（三）大学生所处微观系统之输出信息数据收集

对高校以及相关研究者来说，清楚地了解每位大学生的成长发展状况是非常必要的，比如，他们完成大学相关学习项目花费了多长时

---

① Michael F. Middaugh. Planning and Assessment in Higher Education: Demonstraing Institutional Effectiveness [M]. San Francisco, 2010: 62-66.

间？多少大学生（具体是哪部分大学生）中途辍学了？大学生们在课堂上究竟学到了什么？大学生认知、道德等方面的发展状况如何？大学生是如何看待他们的受教育经历的？大学生对他们所接受的不同领域的教育质量是如何判断的？他们是如何看待所经历的不同类型的学生服务的？当他们毕业时，他们获得了他们所期望的了吗？他们拥有了什么类型的工作？他们是否为研究生学位的获得做了准备？他们认为高校是否为他们成为世界合格公民以及今后的工作、生活等方面提供了合适的准备？

相应地，许多研究者提出了对学生认知、道德等方面学习成果测量的不同分类方式，这里主要参考了阿斯汀提出的分类方法，也就是把学生的学习成果分为两大类：认知类、情感类。

1. 认知类产出

认知类包含了高等教育一些最重要的产出，也是对产出进行评估时研究者主要考虑的对象。为了方便区分认知类产出并对之进行相应的评估设计，通常将之分为以下几个方面：通识教育类、职业和专业胜任能力。

（1）通识教育类

通识教育类产出是和一些读写类特殊技能紧密相连，主要关注如人际交往、批判性思维等方面的发展，对其的评估更多地集中于学生能多大程度上有效地运用这些技能来完成不同的任务。通识教育类评估或许是最不发达、困难最大的一个领域。尽管如此，许多研究者仍坚信对其进行合理恰当的评估是当今高等教育界面临的一个最重要的任务。

（2）职业和专业胜任能力

职业和专业胜任能力是指在一个特定的领域中所获得的知识或能力，如生物学、文学、地理学等。对职业和专业胜任能力进行评估的工具包含大范围的各种测试，主要包括对如下方面的把握，即为何应用、何时应用、怎样应用特定的知识。在很多专业领域，如会计、护理、法律、工程、师范、医学等，完成大学的职业准备计划是通往实践的唯一途径，很多大学毕业生在事业上的成功很大程度上将归功于大学期间接受的职业准备计划的质量。

2. 情感类产出

情感类产出的重要性是显而易见的，其包含大学生的自我概念、个人价值和态度等许多方面重要的品质，例如人际能力、领导能力、动机、自我理解、诚实、成熟、同情心、自尊心、社会责任心、良好的心理和身体健康等。

基于不同大学生可能具有不甚相同的学习经历，因而相比较于对同一年入学的所有新生建立一个大的文件包来说，创建几个独立的子文件或许更为合适。每一个独立的子文件包含一系列记录，这些记录是关于每一位大学新生的。每位新生的记录都以相同的方式来列出，尽管不太可能收集到所有新生的所有数据。

二 大学生所处中观与宏观环境评估信息数据收集

对环境的评估或许是评估中最难、最复杂，同时也是较容易忽视的一部分。从广泛的意义上来说，环境包含在学生接受教育的过程中可能影响学习产出的任何事物。那么对于大学生来说，其直接接触并对其产生影响的环境因素有：学生所在班级的特征，如班级规模；参加的课程或组织；教师的个性特征和教学技巧；校园服务和设施的运用；学生的同辈群体、室友或好友的特征；住宿的安排等。其并不直接接触但对其间接产生影响的环境因素有：学校的规模、所在地、学校性质（公立、私立）、学校可授予学位的级别、生均费用、教师队伍结构（博士学位教师所占比例、性别组成等）、学生整体特征（民族构成、平均年龄、平均入学分数等等）、生师比、图书馆规模，等等。

另外，为了确保大学生相关信息的安全性，可以考虑建立如下三种类型的文件包：

a. 一个学生身份文件包，其中包含每位学生的姓名、住址等身份信息，并为每位同学编码；

b. 一个专为研究的文件包，其中包含所有的评估数据，并且为每位同学编码，与上一文件夹的编码不同；

　　c. 一个联系以上两个文件的文件包。

第二节　高校本科教学评估之信息处理及分析研究

　　在一开始，明确一下对原评估数据的分析和对评估结果的运用两者之间的区别是十分重要的。通常数据库收集的大都是原始的数据，要使其变得真正有价值，就必须要经过一个加工和处理的过程，即依据一定的理论框架，对现有的数据进行比对分析，从而找出问题与差距。

　　分析主要是指适合于原评估数据和这些分析结果展示方式的统计的或分析的程序，运用是指评估分析的结果是怎样被教育者和政策制定者实际运用于提高教学发展的过程。几十年来从事高校相关评估工作的经验表明，如果研究者不熟悉一些基本的统计工具，那么他们并不能较好地理解和运用评估结果。即使是最复杂和深奥的统计性分析也能以一种被不精通统计方法的学者理解的方式呈现出来。以下章节讨论了一些分析方法，目的是为读者提供用于评估数据分析的工具之间关系的大致了解，但并没有穷尽所有可用的技巧。[①] 总之，如何剖开原因，公正、客观、明了地反映出问题，并有效解决或控制，是用好统计工具的基础。

一　描述性分析方法

　　描述性统计方法包括调查表、分层法、简单图（波动图、柱状图、饼形图、雷达图）等统计表和统计图，其作为一种质量管理工具，能够对一些基本要素间变化的数据进行收集、整理、描述、归纳、计算、分析和决策，从而将一些抽象的、没有规律的问题，通过表格、图形等方式直观展现出来，以便于收集和整理质量数据，分析和确定

[①] Astin, A.W., and Denson, N. "Multi-Campus Studies of College Impact: Which Statistical Method Is Appropriate?". [J]. Research in Higher Education, 2009, 50: 67-354.

质量问题，控制和提高质量水平。下面大致介绍了该统计方法在具体问题上的应用情况：

a. 收集来的系统资料（数字与非数字）。要对具体问题、事实进行粗略整理和分析，通常采用调查表法。该方法比文字记录简单、易用、直观，结合各个要素可以实现多种类型的调查表。通常把要分析的结果设为表格的列，把收集的资料设为行，可以多行多列，一目了然。例如在对"大学教师对研究性教学方法接受度的调查分析"中，通过对教龄段在适应性和学历段在适应性问卷上的描述统计表的制作，分别列出了这两种因素各阶段的平均数和标准差，绘制成两个单因素方差分析表，一目了然地呈现出教龄和学历对研究性教学方法的接受度。

b. 不同源或类的问题分析。当来自不同源或不同类的数据混在一起时，很难准确分析、判断数据的特征，采用分层法就能将多种多样、杂乱无章的信息数据按照目的需要分门别类、归纳整理，使之更能确切地反映需求，便于处理、分析并计算数据特征。分层法常用的分析工具有：排列图、直方图、控制图、散布图等。分层的原则是使同一层内的数据波动幅度尽可能小，层与层之间的差别尽可能大，否则就起不到归类汇总的作用。分层的目的不同，分层的要素标志也不一样。排列图法常用于找出众多不良因素中间的"关键的少数"后再集中精力去解决，即优先解决主要问题，减少花在次要问题上的精力，可在调查表基础上使用。

c. 一个整体内不同元素权重的问题分析。分析学校等某一个具体整体内引起变化的各因素间的权重时，用饼分图法。该法是在一个圆内，用扇形面积的大小来代表各元素的权重。如影响教师队伍发展变化因素（引进人才、毕业生、流失人才、离退休、亡故人员等）构成饼形图等。

d. 用于工作成效检查的问题分析。对校内个人或某子系统进行工作成效检查时，可采用雷达图法。该法以原点为圆心，把各个射线上的折点有序连接起来，判断其是否在合理或非理范围内。如：资源消耗雷达图等。

运用系统—生态理论对高校教学评估进行分析时，大部分情况下都会用到数理统计分析方法，这些方法的正确合理运用对整个领域都有深刻影响。描述性分析方法作为统计分析的一种工具，能够辅助解决其中的一些问题及潜在隐患，以下就对单一变量的描述性分析和多变量描述性分析的具体运用进行详细的介绍。

（一）单一变量的描述性分析

假设研究者已经收集了关于两位大学生的能力、兴趣、行为、背景等方面的评估信息，并以以下方式来分析信息，如 A 学生比 B 学生更勤奋、更有活力，而 B 学生则比 A 学生更崇尚自由、更幽默。那么这一类对评估数据的分析即可称为描述性分析。描述性分析仅仅表述两个事物或个体之间是怎样相似或怎样不同。其与因果分析通常是紧密相连的。描述性分析与因果分析相比，常常包含一些简单的统计。最简单的描述性分析只包含一个变量。举一个具体的单变量描述性分析的例子就是大学新生的入学分数。众所周知，这类分数吸引着诸如教师、管理者、家长等诸多人的关注，许多高校都密切地追踪着每年新生入学分数的变化。如果这些原始分数只简简单单地以一长串的个人得分显示出来的话，是很难理解和运用的。一旦我们采取一些简单的统计程序，例如平均得分的计算，这些原始分数将呈现出更大的意义。由于个人的得分拥有众多不同的价值，因而还有除了平均分以外其他可以运用的描述性分析方法。我们可以计算最常见的中间成绩还有标准差从而决定这些原始分数有多少变化。此外，通过检测分数的频率分布来了解有多少学生拥有不同的得分等方面的变化。最后，我们还能运用更为深奥的统计方法来计算出数据分布非对称程度的偏度（skewness），即这些原始分数分布的偏斜方向和程度；以及峰度（Kurtosis），即描述原始分数所有取值分布形态的陡缓程度。虽然这些统计较少运用，但提醒了我们有多种不同的方法对新生的入学分数进行单一变量的描述性分析。

其他运用单一变量描述性分析的情况有：对大学生输入特征进行

单一变量描述性分析，如大学生的内在兴趣、高中时平均成绩等；对环境系统进行单一变量描述性分析，如对班级规模的分析、教师报酬、教学负担等。单一变量描述性分析已引起了众多高校的关注并且已经有许多导致高校政策或措施进行修改的例子。

有趣的是即使是这类最简单的描述性分析也常常能引发导致因果分析的问题。当研究者得出一所高校的注册率并且发现注册率有些低的话，就会很自然地提出以下的因果问题：注册率为什么如此低呢？有什么措施可以提高注册率？相似地，如果研究者得出了大学新生入学高考分数的平均分数并且发现平均分较低的话，可能会提出同样的因果问题：为什么平均分会这么低呢？有什么措施可以提高平均分？尽管描述性分析能引起诸多待思考和解决的因果问题，但基于单一变量的描述性信息不可能提供任何因果答案。

（二）多变量描述性分析

当研究者同时分析两个或多个变量时，对评估数据的描述性分析就变得更复杂也更有趣。比如研究者可能需要分别计算出男大学生和女大学生的辍学率，这里就有两个变量，一个是性别（男性与女性），另一个是辍学率（取得学位人数与中途退学人数）。或者研究者需要分别计算出数学、人文社科等专业入学新生的高考平均得分等。相似地，研究者需要计算出科学和非科学专业学生的班级平均规模。包含超过一个变量的描述性分析常常是很有趣的，因为这种分析允许研究者评估这些变量间的关系或关联。

什么样的描述性分析是用来分析和评估两个变量间关系的呢？描述两个变量间关系最常用和最流行的方法是交叉分析和相关分析。

1. 交叉分析

交叉分析是一种统计程序，用来决定某一类别的测量是如何与另一类别的测量相联系的。以性别和辍学率这两个变量为例，通过交叉分析，研究者可以获悉学生的性别与辍学率之间是什么样的关系：女大学生比男大学生完成学业的比率更高。换句话说，女大学生拥有更高完成学业的比例，而男大学生则可能出现更高的辍学率。

为了使这种讨论更加具体，我们可以来看一个拥有真实评估数据的例子。研究者从 Western University 参加过 CIRP 新生调查的全日制新生中选出了四百余位四年后完成了 CIRP 跟踪调查的同学。除了新生调查及跟踪调查所获得的数据外，研究者还获得了这些同学的专业、特殊项目和校园活动的参加情况、最后的职业领域等相关信息。不同的变量和数据信息分别来源于大学生自身系统及中观、宏观环境系统。因为针对这些变量有数以百计可以进行的交叉分析，在这里就选择几例来阐述这种类型的分析方法。

以下就以学生的辍学率和学生的专业分别作为两个变量来进行分析。部分结果如表 7.1 所示。为了更简便地表达结果，研究者选择了两个专业领域——英语和工程，这两个专业显示出了戏剧性的不同的辍学率。表 7.1 给出了这两个专业三种不同的学生学业完成情况。英语专业显示出了较高的学生学业完成率，而工程专业则显示出了比平均水平低的学位获得情况。出现这种情况的原因之一可能是工程专业的学生要比其他专业花费更长的时间来完成学业。但是英语专业为什么会有如此高的学业完成率？是不是因为英语专业的同学入学时做了更好的准备或者有更强烈的动机？是否能把这种现象归结为是学生的入学特征所导致的结果？英语系（部）是否提供了什么项目有助于学业完成率的提高？很显然，如果没有其他的信息是很难回答这样的因果问题的。

表 7.1[①]　　Western University 不同专业新生入学四年后的保留率（%）

保留率评估	全部学生	英语专业新生	工程专业新生
获得学士学位的比例	42.4	68.8	35.6
获得学位、完成四年学习的比例	64.2	85.1	64.0
获得学位、完成四年学习或仍在册学生的比例	74.8	88.8	75.5

资料来源：数据由 Western University 提供。

---

① Astin, A. W., H. S. Astin, A. E. Bayer, and A. S. Bisconti. 1975. *The Power of Protest*. San Francisco: Jossey-Bass.

交叉分析一般适用于处于自然分离状态的变量，如性别、种族、项目参加状况、学习或职业的领域选择等。

2. 相关分析

相关分析是另一种分析两个变量间关系的程序。相关分析描述的是两个变量间力量和方向的联系，并以从－1.0（完全负相关）到＋1.0（完全正相关）的系数来表示。系数为0.00表示这两个变量间没有任何联系。

那么相关分析具体是什么样的呢？或许最有效的理解方法就是举个具体的例子。假设有一组二十个人，分别测量了每个人的两个变量：身高和体重。如果我们把二十个人按照身高来排列的话，那么最高的那个人被标注为这一列的第一号，相应地以此类推。然后如果我们继续按照体重来排列的话，他们的排列顺序将会发生一些变化。一般来讲，身高较高人的体重相应地会比身高较低人的体重要重一些。因而，如果我们来计算身高和体重的相关性的话，那么它们之间关系的系数将大于零，也就是身高和体重是正相关的；但同时系数是小于1.0的，因为一些较高的人比较瘦而一些较矮的人则较胖。相关系数告诉我们这一组人身高和体重联系的相似度。系数为零表明这两个变量间没有关系，系数为负则表明这两个变量间是相反的关系，即如果这个人在一个变量上拥有较高排序的话，那么在另一个变量上则恰恰相反。

相关分析是一个强大的工具，不仅因为它可以告诉研究者两个变量间是怎样联系的（正向的，反向的，或没有联系），而且能反映联系的强度如何。相关系数是运用于很多更复杂的统计分析如多元回归、因子分析等程序中的基本统计数据，是非常有用的。相关分析及其他一些描述两个变量间关系的统计分析被视为是描述分析和因果分析间的桥梁，因为它们既可以被当作描述性的，也可以用因果关系来解释。例如，研究者发现大学生在GRE定量测试中所获得的分数与他们在大学期间所参加科学课程的数量有着正相关的联系。一些调查者或许只是以一种描述的方式报道这种联系，并没有提出任何关于这两个变量间因果关系的假设。但另外一些调查者可能把这两个变量间的联系解释为参加科学课程能提高大学生在 GRE 定量测试中的成绩这样一种因果关系。这样做出的关于大学生产出与环境间因果关系的阐述是比较冒险的，特别是在没有控制大学生输入特征变量的状况下。

二　因果分析方法

如果研究者想了解为什么这两个事物或个体是相似或不同的，譬如为了了解 A 学生和 B 学生为什么某些方面的品质是相似或不同的，就要进一步调查这两个个体的童年经历、受教育程度等，这一类分析称为因果分析，即帮助研究者理解为什么事物是这样的。

多年以来的高校评估实践表明，对相关评估数据主要做描述性分析的实用价值是不太大的，因为这些分析较为容易被误解或曲解，而且会令高校放弃更为深入复杂的、有系统的评估。因果分析则较少出现上述情况，因为因果分析通常直接和教育产出有关的"为什么"和"怎么样"相关联，也就是说因果分析主要关注学生的发展是怎样被教育实际影响的，因此因果分析可以为教育政策的形成和教育实践的提高提供直接的建议。

本书基于系统—生态理论的本科教学水平评估就为运用评估数据来进行因果分析提供了一个方便的分析框架。可用于因果分析的工具主要有双变数交叉分析和回归分析。下面就运用一些真实的评估数据来分别阐述如何把双变数交叉分析和回归分析运用于基于生态—系统理论的本科教学水平评估中来[1]。

（一）双变数交叉分析

双变数交叉分析对于学生发展的评估来说是十分有用的，更为重要的是，它可以帮助研究者提出可以运用更为复杂多元技术来解决的

---

[1] Astin, A. W., and R. F. Boruch. "A Link System for Assuring Confidentiality of Research Data in Longitudinal Studies." [J]. American Educational Research Journal, 1970, 7 (4): 24 – 615.

因果问题。

下面来看一个运用双变数交叉分析来进行因果分析的例子。在这个例子中，把大学生对"促进种族理解"这一价值观的回应作为一个变量。另一变量则为四年前入学时学生对这一同一价值问题的回应。关于环境的变量为学生在入学时和毕业时对这一问题的观点发生巨大变化的两个专业：工程和美术专业。如表 7.2 所示，作为大学新生的工程专业的同学认为"促进种族理解"既是"必需的也是非常重要的"人数是美术专业的两倍还多，但在毕业时，美术专业同学认为"促进种族理解"既是"必需的也是非常重要的"人数是工程专业的两倍还多。或许有许多方面美术和工程专业同学的输入特征会影响或干预到这些不同变化的发生，比如美术专业可能比工程专业拥有更高的女生比例，而且大学期间女生会比男生对"促进种族理解"更感兴趣。但是，这样巨大的观念转变提高了以下这种可能性，也就是美术和工程专业同学在大学期间的经历或所受环境的影响促成了对"促进种族理解"重要性这一价值观十分不同态度的形成。

表 7.2[①] 　　　　促进种族理解的重要性：两个不同专业的效果

新生专业	N	作答的比例			
		必需的或非常重要（%）		不太重要（%）	
		新生	高年级	新生	高年级
美术	42	20	65	10	5
工程	68	44	23	9	23

（二）多元回归分析

一个更为强有力和有效的能够同时控制大量变量的技术是多元回归分析，研究者可以运用两个或多个独立变量来预测另一个变量。

---

① Astin, A. W., and R. F. Boruch. "A Link System for Assuring Confidentiality of Research Data in Longitudinal Studies."［J］. American Educational Research Journal, 1970, 7 (4): 24-615.

多元回归分析是一个非常有用的统计程序，可以使研究者控制大量的学生输入特征变量，并且回归方程能以所期望产出成绩的形式来表达大学生的输入特征变量。通过对比经历过不同环境类型的大学生的期望产出成绩和实际产出成绩，研究者可以评估几乎任何环境变量对产出的影响。那么我们究竟可以对这些影响持几分的信任态度，则主要取决于对大学生输入特征变量控制的充分程度。评估因果分析的一般原则就是越多的输入变量得到控制，则相应地研究者可对观测到的环境变量所产生的实际影响持更大的信心。以下所设计的几个例子阐述了如何运用多元回归分析技术来进行教学评估的相关分析[①]。

假设研究者希望找到更好的途径和方法从而为本科生继续深造或进入职业学校做好储备，因为许多研究生院都把 GRE 测试作为决定是否录用申请者的判断标准之一，所以帮助学生获得更好的 GRE 测试成绩对于想继续深造的同学来讲就具有非常重要和实用的价值。况且，如果 GRE 考试测试的是十分重要的、在大学期间努力使学生获得的技术和能力，那么学生 GRE 的测试成绩可以被视为评估大学教育有效性的一种形式的产出。

如何确定影响学生 GRE 测试成绩的环境因素呢？为了阐明这一点，研究者将选择两种形式的产出变量——the GRE verbal（GRE-V）和 the GRE quantitative（GRE-Q）测试成绩，一个环境变量——学生的本科专业（以科学或工程相对于非科学来划分），还有三个大学生的输入特征变量——SAT-V、SAT-M 和学生的性别（女性为 1，男性为 0）。通常分析时研究者会选择更多的学生输入特征变量从而尽可能地控制偏差，这里为了简明地进行阐述，所以只运用了三个输入特征变量。

运用多元回归分析的基本要素即为单个变量间的相关性。表 7.3

---

① Astin, A.W., and Denson, N. "Multi-Campus Studies of College Impact: Which Statistical Method Is Appropriate?". [J]. Research in Higher Education, 2009, 50: 67-354.

给出了以上所述两个输出变量和三个输入变量间所有的联系。不足为奇的是，最大的关联是位于输出变量和与之相对应的输入变量间。也就是，SAT-V 得分与 GRE-V 得分的关联系数为 0.85，SAT-M 得分与 GRE-Q 得分间的关联系数为 0.84。考虑到输入与输出变量间的时间间隔有四年，但仍有这么高的关联度，就表明 SAT 和 GRE 测试的是基本相同的技能。女生则与 SAT-M（-0.50）和 GRE-Q（-0.43）的测试成绩存在着负向关联，简而言之，女生在这两项中的测试成绩要比男生低得多。女生与 SAT-V 的测试成绩间没有关联，与 GRE-V 的测试成绩有着较微弱的正向关联，意味着女生比男生的 GRE-V 得分略高，与男生 SAT-V 测试成绩的平均评分基本相同。

表 7.3① 大学生输入特征变量与输出特征变量间的关联

变　量	SAT-V	SAT-M	GRE-V	GRE-Q
SAT Verbal				
SAT Math	0.23			
GRE Verbal	0.85	0.30		
GRE Quantitative	0.21	0.84	0.27	
Female	0.00	-0.50	0.07	-0.43

资料来源：申请进入研究生院的大学本科生的相关测试成绩。

下一步即为把 GRE 的测试分数作为两个独立变量分别进行单独的回归分析。一个单独的变量可以运用于任何给定的分析是多元回归分析的一个特征，尽管独立变量的数目会被样本的大小所限制。对于任何给定的回归分析，研究者都努力去得到关于一个特定独立变量的最好的预测或估计。在当前的例子中，我们将针对每一类型的 GRE 测试成绩进行两个回归分析。对每一个分析来说，两种类型的 SAT 测试分

---

① Astin, A. W., and F. Ayala, Jr. 1987. "Institutional Strategies: A Consortial Approach to Assessment." Educational Record 68: 47-51.

数和性别被看作三个独立的大学生输入特征变量。

任何回归分析的主要结果是一个数学公式，这个公式主要用来联结各个独立变量，从而产生针对独立变量的最好的预测或估计。表 7.4 给出了这两个回归分析提供的数学公式。需要注明的是预测 GRE-V 测试成绩的公式运用了所有三个大学生输入特征变量。这意味着三个输入特征变量都对 GRE-V 分数的预测或评估有着独立的贡献。运用这个公式来评估 GRE-V 的测试分数，研究者需将 SAT-V 的测试成绩乘以 0.85，将 SAT-M 的测试成绩乘以 0.23，将性别这一变量乘以 41.7，然后将这三个结果相加并减去常数。评估 GRE-Q 测试分数的公式相比则简单得多，因为只有 SAT-M 的分数有一些预测作用。因此，要预测一个同学的 GRE-Q 得分，只需将 SAT-M 的测试成绩乘以 0.997 并且加上 35.4。

表 7.4[①]　　　　　　　　预测 GRE 测试成绩的回归方程

GRE 测试成绩		相乘的系数		
(Dependent Variable)	Constant (a)	SAT-V	SAT-M	女性
Verbal　　=	-121.0	+0.85	0.23	41.7
Quantitative =	35.4		+0.997	

利用表中所提供的公式，并给出某位同学的性别以及刚入大学时的 SAT 测试成绩，研究者就可以预估出这位同学 GRE-V 和 GRE-Q 的大致测试分数。这些预估分数的一个重要特征就是，如果把样本中所有学生的预估成绩平均后，这个平均预估成绩将与实际的平均测试成绩是一样的。但是，这个平均预估分数却与样本中分组学生的实际平均成绩不甚相同。也就是说，如果样本中的学生在大学期间所学专业对 GRE 的测试成绩没有影响的话，那么无论是哪个专业

---

① Astin, A. W., and F. Ayala, Jr. 1987. "Institutional Strategies: A Consortial Approach to Assessment." Educational Record 68: 47-51.

同学的实际 GRE 测试平均成绩将与预估的 GRE 测试平均成绩是一致的；如果所学专业对 GRE 测试成绩有着积极或消极的影响，那么相应地这个专业同学的实际 GRE 测试平均成绩将高于或低于预估的 GRE 测试平均成绩。

表 7.5 给出了科学和工程专业对大学生 GRE-V 和 GRE-Q 测试成绩影响的分析结果。从表中可以看出，科学或数学专业对学生 GRE-V 的测试成绩没有产生积极影响，而相反的情况却出现在 GRE-Q 的测试成绩中。这种现象可以解释为科学或数学专业的学生经过大学期间的训练，对他们的定量分析技能有较大的提高，而口头表达能力与他们刚入学时相比则没有显著的提升。

表 7.5[①]　　　　科学或工程专业对 GRE 测试成绩的影响

GRE 测试成绩	实际的平均得分	期望的平均得分	差别（影响）
GRE-V（verbal）	491.8	536.6	-44.8
GRE-Q（quantitative）	700.1	642.0	+58.1

以上把 GRE 成绩作为单独变量的例子是为了测验校内环境变量——科学专业与非科学专业的影响。另外一种对评估数据进行分析的方式是把本校的数据与其他学校的相比较，例如，研究者想了解本校学生注册率与其他学校的比较情况。为了阐述运用回归分析来检测校际间的对比情况，我们可以运用如图 7.1 和图 7.2 所示的方式[②]。所有的学生入学时都接受了新生调查。由他们所在学校提供四年后这些新生随机样本的保留率。多元回归分析通过运用学校提供的 SAT 成绩和由新生调查所获得的新生入学时输入特征变量实施。两个

[①] Astin, A. W., C. J. Inouye, and W. S. Korn. 1986. *Evaluation of the GAEL Student Potential Program*. Los Angeles: Higher Education Research Institute.

[②] Astin, A. W., and L. Oseguera. 2005. "Pre-college and Institutional Influences on Degree Attainment." In College Student Retention: Formula for Student Success, edited by A. Seidman, chapter 9. Washington. D. C.: American Council on Education/Praeger.

显示了最强预测能力的输入特征变量是高中时期的成绩和 SAT 得分情况。实际的回归分析将完全运用三十三个变量来预测学生保留率。换句话说，三十三个不同学生输入特征变量中的每一个都在回归分析中承担着某种独立的预测作用。毫无疑问，与学生学术准备相关的变量在分析中承担着最大分量的预测作用。

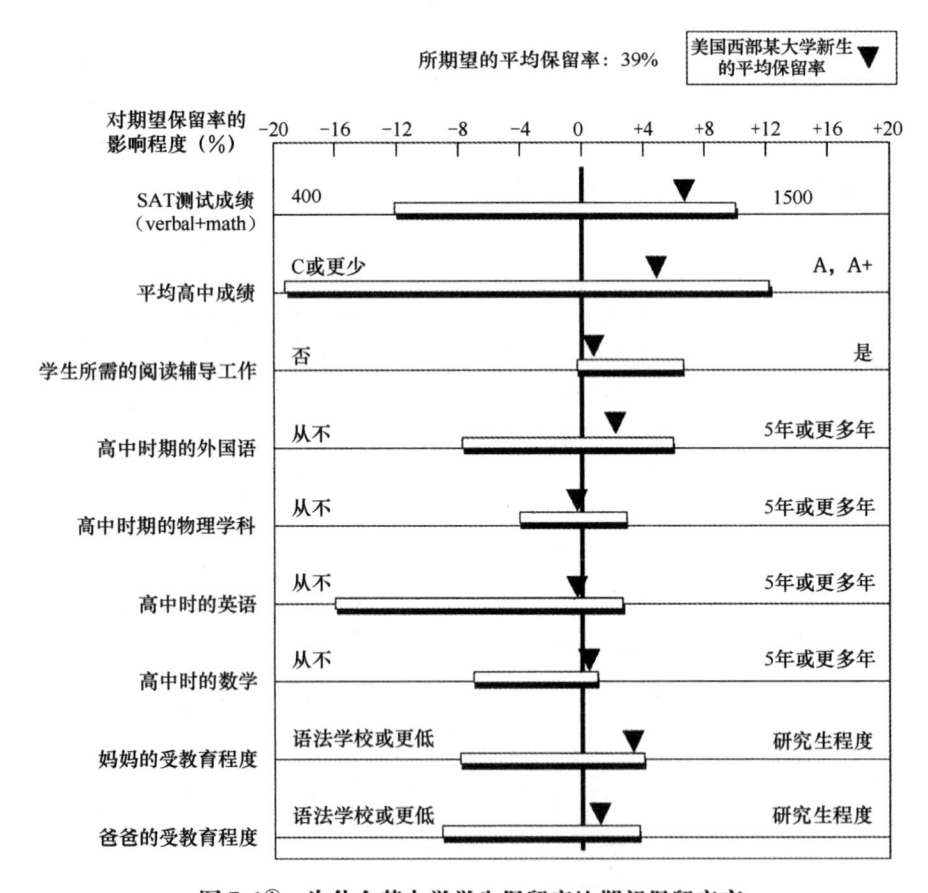

图 7.1① 为什么某大学学生保留率比期望保留率高

---

① Astin, A. W., and L. Oseguera. 2005. "Pre-college and Institutional Influences on Degree Attainment." In College Student Retention: Formula for Student Success, edited by A. Seidman, chapter 9. Washington. D. C.: American Council on Education/Praeger.

图7.1中横条形的长度代表了对保留率影响的相对重要程度。图表中间垂直的黑线与每个变量对平均期望保留率（39%）影响的平均得分相一致。如果一位同学在每一个输入变量上的得分都是平均数，那么这位同学的估计保留率将会是39%。我们就以第一个变量SAT的得分来阐述如何对图7.1进行解释。一方面，如果一位同学的SAT得分特别低，在SAT成绩所代表横线的最左端，那么这位同学的期望保留率将被减去四分之一，从39%到29%。另一方面，如果一位同学能够获得1500的高分，这将会给他的期望保留率增加相同的数值，从39%到49%。如果以第二个变量——高中时期成绩来进行分析，那么如果得到A将会给四年后获得学士学位的机会增加11个百分点，如果得分为C则将会减掉20个百分点。

读者可能会质疑为什么代表平均期望保留率的竖直黑线没有位于水平黑线的中央。原因是水平黑线的位置是根据它们所对应的平均得分情况确定的。比如代表第二个变量——高中时期得分情况的水平黑线更多地位于竖直黑线的左端，因为平均高中时期得分与A更接近。

如果研究者想计算出参与每年新生调查的几百所学校的期望保留率，就会发现一所学校与另外一所的不同是非常明显的。一些学校的期望保留率可能会低于20%，而另外一些学校的期望保留率会高达70%以上。多元回归分析不仅能计算出一所学校的期望保留率，而且会帮助理解为什么期望保留率会低于或者高于平均水平。如图7.1所示的例子，某大学的期望保留率比平均值高出许多。那么这所学校新生所具有的什么特征使之拥有了如此高的期望保留率？通过观察图中这所学校新生的得分情况，就不难发现为什么这所学校会拥有如此高的期望保留率。其中对期望保留率的预测起主要作用的是学生的SAT得分。其他因素包括他们父母拥有较高的受教育水平、较大比例的学生接受过外语训练以及他们高于平均水平的高中时期成绩状况。

对于一所高校来说，学生实际保留率是比预期的高、低还是一致呢？如果一所高校学生的实际保留率与期望的一致这并不足为奇，然而部分学校的实际保留率与期望保留率的差别很大，那么这些学校一定是存在某些不同从而导致出现这种结果。为了解释这个问题，让我们来看以下例子，如图 7.2 所示，Acme College 的实际保留率要比基于入学新生特征的期望保留率低。

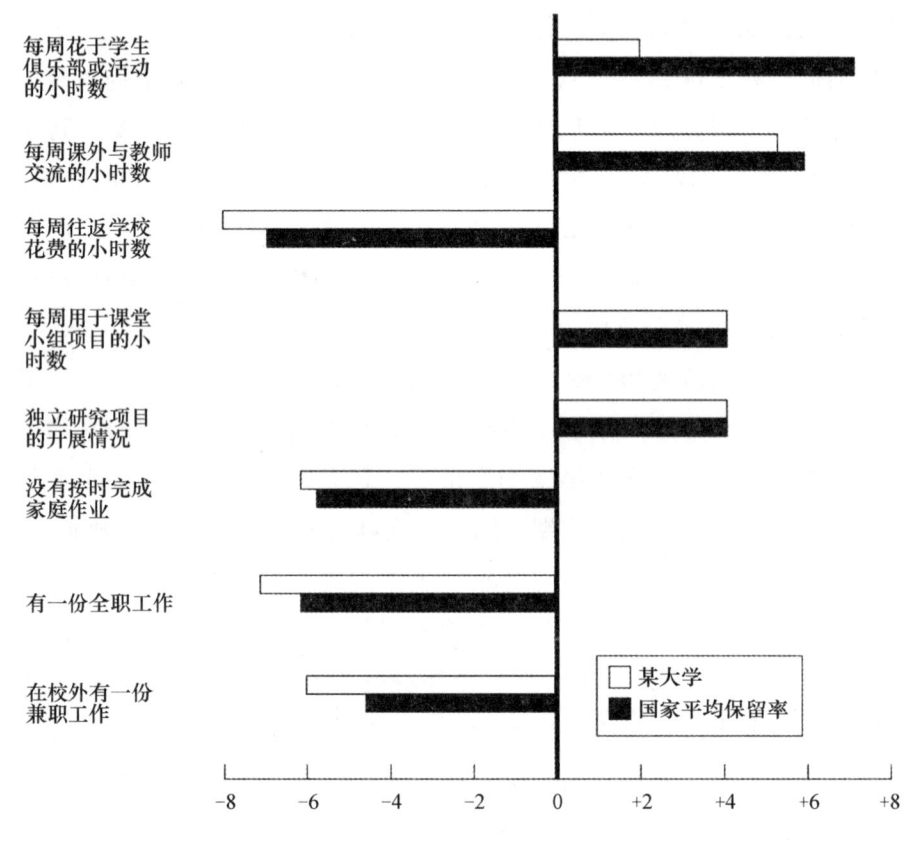

图 7.2　为什么某大学的学生保留率比期望保留率低[1]

事实证明，有若干种环境特征会对高校实际保留率产生影响。图 7.2 可以被用来理解（至少是部分地）为什么 Acme College 的保留率会比期望的低。图 7.2 的水平柱形以一对呈现，白色水平柱形表示

---

[1] Astin, A. W., and L. Oseguera. 2005. "Pre-college and Institutional Influences on Degree Attainment." In College Student Retention: Formula for Student Success, edited by A. Seidman, chapter 9. Washington. D. C.: American Council on Education/Praeger.

来自 Acme College 的数据,而黑色水平柱形表示相同环境变量的全国平均水平。如图所示,Acme College 较低的学生保留率可以部分地被解释为以下三个原因:学生对俱乐部或集体活动相对较低的参与度;超过平均值的时间花费在通勤上;超过平均数量的学生在校外有兼职工作。那么 Acme College 应采取什么样的措施来提高学生的实际保留率呢?对于通勤时间来说,短期内学校对它的控制可能处于不利的位置。当然如果采取长期战略的话,可以考虑建造更多的住宅设施。另外可以尽量使通勤时间成为学生可能的学习经历:鼓励学生对他们的课堂讲座进行录音,或者鼓励教师为学生提供录音材料以供他们在往返学校的路途上收听。另一种可能性就是为不得不往返较长路程的学生提供特别的指导或咨询,从而帮助他们更好地利用在校期间的时间,使他们了解通勤所带来的一系列问题,并帮助他们找出替代性的方法和措施。

关于学生对俱乐部或集体活动投入程度这个问题,相对来讲学校可以使之有令人期待的巨大的改变。一种措施就是扩大学生组织的数量并提高其质量,对学生一致的兴趣与需求予以特别关注。同样,在学生关注和登记参加这些组织时,要给予特别的关照和鼓励。

对于学生在校外有兼职工作这个影响因素来说,学校可以在校内发展出更多的兼职机会,这样能收获双重效益。首先,这个措施可以避免学生在校外兼职的需要;其次,可以使更多的学生拥有校内兼职的机会,这对学校学生保留率的提升是有积极影响的。

另外,除了在校际间对学生保留率进行对比外,还可以在校内对各个子群体进行分析。这些子群体包括男女生群体、不同种族和民族群体、全日制和非全日制学生群体等。但进行这些分析的前提是学校必须拥有包含学生系统、环境系统信息的数据库。

(三) 多层线性模型

多元回归分析和其他一些数据分析方法的一个关键假设是,每个分析单元对于所有其他的来讲都是独立的。多元回归分析能发现一些独立的变量是与某一教育教学产出显著关联的。然而,更多其他的分析表明同样的关系并不是特别显著。为解决这一问题，研究更多地采用了同时检测多层次数据的分析方法。

Pascarella 和 Terenzini（1991，2005）曾评论说，多层次分析在有关大学、学生的相关研究中变得越来越重要和流行。多层次方法在不同组间和同一组内的独立变量的离散程度是不同的，从而可以更精确地检测每一层次的关系。在高等教育研究中，多层次模型通常会采用 HLM 和计量经济分析。

HLM 和与之相关的技术一直被运用于同时探索学生和高校的特征，这些特征对教育教学产出具有预测作用。从某种意义上说，HLM 为一所高校的学生提供了一条独立多元回归线，这对区分学生层次还是学校层次之间变量的不同是有益的。还以之前的例子为例，如果每位学生获得佩尔助学金的资格和这所高校拥有佩尔助学金的学生比例都在同一个 HLM 模型分析中，那么研究者就可以区分出影响是发生在学生层面还是高校层面。当然，如果获得佩尔助学金的学生比例是一个显著的预测因素，分析将仍然需要包括控制变量从而排除似是而非的替代假设。例如，有许多来自处于较低社会经济地位家庭学生的高校可能从他们的捐赠基金或者政府接受了较少的资金，或者学生经历了较低质量的中学教育，这些也可以对以上分析的关系做出解释。

（四）实验设计

或许在得出因果结论时最重要的问题是，拥有某种特殊经历的或者加入某所高校的大学生常常与那些没有相关经历的大学生有诸多不同。在某些情况下，学生对某个项目来说是合格的，诸如助学金或者奖学金或者其他选择性的项目，只是他们遇到了某些特定的条件。例如，如果参加一所高校荣誉项目的学生比那些没有参加的学生取得了更高的成绩，那么确定这些成绩是由于参加了荣誉项目，还是由于学生入大学之前自身的特征，抑或是其他校园经历所产生的影响。同样的问题也存在于对不同高校间的影响进行分析时，加入一所高竞争性学校的学生与加入一所低竞争性学校的学生在许多方面是不同的，因而我们如何才能了解大学生发展成果的某些不同是由于他们参加了不同类型的高校呢？

在进行本研究的相关设计时，学生将会是随机分布的，也即被称之为随机对照实验（RCT）。在试验中，学生被随机地分布于实验条件下。如果在实验条件下的学生在预期成果方面要比其他学生表现好得多，那么研究者就可以得出实验条件下的教学法要比传统的非实验条件下的教学法有效得多。实验设计被广泛地认为是教育和社会科学研究的"黄金准则"，因为参加实验的两组应该是一致的，除了一组在实验条件下而另外一组没有。相应地，这两组学生发展成果不同的原因可以很大程度上归结为是暴露于实验条件下的结果。

然而，具有实验设计的研究仍然可能面临至少五种不同类型的挑战。第一，并不是所有被分配于实验条件下的学生都实际上参与或者真正地经历了。尤其是当一个实验设计包含几个不同的部分时这个问题会更加的突出，例如，一个项目可能包含学术建议、指导和研讨会，学生们或许只是不同程度地参加了其中的一种。第二，实验设计中的一个或者更多的部分并没有按照预期的方式来实施。例如，研究者可能期望生活—学习社区所包含的几个部分按照预期的方式来实施，包括宿舍区的课程工作安排，定期经常的与教师交流的时间和机会等，但是这些并没有按照预期的进行。如果宿舍区的条件并不适合举办一些课程活动，那么相关的研究就无法检验实验干预所要达到的预期或者理想的目标。第三，处于一种状况下的学生可能听到或者接收到来自其他条件下学生的收获或者利益。第四，实验干预可能对一些同学是有效的，但对另外一部分同学可能没有效果。如果以上说法是真实的，那么对整个样本的分析将会根本找不到任何显著的效果。最后一个或许是最受关注的问题是道德和伦理方面的。在许多状况下，实施一个对某种大学经历所产生影响的实验或许并不是可行的。

（五）准实验设计

研究者曾经创造出了一系列准实验的设计，这些设计方法中的每一种对因果关系的评估都有不同的途径。以下将主要对断点回归进行分析和讨论。

断点回归这种方法通常被认为是最为严格的准实验设计途径，由于这种方法能挖掘出强大的因果结论。当学生们的控制组是基于他们得分的单一变量时，这种方法的运用就会特别理想。例如，一所公办高校的助学金是提供给那些家庭收入低于 30000 美元的所有学生的。相应地，家庭收入是 29999 美元的学生将会得到助学金，而家庭收入是 30001 美元的学生将得不到助学金。不连续回归分析只是检测划界分数附近一定范围内的学生（例如在家庭收入是 28000 美元和 32000 美元之间），从而判断来自收入低于划界分数家庭的学生（得到助学金）和那些收入略高于划界分数家庭的学生（没有得到助学金），这两部分学生之间发展成果的差异。划界分数附近带宽的大小部分地决定于划界分数附近参加测试者的数量。运用一个较小的收入带宽意味着两组参加测试者倾向于更加相似，但每组参加测试者少的话容易导致较难检测出统计学意义上的显著差异。另外，这种分析的一个关键假设就是参加测试者是随机分布于划界分数附近的。换句话说，学生和他的家庭并不是有意识地操控使他们的收入刚刚低于划界分数，从而使他们满足获得助学金的条件。

以下提供了一个来自不连续回归分析假设结果的形象化的展示。这个分析中预测变量包括以划界分数为基础的连续变量（在这个例子中是家庭收入）以及一个二元变量（在这个例子中指家庭收入是否低于 30000 美元）。研究分析结论表明：一般来讲在家庭收入和教育教学产出变量之间存在积极地联系；获得助学金对学生的发展有积极的影响。类似以上正式的研究是必需的，以用来检测这些结论和模型是否具有统计学意义上的显著特征。另外需要考虑在得出助学金产生影响的因果结论之前，看是否有其他的解释或者原因。例如，或许这些家庭接受了其他形式的资金援助，如果是这样的话，这些影响是由助学金还是其他资金援助引起的将会是不太明晰的。

这个不连续回归分析的例子是一种理想的状况，但在其他环境条件下并不一定是真实的。首先，助学金的获得是被假设成只由家庭收入来决定。但在其他环境条件下，还有很多判断标准，诸如是否来自州立中学,等等。另外,或许最重要的是,这个分析对于家庭收入低于 30000 美元的所有学生都接受了助学金的状况是最为合适的,但在很多时候,这种假设并不是有效的。一所高校由于各种原因可能为家庭收入高于 30000 美元的学生提供一些助学金。这种情况的出现需要引起特别的关注,从而有助于得出正确的结论。

乍看起来,决定一项教育教学产出是由学生还是高校的一种或者多种特征引起的似乎并不难。但是,在多组织研究计划中,这种区分会相当的困难。假设一组研究人员获得了关于成百上升所高校的相关信息,并且发现在获得佩尔助学金的学生比例和学校毕业率之间存在消极的关系。那么这种关系是否表明:1. 受到佩尔助学金资助的学生不太可能毕业;2. 加入一所有很多受佩尔助学金资助学生的高校将会对所有学生的学位完成率有不利影响;3. 前两种可能性的综合。不幸的是,这个问题,和许多其他关注校际间影响的问题,并不能仅仅以校内层次的数据来回答。

三 几个统计分析模型
(一) 相关回归分析

相关回归分析法是研究随机变量之间相互关系规律性的一种统计方法,是从事物及其变化过程的因果联系出发,分析事物发展过程及预测未来发展趋势的一种统计方法,其包括积差相关、等级相关、质和量相关等相关形式。它的客观基础是,任何一种现象及其过程都必然会与其他现象及过程处在一种相互依存、相互制约的关系之中,因而人们可以根据与该现象、过程相互联系的其他现象、过程的变动规律与趋势,来预测该现象、过程的未来发展变化的规律与趋势。对于相关教育政策的实施所引起相应变量的变化,收集足够多的相关时期的变量数据即可对政策所带来的影响及政策绩效进行分析。例如,如果大学生的输入特征被合适地予以控制的话,通过对比拥有不同输入特征并经历不同类型环境影响的学生的预期产出和实际产出,研究者几乎可以评估任何环境变化对产出的影响。

相关分析法的一般步骤是：首先研究变量之间的相互关系，通常是把具有相关关系的资料用散点图、散列表的形式排列出来，以考察它们的相互关系；其次计算相关系数，相关系数是反映变量之间线性相关关系的综合指标，它反映出变量之间相关关系的密切程度；最后，利用已知的相关关系和相关系数建立数学模型，并对模型的可靠性进行反复的测试，如果能够证明模型的可靠性，就代入一定的数值，通过模拟计算得出预测结果。具体应用实例如"对大学生的人格建构与学校适应的相关分析"，同时辅以学生学习适应性测验、压力应对测验并收集学生学习成绩，考察大学生人格建构复杂性与学校适应的关系，结果发现，大学生人格建构复杂性与学习成绩、学习适应性和压力应对存在显著相关，并且人格建构复杂性与学习成绩、学习适应性呈显著正相关，与消极应对方式显著负相关，与积极应对相关不显著。

另外可以运用相关分析法来对以下情况进行分析：各个专业开设的课程是否合理，各门课程之间的依赖关系如何，各门课程在学生综合成绩评定中所占的权重系数是否合理，各门课程所安排的课时数是否得当，等等，这些都要通过相关分析才能安排得更加合理。

（二）分层多元和逐步多元回归分析

多元统计分析是运用数理统计的方法来研究多变量问题的理论和方法，它是一元统计学的推广。许多问题涉及的变量不是一个，而是多个变量，且这些变量间又存在一定的联系，需要处理多个变量的观测数据。一元统计方法是对多方面分别进行分析，一次分析一个方面，忽视了各方面之间存在的相关性。如果说一元统计分析是研究一个随机变量的统计规律性，那么多元统计分析则是研究多个随机变量之间相互依赖关系以及内在的统计规律性的。[①]

多元统计分析起源于1928年威沙特（Wishart）发表的论文"多元正态总体样本协方差阵的精确分布"，可以说这是多元统计分析的

---

① 高惠璇：《应用多元统计分析》，北京大学出版社2005年版，第1—5页。

开端。随着计算机的出现，多元统计分析得到了广泛的应用。

分层多元回归分析需研究者建立两个回归方程。第一个回归方程只包含学生的输入信息，研究者可以检验输入信息对学生学习输出的影响程度。第二个回归方程增加了环境因素，同样提供了这些变量回归系数的估计。逐步多元回归分析方法的优点就是可以控制每类变量变化着的影响。换句话说，这类方法为研究者提供了深入观察一个特定的输入和输出间的关系是如何被另外一个不同的输入和输出间的关系所影响。相似地，研究者可以检验一个特定的输入和输出间的关系是怎样被一个特定的环境和输出间的关系所影响。

具体运用实例如分析高考入学成绩对后续主干课程的影响程度，以利于高校招收符合专业要求的合格考生，进一步培养出满足市场需要的高质量的人才。首先把大学生入学成绩作为自变量，大学四年中主干课程作为因变量，通过多元回归和马尔柯夫链分析，确定高考入学成绩对后续主干课程的影响及其程度，并据此来确定报考考生在总分数进入录取线后，对后续主干课程影响最主要的入学单项科目分数线的要求，从而有助于招生工作的科学化。

（三）主成分分析和因子分析

在高校教学管理和评估中，每个系统或事物都表现为多个方面，需要有多个指标来描述、刻画其质和量。这些指标各有侧重地解释着同一个事物的质，必然存在着多重共线性。主成分分析、因子分析以及对应分析等多元统计分析方法能帮助在不损失信息的情况下，通过变换和构造模型，剔除指标间相互制约的成分，使复杂数据简单化。

例如对影响大学生考期应激状况的分析中，可通过"诱发考期原因的主成分分析"对头部、记忆注意、消化功能、免疫功能以及睡眠状况这五种因素进行进一步分析，得出"对考试目的的认知""对考试内容的认知"及"生活和学习环境的认知"这三种因素是诱发考期应激的主要原因。再如：对影响应届生考取研究生的因素分析中，通过分析"在校期间学习状况""考生家庭背景""考研准备状况""考研心理状态""考研心理状态"这五种因素，得出这些因素中所包括的"大学四年平均成绩""大学期间专业课平均成绩"的影响明显更高，在重修科目上明显更少，在"考研信心"上更足，在"考研欲望"上更强烈，"跨校考研"的比例更高，在"考场状态"上更放松，拥有"男（女）朋友"的比例更低，"考前曾与导师联系"的比例更高，"考研准备时间"更长等这些因素都是影响考取研究生的显著因素。

（四）聚类分析和判别分析

在高校教学实践中，经常遇到对教师的思想、学生的成绩等进行等级评定，如对学生教育实习成绩的评定，通常是将实习生分成若干个组，每个组有3—4名指导教师负责并给出实习成绩。因为在评定之前就已划分好各等级的比例，成绩地给出就变成了根据此比例来凑考核的分数。而且往往由于指导教师的标准不一致，不同组之间定量考核的差异显著，缺少可比性。另外定量考核指标体系的权重系数往往是根据经验给出的。而聚类分析和判别分析则给出了等级评定的好方法，能够对所考察到的指标按相似程度进行分类，并给出相应的分类原则。

聚类是将物理的或抽象的对象分为几个群体，在每个群体内部的对象之间有较高的相似性，而在不同群体之间，相似性则比较低。凝聚的层次聚类方法的基本思想是：一开始将每个对象作为单独的一组，然后相继地合并相似的对象或组，直到所有的组合并为一个，或者达到了终止条件。应用凝聚的层次聚类分析方法可以获取具有不同成绩特征的学生群体，如通过聚类挖掘结果，评估人员可以很清楚地看到某一部分学生专业基础课和英语四级的成绩分布情况。同时，对被评估高校来说，在平时的教学管理中可以根据各类同学的特点调整教学方法，使学生得到更全面的发展。譬如某类同学虽然专业基础课的成绩较高，但是四级通过情况很差，那么这类同学可能在学习过程中忽略了英语学习的重要性，所以在教学过程中应采取相应的针对措施以提高这类同学的英语水平。以上的例子是只针对一部分同学进行了聚类分析，在教学评估或教学管理中研究者可以利用上面所描述的聚类分析模型对大量学生的数据进行分析,会取得更好的指导效果。

(五) 关联规则挖掘

关联规则挖掘是由 R. Agrawal 等人提出来的[1],关联规则是描述数据库中数据项之间某种潜在关系的规则,它已成为数据挖掘中非常重要的一个方向。在高校教学评估中可以利用关联规则挖掘分析影响评估结论的重要指标以及通过分析课程之间的关系考察教学计划的合理性等。

例如,在考察教学质量的过程中,经常要分析影响学生成绩的因素,我们从教师库、教学督导听课记录和学生成绩库中分别提取相关数据,把其整合到关系表中进行关联规则挖掘[2]。下面的表7.6为整合之后的信息,表中所示的10名教师为某高校近三年来曾教授数据结构课程的任课教师,其中"责任心"和"专业水平"的评价结果是从教学督导的听课记录中提取出来的,"数据结构成绩"为在试卷难度相同的情况下教师所授课班级学生的平均成绩。

表 7.6　　　　　　　　影响学生成绩因素分析[3]

教师编号	责任心	专业水平	年龄（岁）	工作年限（年）	数据结构成绩
001	较好	较好	27	4	86
002	较好	较好	35	11	87
003	一般	较好	52	25	66
004	较好	较好	30	3	72
005	一般	一般	29	3	58
006	较好	较好	48	21	89
007	一般	一般	53	26	80

---

① 陈文伟、黄金才:《数据仓库与数据挖掘》,人民邮电出版社2004年版,第1页。

② 吕爽、陈高云:《数据挖掘技术在高校教学评估中的应用》,《广东广播电视大学学报》2006年第3期。

③ 同上。

续表

教师编号	责任心	专业水平	年龄（岁）	工作年限（年）	数据结构成绩
008	较好	较好	28	1	92
009	一般	较好	49	19	64
010	较好	较好	37	11	90

根据挖掘结果，可以得出如下结论：从教师的角度出发，影响学生成绩优劣的重要因素是任课教师的专业水平和责任心，所以对于被评估高校来说应重视教师责任心的培养，同时多提供教师外出参加培训和进修的机会，促使其不断学习，提高专业水平。

（六）多元自建模回归模型

面对浩繁的数据，如何对它进行深加工，以揭示深层次的问题，并对未知的现象进行预测，这是摆在研究者面前的一个重要课题。为此，人们进行了长期的探索，诸如把握共性，寻找一般的平均走向，就用线性回归，但未必切合实际；非线性回归可以拟合曲线走向，但其函数形式仍需事先给定；非参数回归的函数形式不必事先给定，模型与计算都相对复杂，但是只能拟合一条曲线，可以反映共性，但不能反映个性[1]。Lawton 等人第一次提出一种既能反映共性又能反映个性的自建模回归模型，但自建模回归模型自变量是一元的，仍不能满足要求。尚钢先生利用多元统计分析方法将自建模回归模型的自变量推广到多元[2]，实现程序计算，为拟合数据提供了一般方法，以揭示其中的共性和个性规律，最终攻克了这一难题。比如，以研究生入学考试的 5 门课程考分为例，希望找到研究生入学考试的考分与学生在大学阶段若干相应课程之间的关系及这 5 门课程考分之间的关系，就用上了多自变量的自建模回归模型。进而可以利用某学生的大学成绩

---

[1] 刘影、宋立新：《多元统计分析在高等教育管理中的应用》，《现代教育科学》2006 年第 2 期。

[2] 义尚钢：《教育测量数据的多元自建模模型分析》，《武汉测绘科技大学学报》1998 年第 3 期。

与模型参数比较准确地预报他的考研成绩，或显示他实际考研水平发挥得如何。

（七）结构方程模型

结构方程模型是一个先进的分析技术，它可以为研究者提供三种主要的分析能力，而这是以前提到的线性回归技术较难模仿的。结构方程模型不仅允许研究者假设一个同时包含多种输出测量的发展过程，而且提供了在发展模型中包含潜在特征的途径。结构方程模型尤其适合于检测一些输入、环境和输出变量间的假设关系是否与数据一致的状况。运用结构方程模型来评估能力发展时需要注意的是路径模型与分析一致可能会导致研究者模型的方向效应与代表性数据的不正确匹配。

从以上分析可以看出，统计分析方法在研究者进行评估有关学生发展等方面充分展现了其优越性。[①] 与此同时，运用定性技术来研究学生的发展也越来越受欢迎。因为评估系统中常常存在着一些无法具体度量的因素，如习惯、观念、心理等，这些难以量化的变量，却在事实上对研究对象产生影响，成为研究中不容忽视的因素。而定性分析可以弥补定量分析的不足，对以上这些因素进行深入的分析，其主要以逻辑判断为主，通过研究者所掌握的信息和情报，对事物的发展状况和前景做出判断。具体方法主要有主观概率法、专家会议法（即组织专家面对面交流，通过讨论形成评价结果）、Delphi 法（即征询专家进行背靠背评价、收集、汇总、分析归纳形成一定结论）等。其优点是操作简单，结论易于使用，并可提供更为有价值的深入观察，如丰富的细节、更为深刻的描述、一些受情境约束的数据等；缺点是主观性比较强，多人评价时结论较难统一。

数据分析技术在本科教学评估中的应用不只是文中提到的这几个方面，例如利用预测方法分析师资队伍结构的发展趋势，利用粗糙集

---

① Astin, A. W., H. S. Astin, and J. A. Lindholm. Cultivating the Spirit: How College Can Enhance Students' Inner Lives. San Francisco: Jossey-Bass/Wiley, 2011. 89.

理论和关联规则方法对评估指标进行优化处理，利用 $x2$ 检验是否服从某种理论分布或某种假设所做的检验假设，等等。数据分析技术是具有广阔前景的数据处理与分析技术，它将在有大量信息的教学评估领域发挥不可估量的作用。所以如果我们把这些技术合理地应用到对高校教学水平评估的分析中来，不仅能减少相关工作人员的工作量，更重要的是增强了评估工作的客观性与合理性。

本部分内容提供了几种分析工具和方法，其中包括了数据分析的运用和研究的设计，为读者提供了适用于本研究的研究方法和分析方法的总结，并且引导读者深入探讨其他相关的研究方法。总之，我们希望提供一个关于如何理解大学对学生产生影响的分析框架，在这个过程中，应注意以下几点：首先，学生会经过充分的考虑然后决定是否上大学，上哪所大学，在大学期间他们将会有什么样的经历；其次，大学所产生的影响可能是大学本身的特征引起的，也可能是由于学生本身在大学期间不同的经历所引起的，如何对这些不同类型的因果因素进行分析也面临着挑战。最后，大学对学生发展所产生的部分影响是通过影响一些中间成果而间接发生作用的，如果没有对它们进行正确检测的话也会对结果造成混淆。

第八章

基于系统—生态理论高校本科教学评估之政策建议

第一节 加快我国高校本科教学评估理念的转变

在西方高等教育文化中,以学生为中心的观念由来已久,以学生为中心来开展教学,以促进学习为目的来进行管理,以满足学生的需要来办学,是西方高校的一个突出特点。在经历了20世纪中期的规模扩张之后,美国等西方发达国家高等教育普遍进入了以提升质量为主题的时代。几十年来,在提高高校教学质量的努力中,这些国家几乎均将大学生置于质量建设的中心位置,这可以在《投身学习:发挥美国高等教育的潜力》《学院:美国本科生教育的经验》和《重构大学本科教育》等几份影响美国和其他西方发达国家高校教学质量建设的重要文件及其在这些文件影响下的高校改革实践中得到了有力的证明。从20世纪90年代开始,越来越多的美国研究型大学甚至提出了建设"以学生为中心的研究型大学"(Student-centered Research University)的目标,他们宣称大学为了学生而存在,学生利益高度优先,大学的使命和目标是提升学生学习,大学的任何行动、计划和决策等都应从以学生为中心的角度来审视[①]。

---

① 叶信治:《从美国大学教学特点看我国大学教学盲点》,《高等教育研究》2011年第11期。

在这一过程中，这些国家的高校以大学生学习为逻辑主线，推动学生投入学习，加强学生学习服务，采取了一系列卓有成效的教学改革和质量建设举措，产生了深远的影响。如加强了大学第一年教育（FYE）改革，通过新生适应项目、新生研讨课、学术建议和指导，甚至深入中学的项目（School Programme）、注册前策略（Pre-Enrolment Strategies）和适应周（Orientation Week）项目等推动大学新生尽快适应、转型；充分尊重学生学习的兴趣和意向，坚持和不断完善选课制，甚至设立个人专业（Individual Major, IM），允许有特别需要的学生自己提出个人的学习计划和课程组合，发展个性化的学习方向[1]；关注学生的学习投入和学习体验，将大学生的学习投入（Student Engagement）看作保证本科教学质量的重要条件，开展相关调查并将其结果信息予以公开，作为学生择校、政府拨款的重要依据；建立了完备的学习支持服务体系，完善了覆盖学习、生活全过程的导师制等；完善了以学生为中心、强调教育增值（value-added）的教学评价评估制度，并在此基础上大力加强相关的教学研究，从而大力提升学生的学习质量和个人能力的发展[2]。

尽管发源、兴起于欧美的现代大学从一开始就有尊重学生、关注学习的传统，但反观目前我国的高等教育，"以'学'为中心"无论是在理念上还是在实践上都没有得到很好的传承和发扬，缺乏对学生学习发展和学习成果的视域关注、系统设计和严谨考量，基于学生视角的相关研究尚处于起步阶段，研究比例还不到20%。而在美国，高等教育研究项目中有80%以上关涉学生学习，并大多强调"以大学生学习为逻辑主线，推动学生参与学习，服务学生学习过程，关注学生学习成果"。

进入新世纪以来，由于我国高等教育大众化的规模大、速度快，

---

[1] Ninette Ellis. The First Year Experience Project http://www.adelaide.edu.au/clpd/resources/reports/FYE_ Re-port.pdfP5.

[2] 王焕现：《英国高等教育改革：把学生置于体系中心》，《中国教育报》2011年8月23日。

而国家和高校的财力又比较虚弱，加强"教"及其条件的建设是提高高校教学质量的基本前提，以此为前提进行的教学质量建设和保障应该说还是非常必要的，这对于突破高校办学的资源瓶颈、保证高校基本教学的完成、保障最低教学质量均具有非常重要的意义。如今，经过十多年的努力，我国高校教学条件已有较大改善，教学资源亦已大为丰富，高校教学质量建设已经进入了"深水区"。在这种情况下，继续深化高校教学质量建设和保障显然需要转变方向。在这一转变过程中，高校尊重学生、关注学习的意识开始觉醒，"以'学'为中心"的理念开始提出、盛行，但在实际考察中发现，与口号和宣传所渲染的相反，学生和学习的中心地位远远没有落实，一些高校只在课堂教学的方法上强调学生的主体地位，一些高校仅将学分制作为这一理念的体现，甚至还有一些高校只是追求时髦而在原有的教学体制上贴上一个标签罢了。显然，在这种状况下，要加强高校教学质量建设，就要对传统的教学质量保障和评估理念进行一次大的改造，构建"以学生为中心、以学生发展为本"的教学质量保障和评估的新范式。

第二节 完善高等教育教学评估制度和机制

我国制度化高等教育评估初创的动因源自解决"政府有关部门对学校主要是对高等学校统得过死，使学校缺乏应有的活力；而政府应该加以管理的事情，又没有很好地管起来"[①]的问题。《中共中央关于教育体制改革的决定》将这一问题作为建立与社会主义现代化建设、经济体制改革相适应的教育体制进程中面临的首要问题提出。《决定》同时提出，"要从根本上改变这种状况，必须从教育体制入手，有系统地进行改革。改革管理体制，在加强宏观管理的同时，坚决实行简政放权，扩大学校的办学自主权……使高等学校的潜力和活力得到充

---

① 中国共产党中央委员会：《中共中央关于教育体制改革的决定》（1985 - 05 - 27），http://www.moe.edu.cn/publicfiles/business/htmlfiles/moe/moe_177/200407/2482.html，2011 - 03 - 17。

分的发挥"。正是在破解这一体制性障碍时，首次提出了"定期对高等学校的办学水平进行评估"的动议，自此开启了中国高等教育评估的制度化进程。因此，可以说我国的高等教育评估从起点上便是保持高校自主发展和政府宏观管理之间张力的重要制度安排。这与西方国家几乎在同一时期开始的公共管理改革所倡导的"评估型政府"具有相似的政策意图。公共管理改革呼唤政府改变管理公共部门的范式：更多地授权于公共服务的生产者，而不是直接参与生产过程；更积极地从顾客的需要出发，而不是从科层体制的需要出发；更关注部门的绩效产出，而不是他们的投入，并建立起其与拨款之间的联系；更好地扮演参与协作者的角色，而不再是发号施令者；更有效地发挥市场在资源配置方面的力量进行变革，以规避政府失灵的风险。在高等教育领域，接受评估——无论是来自政府的，还是来自社会的——成为高等教育获得自治权的代价，实施评估称为促进高等教育机构改进和提升质量的制度安排之一。绩效拨款、问责等安排都需要以评估为基础才能得以实现。可见，无论是从我国建立与经济和社会发展体制相适应的现代大学制度的需要出发，还是从全球性公共部门管理改革的实践经验看，将评估作为实现宏观管理的重要制度安排已经成为一种共同的选择。

我国高等教育评估经历了近三十年的发展，无论在政策发展方面，还是实践效果方面，评估都已经成为一项重要的制度安排。从政策发展的线索看，自1985年的《中共中央关于教育体制改革的决定》至2010年的《规划纲要》，每一部对中国高等教育发展起到规范和促进作用的重要政策法规都无一例外述及评估，并始终坚持了评估在宏观管理过程中的价值。从实践发展的线索看，与以往相比，政府各级教育行政管理部门更加善于运用评估开展行政管理，减少了对高等教育机构的直接干预和过程管控，高等教育机构的自主权不断扩大。高等教育领域的评估已经成为对高等教育机构质量和成效进行监督的重要实践方式。然而尽管无论是在政策层面抑或是在实践层面，评估都已经成为有效的制衡杠杆，但系统性的高等教育评估运行机制尚未形成，运行效率和效益有待提高。评估本质上是在客观描述事物现状和属性的基础上，根据评价者的需要对客观事物做出评判的活动。评估的宏观管理功能需要通过一定的机制，以目的、标准、信息等要素为基础加以构建。也即，如果没有驱动被评估者参与评估项目并努力取得良好评估结果的诱因，标准设计与评估者的意愿不太相符，评估者和被评估者之间无法准确传递信息和对称交流，评估的激励、问责等功能将难以有效实现，甚至出现负面效应。

目前，评估信息系统、教学状态定期发布、专业评估机构等方面的开发与应用仍处于零散状态，各系统之间的关联机制以及如何协同工作的运行机制尚未建立和完善。相应地导致实践的诸多问题，评估结果没有真正激励高等院校采取质量改进行为，相对封闭的信息系统难以唤起社会监督和问责的力量，从而难以形成多元利益相关者服务的意识和状态。

另外，我国教育教学评估政策法规发展滞后、体系结构不完善，无法适应高等教育发展的现实需求。我国高等教育评估的政策法规建设与中国教育体制改革同步，经过不懈的发展，高等教育评估制度的法源基础基本奠定，各项评估均在政策法规的指导下展开。我国高等教育评估的基本制度框架是由1990年颁布的《普通高等学校教育评估暂行规定》所确定的，20世纪90年代至今是有史以来中国高等教育发展最为迅速的时期，高等教育从精英阶段快速地跨入了大众化阶段，高等教育发展的主题从规模扩张转为质量提升，因此，高等教育评估的内容和重点也需要随之变革。此外，近年评估方法和技术的发展和改进，也需要通过政策法规的途径对我国高等教育评估实践的创新加以引导。当前我国教育评估政策法规建设存在着政策法规的发展滞后于高等教育发展现实需求和评估政策法规体系结构不完善的问题。

《普通高等学校教育评估暂行规定》颁布之时，我国高等教育发展的首要目标是"建成科类齐全，层次、比例合理的体系，总规模达到与我国经济实力相当的水平"。① 在高等教育发展尚处于"体系完善、规模扩大"阶段时,评估从硬件建设、资源投入、数量规模方面进行评估是具有合理性的。而今天,我国高等教育发展的时代背景和发展主题都发生了深刻的变革。大众化、信息化和国际化成为高等教育发展的时代背景。高等教育大众化时代,受教育群体的背景、年龄以及对高等教育需求的多元化,重新界定了不同于精英教育阶段的教育质量的内涵。高等教育的信息化不仅改变了教学媒介,也改变了大学中人们互动的形态。高等教育的国际化改变了大学招生、教学、科研的边界,不仅在地理层面,更在制度层面。提高质量成为高等教育发展的核心任务,也是从高等教育大国转变为高等教育强国的关键。在新的历史条件和发展目标下,我国高等教育评估政策法规的发展已远远落后于高等教育改革和发展的步伐。如何通过政策和制度的设计,将行政监督式的评估转型为改进式评估,将注重投入和规模的评估转型为注重效益和质量的评估,将封闭的评估系统转变为开放的、信息化、国际化的评估系统,已经成为我国高等教育评估政策法规建设的重要课题。

其次,评估政策法规体系有待完善和更新。目前,我国高等教育评估中各个评估项目基本能做到有法可依或有政策可依。然而,这些作为评估依据的政策法规存在着类别繁多、缺乏整体规划的现象。导致这一现象产生的原因是多方面的。其一,受评估职能部门化的影响,每出现新的评估需要便制订一个新的评估方案;其二,一些不能适应高等教育发展评估实践的政策法规,未能及时更新或废止;其三,缺乏在高等教育系统层面对评估政策法规的合理规划和专业论证。

---

① 中国共产党中央委员会:《中共中央关于教育体制改革的决定》(1985 – 05 – 27),http://www.moe.edu.cn/publicfiles/business/htmlfiles/moe/moe_177/200407/2482.html,2011 – 03 – 17。

第三节 关注大学生学习成果的"增值评估"

价值增值的核心思想是：研究者可以根据学生在前一段时期的测试分数预测学生在下一阶段可能取得的成绩。据此，价值增值评估能够表明学生是否取得了预期的进步，抑或超出了预期的进步。通过价值增值的方法还能够测量教师或学校对学生成就的长期影响。具体来讲，一流大学招收一流的学生，并培养出一流的毕业生，而并非一流的大学招收并非一流的学生，却也能培养出优秀的毕业生，此类大学是如何实现并超过预期的目标，两者之间哪种大学的成效更好？采用增值评估法（value-added assessment）对比大学生接受高等教育前后知识、能力、情感态度等的变化，描述并记录学生发展的增量，就能对这个问题做出更符合实际也更有效用的解答。

尽管美国学术界有不同的价值增值模式，但在高等教育评估领域，主要是以学生进入大学前或入学初和学生离开大学时这两个时间段为参照点，观察和评价学生在这段时期的变化和发展，以此判断学校对学生学习和发展的影响程度[①]。CLA 选取学生在高中阶段的学术能力评估考试（SAT）或大学入学考试（ACT）的成绩作为参照控制学生样本的能力基础，对比秋季入学的大一新生的 CLA 得分和春季毕业的大四学生的得分来测评学生在大学期间的价值增值。CAAP 主要将它对大四学生的测评结果与学生在高中时参加大学入学考试的分数进行对比，以评估学生在大学期间的价值增值。EPP 选择一个能充分代表全部学生特征的学生群体样本，在大学期间的不同时间点，对他们进行测试。

增值评估法对学生个体而言，测量结果的增值情况反映自身在相关方面的提高程度；而对某一高校而言，可以从总体上反映高校对学

---

① OBERT H E. Critical Thinking Assessment [J]. Theory into Practice, 1993 (3): 179-186.

生能力发展产生的"净效应"（neteffect），并借此判断高校教学质量提升的程度。除了学生、高校自身纵向度的比较外，测试结果还可以进行多维度的横向比较，比如一所高校的教师和管理人员可以根据评估结果判断本校的教育成效处在什么位置。

在尊重各高校办学条件客观差异、鼓励高校特色办学、倡导分层分类评估的今天，增值评估无疑是值得借鉴的评估策略。凸显证据文化的增值评估可以更加真实地判断每所高校为促进学生发展作出了多少贡献，从而促使高校自我反思并改善教与学的质量，真正达成"以评促建、以评促改、评建结合、重在建设"的目的。

但国内学界还很少有人运用这一评估方法，因而应从以下几方面开展和加强增值评估的理论研究和相关实践：其一，拥有哪些品质和能力才算是一个受过高等教育的人？不同层次、不同类型高校对于大学生的学习成果应该有什么样的预期？这些都是评估之前不得不去探索的问题，否则的话，质量建设和改革就失去了方向。其二，自主开发既具有国际先进水平也切合中国高等教育特点和实际的多样化的学习成果评估工具。其三，发展成熟的评估和数据分析方法。数据能否得以客观、科学地呈现，并被合理地运用，关键在于以何种评估方法来进行数据分析。

第四节　注重中观和宏观系统效益的评估

随着经济社会的迅猛发展和巨大变革，高等教育逐步从社会的边缘走向经济社会发展的中心，相应地其质量和效率受到了越来越多的关注和质疑，譬如高校被描述为从根本上来讲管理不善、效益低下、学费日益上涨但教育支出却与之并不相称；教师把精力更多地倾注在和个人回报有关的科研活动上而不是教学上，从而导致大学生受到较少的关注等。面对种种质疑，绝大多数高校缺乏对教学过程中人力和物力资源的使用状况进行定量和定性分析的相关证据来进行有效的说明。

长期以来,高等学校缺乏科学的成本核算制度与管理约束机制,一些费用数据难以获得,部分所提供的信息难以理解,相关数据不透明,在人力、资金等资源使用过程中忽视了成本管理在高等学校运行中的重要性,忽视了教育效益的考核问题,忽视了二者对高校可持续发展的影响。有些高等院校甚至还存在过分追求经济效益和短期收益最大化的现象,这种做法不但与高等教育事业发展的根本目的相违背,还进而对其可持续发展造成了严重威胁。

自 20 世纪 80 年代以来,一些发达国家,例如,美国、荷兰、英国等都建立了各自关于高校资源使用状况的评价体系,并将之作为政府制定教育政策、分配学校经费和加强学校管理的重要手段[1]。随着我国经济体制的转轨,高等学校的投入体制也在变革,不仅国家对高等教育的投入逐年加大,其他企业、各种社会团体甚至个人都有可能成为其经费来源。在市场环境下,高校必须面对市场、适应市场,特别是高校外部的投资者,他们对高校效率持续密切关注,并以此作为是否继续投资的前提条件。

在目前我国教育资源有限、投入不足的情况下,最大限度地利用单位教育资源,提高其使用效率就显得尤为重要[2]。因而应加紧相关研究,通过对我国高等教育、社会、经济发展等现实状况的分析,借鉴国内外学者的研究成果,根据高等教育效益的特点,尝试构建一套行之有效的评价体系,准确地测度、评价高校教学过程中人力和物力资源的使用状况和效益,从而为其可持续良性发展提供判断方法和依据。

通过效益评估,可以使教学评估充分发挥以下功能:(1)监督功能。系统准确的效率评估信息可以使高校本身、行政部门和社会都能

---

[1] Cave, Martin, Hanny, Stephen and Kogan, Mauric, The use of performance indicators in higher education: a critical analysis of developing practice [M]. Jessecca Kingsleg Publishers Ltd, 1988: 40–41.

[2] 吴峰、陈俊国、高鸿雁:《高等教育成本效益综合评价指标体系之构建研究》,《中国高等医学教育》2007 年第 3 期。

够明了和监督高校的办学效益。(2) 决策功能。通过一些数量化表达的绩效指标可以对高校的办学情况进行描述，从而对高校实现目标的程度作出判断，在整体上为科学的决策奠定基础。(3) 对话功能。对话是改善各级行政管理部门相互关系的重要途径。关注绩效能够使原本抽象模糊的概念变得可以共同理解，从而更好地来规范对话。(4) 资源配置功能。效益评估不仅使高校能够科学优化人才资源配置，逐步实现人才配置的基本合理和相对公平，使各类人才都能找到合适的岗位和环境，达到人才资源利用的最大效益；还能够逐步实现高校资源共享，使资源真正为高校教学事业的发展服务，实现资源利用的最大化、最优化、科学化和效益化。

第五节　加强对评估信息的分析和结果的应用

为了进一步加强对高校办学的宏观管理和指导，及时了解高等学校的教学基本状态，多维度地掌握各高校教育教学的信息，促进和帮助高校及时发现教学过程中存在的问题，科学地分析和解决问题，尽快构建一套完整、规范、科学、高效的教学评估数据库系统并对相关评估信息进行分析就显得尤为重要。

管理大师、诺贝尔奖获得者西蒙（H. A. Simon）有句名言："管理就是决策。"[1] 决策贯穿于管理的全过程，决策是管理者工作的实质和核心[2]。当有多种方案可供选择时，决策者一般选择最佳的方案，但是哪个方案是最佳方案？这就需要通过评估及其对结果的分析来确定。

基于布朗芬布伦纳的理论，大学生的成长发展是个体生物因素和外界环境因素交互影响的结果，各个要素间的关系既彼此独立也相互关联，是一个极为复杂的多元系统，期间发生的细微影响和变化，都

---

[1] 许国志：《系统科学》，上海科技教育出版社2000年版，第373页。
[2] 斯蒂芬·P. 罗宾斯：《管理学》，中国人民大学出版社1997年版，第117页。

将对大学生的某些方面带来影响，例如：

○ 大学生在大学期间是如何转变的？（这是变化的问题）

○ 这些变化多大程度上可归因于是大学的影响，这种影响和正常的成长成熟、没有大学学习经历或者其他的影响相比？

○ 这些变化多大程度上和学生所加入的大学特征相关？（宏观环境分析）

○ 这些变化多大程度上和大学生所处的某所高校的中观环境系统特征相关？

○ 基于大学生及其所处环境特征的不同，这些变化又如何发展？

○ 大学对大学生终生发展的影响又是什么？

因而对之进行评估、统计、分析是进行现代科学研究的重要课题，沃尔玛超市利用数据挖掘，发现"啤酒和尿布"关联的故事，就是最好的佐证。

第九章

基于系统—生态理论高校本科教学评估研究之启示及未来展望

本书前面部分的主要研究集中于大学是如何对大学生个人的学习成果产生影响的，但并不是表明无法检测大学对社会的影响。虽然无法围绕大学作为一个整体是如何对社会产生影响的这一问题来展开，但并不说明这些研究并不存在或者说是不重要的。立法者和决策者可以利用本书和其他相关研究来为整个社会和每一位纳税人创建出最好的政策和策略。

高等教育会持续地在经济方面使学生获益，这一点已基本得到公认。无论是否是以获得学位为目的而接受的高等教育的学习，其经济效益都是巨大的。一般来讲，获得更高一级学位往往是和更高的收入联系在一起的，根据以往几个世纪的发展来看，高等教育在劳动力市场发挥了无与伦比的作用，并且对全球技术、经济的变革都起到了重大的推动作用。高等教育对经济的驱动使学生对高等教育的需求不断升级。

决策者应更多地关注大学成本的不断上升，特别是和中学后教育、学生的债务情况和投入高等教育的公共资金的社会回报情况相关的。决策者还应支持关于经济的、生活质量的和教育投资回报的，运用更多的、更完善的、最新的数据和严谨的方法的相关研究。决策者还应支持关于大学是如何对不同类型学生产生影响的等诸如此类的研究。由于社会变得越来越复杂，更多的不同阶层和潜在的社会和经济不公平会涌现出来。相应地，高等教育体系也越来越分化和多样，诸如在线学位、营利性机构、扩展研究领域、学术和社会投入的更大机会等等，对高等教育更广范围影响的研究应持续关注以下重点问题：目的是什么；处于什么类型的教育环境；什么样的大学教育或学习经历是最有益的；等等。

一　政策制定的启示

本研究提供了一个评估框架，将有助于决策者制定出基于证据的相关政策。本部分的目的在于建议政策制定者花点时间来考虑政府资源将如何有益于大学对学生产生的影响，如此一来将有助于制定出创新的、高效的政策法规，从而有利于将高等教育的潜在影响最大化。简而言之，政策制定者应采取多管齐下的方法来展开高等教育及其如何对学生产生影响等方面的相关研究。

（一）采用更广阔的学习观，以一种学习效果的测量方式作为成功的主要标准。学习是复杂的，它既包括内容的掌握，还有智力的、认知的、道德的发展，以及心理的和态度的变化。相应地，需要一种全局的、整体的评估和评价。

（二）建立一套行之有效的绩效指标和经费指标，以加大问责力度。目前为止，相关的研究很有限。当然，关于大学影响的相关测量还是应当经过深入的研究，才可以作为政策制定的参考。

（三）确保对大学影响进行评估的标准适用于不同类型的高校。事实上，一刀切的评估方法和标准，并不能全面地反映不同类型高校所提供给他们独特学生群体的复杂的任务状况。

（四）加大相关研究资助力度，此类研究既包括在校大学生，也包括没有大学经历学生的表现。基于一个更广阔的视角，包括学生的学习和发展、职业收入和长远生活质量等方面，对有大学经历和没有大学经历的人的相关状况进行对比，此类研究的设计有助于更好地理解大学是如何对学生产生影响的，以及大学可能存在的真实问题。

二　对研究的启示

(一) 方法的运用

1. 设计

一般情况下，设计比分析更重要。通过对实验和准实验设计的运用，相关研究者可以得出更多的关于何种类型的大学经历最有利于学生成长和发展的因果关系。当然，一些研究设计会比其他的更适用于对大学的影响进行评估，例如，扎根于理论的并且有经过充分考虑的研究问题；运用对比组（如控制组、配对样本）；运用有效的、可靠的评估工具；收集影响某种大学经历或产出的变量信息。

大学生入校时的状况往往是他们毕业时状况的最好预测。大学生入校时的状况不仅包含影响他们发展的遗传因素，而且包含他们入校前所拥有的各种资源，例如，教育资本状况、价值观等。从某种意义上讲，这些因素还包括可能会鼓舞或者遏制学生发展的文化状况。简而言之，入校时个人状况的不同，将很大程度上影响他们的表现，无论大学期间教育者对他们施加了什么样的教育。对这一观点更深入的解释即为，大学生入校时状况和毕业时状况之间强有力的关联暗示了，如果在大学期间为他们提供相同的机会和相同的支持以确保得到相同的产出这一做法是有问题的。鉴于以上原因，研究者在研究大学的影响时要尽可能地考虑到大学生入学时的状况因素，要将之作为一种理解大学影响的途径和方式，而不仅仅是当作一个变量来考虑。什么样的发展目标是合适的？对谁来讲？类似这样的问题在研究大学的影响时，依然是需要给予充分重视和考虑的。

根据国内外相关研究综述，对有大学经历和没有大学经历学生学习成果对比的研究依然很有限。由于相关数据的缺乏，对大学对学生发展影响净效应的探讨很难深入开展。尽管对没有大学经历的学生进行跟踪调查是一项十分艰巨的任务，但依然是对大学净效应进行评估的最有效的方式之一。在高等教育成本不断攀升和高等教育价值被再三质疑的状况下，对高等教育对人发展影响的净效应进行评估和确认是一个焦点和关键问题。

另外，对学生多个时间点的成长发展进行评估的纵向研究也要更深入地开展下去。这项研究的主要作用在于对大学的长期影响有更清晰的认识和理解，确认大学对学生成长发展的影响是否是随着时间的推移而经久不衰的。跟踪分析学生毕业之后发展状况的纵向研究将有助于教育者、管理者理解大学对于学生所带来的长期影响。

2. 测量

关于大学对学生成长发展影响的测量，国外许多研究采用的是自我汇报的测量方式。自我汇报的测量方式使得研究者得以完成更多合算的、应急有效的研究设计。

3. 数据收集

从测量选择到行政管理，学生会被要求对数量众多的调查和测量做出回应。调查疲劳将会对调查的回应率产生消极的影响，从而使研究者更难获得关于大学影响的普遍性的、具有代表性的研究陈述和结论。

研究者需要设计更多的研究，此类研究旨在唤起高校各利益相关者对大学影响的兴趣，从而使高校环境的某些方面得到改善和提高。尽管不同高校的调查管理能力是不同的，以下策略在提高调查回应率和调查质量方面还是十分有用的：运用分层随机抽样以避免一而再地抽到同一部分学生样本；采用长期的评估计划以避免相关研究的形式化倾向等。另外数据的统一收集和分析将有助于为相关研究提供更多有用的信息。

个案研究也颇具价值，特别是对即将实施的某一特定措施或者改革进行定量研究的情况下。建议设计此类研究的研究者提供有关某一学习行为或效果发生的详细的校园环境信息，如此有助于研究者在类似的高校实施类似的实践或改革措施。

4. 结果的运用

为了更好地理解大学对某一学习成果产出的影响，研究者需要提供有关学生在大学期间变化情况的足够的信息，包括中观环境系统和宏观环境系统信息。但在大多数情况下，研究者根本没有提供相关的信息或者仅有有限的信息。

为了相关研究更好地实施，在此为读者提供几点建议：（1）提供平均数、标准差、前测和后测成绩的样本大小（以便研究者掌握随时间的变化情况）；（2）规范预测模型中的连续变量和因变量，并且在结果部分报告非标准化回归系数；（3）在研究结果部分报告大学产生影响的情况。

本着透明的精神，研究者务必谨慎对待研究结果，不要夸大其词，尤其是在没有运用代表性样本的研究中。为更好地理解定量研究的结果提供相关的研究背景，如此一来既避免了忽视较小高校的样本情况，也没有夸大较大且并不具代表性的高校的样本情况，这对帮助研究者做出合理的推论是必需的。

研究者如何表达条件的影响常常导致无证据支持的结论。许多研究的目的是探讨某些特定的经历是否会对某一学习成果产生不同的影响，而研究者常常通过对样本的分解，重新分析每组样本的数据，并且呈现每组样本的系数，来安排有关条件效果的分析。然而这样一来，并没有从统计角度来探讨系数是否彼此不同，因而是不可能得出样本A某种经历的效果比样本B要大。综上所述，开展大学影响研究的研究者在检测条件的效果时一定不能错过这一关键步骤。

总而言之，对研究设计的提升是永无止境的，尤其是在公众对高等教育的价值密切关注的状况下。本书为有关大学影响的研究提供了一个独特的视角和分析框架。以此为基础，高等教育学术团体将继续设计和实施更多更富有成效的相关研究，从而为其运用于实践作出更大的贡献。

三 对高校教育教学实践的启示

好的教学是具有重大影响的，事实确实如此。根据以往所有关于教育教学产生（包括那些和入学率、学位获得率相关）的研究结论，这些研究都表明好的教学是高校对学生产生影响的主要途径和方式。

另外，一般来讲，高质量的教学对学生学习、认知等各方面产出的提升都是相当有效的。

那么，什么样的教学可以称之为好的教学？国内外开展了许多有关教学行为的实验的、准实验的和相关性研究，尤其是和如何帮助学生获得学习和发展收益相关的。相关性研究一贯表明，学术挑战对学生的提升是具有关键性作用的，实验和准实验的研究也印证了这一点。事实上，有效的教学会激励学生花费更多的时间来准备课程，为学生提供反馈，并且给予学生反馈的机会，从而使学生积极地投入学习过程。

在大学期间经历过学术挑战的学生有可能在学习和能力发展方面有更大的收获。如果学生认为他们面临的学习环境过于困难，这种情况将导致他们的临阵撤退，而不是积极地迎头赶上；然而，如果没有提供充足的挑战，学生将没有机会经历对他们的发展来讲是必需的矛盾境遇。对教育者来说，找到学术挑战的合适的关键点仍然是难以捉摸的，因为不同高校、不同学科学生的看法和经历很可能是有很大差异的。保持最好的实践和对学生经历的常规评估将有助于教育者做出基于数据驱动的决策，这些决策是关于如何使大学生的校园经历充满挑战但又不会无所适从，富有效果但又不会过于简单。

使学生花费更多的时间来准备课程是另一条帮助他们成长的有效途径。教师期望鼓励学生完成每周阅读和写作的任务，从而使学生拥有更大的学习和成长收获。并不是所有学科都适用于以上这些类型的任务，其他学科如化学学科和物理学科的教育者可以考虑寻找和采用其他一致的、富于发展性的合适的挑战方式，例如问题设置、实验室报告等。通过案例研究、创设基于问题的实验等使学生采用适于自身学科学习方式的任务布置正如植物生长必需的催化剂。

另外一种好的教学方式即为合适的反馈。有效的反馈是有目的性和持续性的，为学生提供关于内容的评论，例如评估学生的观点等；关于逻辑的评论，例如这个论点是如何形成的；关于形式的评论，例如这篇论文是否写得很好。无论是处于线上还是面对面的教学环境，反馈对学生的成长和发展都具有关键作用。Hattie and Timperley（2007）总结了反馈对于学生认知和智力发展的作用，在此基础上提出了以下观点，"反馈是对学习产生影响的最有效的方式之一，也很少发生，还需要更充分的研究，通过定量和定性的调查关于反馈是如何作用于学习过程的"。简而言之，反馈不应该被视为教师和学生观点交流的终点，而是教与学过程必需的一部分。教育者需要重新分配下时间，更多的时间应该提供给关于学生工作的有效反馈。或许有效的反馈作为一项教学方法需要严谨、耐心、细致的框架。

积极的教学方式或策略对帮助学生获得他们所期望的成果是具有深远影响的。从实验性的研究到认真设计的评估都表明，教育者的积极的教学策略很好地促进了学生知识和技能的增长。我们并不是第一个也不是最后一个强调以上这些观点，但是好的教学仍然没有被给予足够的重视，尤其是在研究性大学。对高校来讲，管理者和教育者应该考虑把雇用和招聘好的教师这一政策放在第一位。正如一位教务长所说："招聘一名好的教师要比提升一名教学技能稍差的教师容易得多。"管理部门也应把教学能力的评估放在和教师科研能力评估同等重要的位置。

任何从事教学的人都应该能够在教学中充分发挥自己的教学技能。认为好的教学状况只是偶尔发生或者是非终身制教职的任务这种看法，某种程度上表明了在大学校园中教学并没有得到应有的重视。当然，把教学放在优先的位置，并且在激励过程中提供关于教学的反馈对于教学质量的提高都是非常重要的步骤。

另一种鼓励好的教学实践的途径是为教师教学发展提供必需的支持。这些支持与学生智力和认知方面的发展都呈现出显著的关联性。这些服务包括教师教学发展中心被视为教师讨论教学法改革、交流新的教学发展的中心。一般来讲，对教育者的再教育需要高校管理者对教育价值重构的指导和评论。

以往国内外的相关研究以压倒性的优势表明，教师对学生的学习成果，尤其是语言的、数量的、和学科相关的能力、智力的、认知的、道德的等方面的发展有着最密切的关联性。是教师的教学行为和设计创设了帮助学生发展的过程和内容情境，从而最大限度地激发了学生的学习潜能，并且帮助学生成功地处理可能在课程中出现的矛盾和问题。基于好的教学与学生发展之间清晰的、强有力的关联性，教学法的发展应该被视为高校的一项中心工作。高校的管理者或教师必须要求将要从事教育工作的学生完成一系列的关于教学技能的培训。

四 课程改革（包括线上学习）

随着科学技术的日益进步，线上学习持续受到密切的关注。或许是由于对在线学习经历所产生功效的固有质疑，线上课程对学生成长和发展影响效果的研究呈现出比较复杂的结果。网络公开课，当得到合适正确的支持时，将会是低成本高效益的，并且对帮助学生精通和学科相关的知识会有立竿见影的效果。但是以往的相关研究并没有明确地得出网络课程对学生知识和智力成长方面具有帮助，甚至会减少大学的学生注册率。当然，和传统课程相似的是，网络教学法同样鼓励和教师、学生同伴之间高质量的交流，从而帮助学生获得学科知识和能力的增长。简而言之，目前来讲，内容传递模式似乎没有内容交付方式重要，通过教师和学生同伴之间高质量的课程交流。今后，需要更多的研究来证实这一点，或者其他的和网络教育有关的研究，包括它的经济可行性。

课程改革趋向于使最需要的群体获益，例如来自社会经济地位较低家庭的学生，或者来自弱势群体。以下内容主要关注高校中正规正式的辅助课程、课外活动或者项目。指导性的前提是学生在课堂外的社团中学习、成长和发展，例如学生会、俱乐部、媒体、校内体育运动、和学科有关的各种竞赛等。由于大学生正处于不断发展和完善的阶段，辅助课程的教育者往往为学生的学习和发展提供了稳固的帮助，有时甚至是处于创新的最前沿。这些教育者往往会为同学们的相互联系设计很好的机会，不仅通过正式的而且通过非正式的辅助课程或者课外活动。事实上，只拥有诸多课外活动其中一种活动经历的学生，平均来讲即可表现出较强大的社会整合和参与度。

辅助课程的项目和活动对学生的学习和成长方面来讲依然是具有重要作用的，尤其是对个人心理的成长和变化。为了支持学校的学术使命，对辅助课程感兴趣的教育者可能会考虑他们所在领域的专家是如何完成了教师帮助学生发展的技巧和能力。这些专家的策略部署或许可以罗列出很多，以下我们只提供一种可能性：

辅助课程的教育者会持续地关注和认识到同伴关系的重要性。同伴交往的质量对大学生的成长和发展来说是一个具有决定性意义的因素。所有的教育者都应该考虑如何使同伴交往的可能性达到最大化，特别是在当今高等教育的内涵和外延不断扩展的状况下。作为一名教育者，如何为所有的学生营造正式的和非正式的交往机会？

五 对资源分配的启示

分配或者花费于学生群体的资源对他们的学习、成长和成功都会产生深远的影响。对学生直接产生影响的预算支出对他们的学习和入学保持率都会产生影响。例如，高校支出的数量和质量会对学生的毕业率产生影响。生均支出总额提升了学生的毕业率，并且刺激了学生认知和智力的成长。高校应该考虑如何对资金进行分配；学生服务和学生事务通常是居于分配首位的。

财政援助（尤其是助学金和奖学金）对提升教育教学成果是特别有效的。重要的是，这些措施同样提升了学生所期望得到的学习成果。既然财政援助不仅对学生个人而且对学校学位获得率的提升都有有效的促进作用，那么高校应该考虑在助学金和奖学金方面予以更多的投入。其他团体例如非营利性的组织和校友组织，也应该为学生事务提供财政支援和资金支持。

高校的管理者和政策制定者所面临的一个关键挑战即为如何平衡公平与效率的关系，也就是说如何使学校的财政援助政策在不断上升的选择性、学生的多样性和净收入之间保持一种平衡。任何一种制定的政策都可能导致高校偏向于其中一种，而远离另外一种。例如，一所高校可能会把重点放在奖学金的增长和投入方面，从而吸引并且最终使那些在中学或者大学预科里学习优秀的学生成为这所高校的新生。一般来讲，这些学生来自具有较好社会经济地位的家庭和社区。这样的学校政策特别适合对选择性和排名等方面的需求，但会同时减少学生的注册率并且减少以需求为基础的财政援助。相关的财政援助只对那些最需要的学生开放。不仅在学校而且在学生层面，有事实表明，把助学金放在优先于奖学金的位置、贷款等对提升学校的注册率、学生在学保持率和学位获得率都是有益的。在资源有限的情况下，高校可能会考虑把部分资金从奖学金、贷款等方面转到以需求为基础的援助上面。这种方法将会提升所有学生的注册率，相应地提升国内排名，并且吸引特别优秀的学生。

总而言之，一所高校制定和实施基于利益 vs 需求为基础的政策时，应当考虑一个平衡和折中，并且要反映这所高校的任务。由于一个明确清晰的高校目标和任务对学生的成长和发展具有积极的影响，相应地一所高校的财政援助政策应一贯地支持学校的目标和任务。

另外，高校还需要重新关注职业咨询服务，因为学生在大学期间的经历显著地影响到学生将来的职业发展和经济收入。学生一直强调他们渴望获得一份好工作，并将之作为进入大学的主要目标和动机。相应地，越来越多的高校格外重视职业的发展和与之相关的教育教学产出。

六 对学生学习影响的启示

美国著名学者柯克帕特里克（Kirkpatrick）等总结了学习经历框架的四个层次：反馈、学习、转换、结果。反馈是指学生对自己的学习经历的满意程度。学习是指学生在学习过程中掌握的知识和技能。转换是指学生在毕业后（如工作中或研究生学习中）运用已经掌握的知识和技能。结果是指学生如何将掌握的知识和技能来达到自己制定的目标。①

许多高等教育文献指出，学生根据评估的内容来决定学习的内容。罗特立在高等教育评估的书中指出："如果我们要发现教育系统的真实状况，我们必须先看它的评估程序。"② 这种说法得到很多教育专家的认同。著名学者拉姆斯登（Ramsden）指出："在学生的眼里，评估决定了真正的课程。"③ 著名学者比格斯（Biggs）指出："学生只学他们认为会考的内容。"格布斯（Gibbs）认为："评估形成了学习，创造了学习活动，并带动了学习行为的各个方面。"教育学者布赖恩和克莱格（Bryan&Clegg）在他们的书中写道："过去20多年的研究证实学生通过被评估来掌握学习的策略和技巧。"教育学者贝克等人发现大学生中普遍存在学分积点观，即认为学习成绩是大学生活中最重要的价值。

以上的研究都证实，大学生是根据学校的评估任务来决定他们学习的活动，以提高自己的学分积点。学生们掌握各种学习策略和考试技巧，来取得更好的学习成绩或更高的学分积点。这种现象在各个国家、各种文化背景以及各个学科中都存在。

格布斯等人在研究"怎样的评估能支持学生的学习"过程中，设计了一份评估经历问卷。这份问卷是用来测量学生每个学期的学习努力程度是否一致，以及评估是否影响学生对教学大纲的注意程度④。这个问卷调查的结果证实了评估能影响学生的努力方向，学生会根据评估来调整自己的学习。

---

① Kirkpatrick, D. L. &Kirkpatrick, J. D. Evaluating training programs. (3 rd ed) [M]. Berrett-Koehler Publishers. 2006.

② Rowntree, D.. Asssessing students: How shall we know them? (1 st ed) [M]. London: Routledge, 1977: 1.

③ Ramsden, P.. Learning to teach in higher education (2 nd ed) [M]. London: Routledge, 2003: 182.

④ Gibbs, G. &Simpson, C.. Conditions under which assessment supports students'learning [J]. Learning and Teaching in Higher Education, 2003 (1): 3 - 31.

许多国内外研究证实，评估不仅仅决定学生在学习过程中学什么，而且还决定学生采用的学习方法的深浅程度。深度的学习是指学生了解并真正理解他们学习的内容，而肤浅的学习是指学生仅仅能够重复并不能理解学习的内容。著名学者奈廷格尔等指出："对学生学习的研究已经多次发现评估对学生的学习方法的影响力。"[1] 同时，其他的研究者也指出，"改变评估的体系能快速地改变学生的学习方法"[2]。著名学者邦德强调评估活动能够影响学生的学习方法，但是不能决定他们的学习方法。以上的研究都说明评估能有效地、积极地影响学生的学习过程。

早在20世纪30年代，著名学者泰瑞（Terry）和梅耶尔（Meyer）就比较了学生对待开放式考试和封闭式考试的学习方法。开放式考试是指问答式的题目，答案没有统一的标准。封闭式考试是指选择题、是非题、简述题等，有统一的标准答案。泰瑞发现，学生对待封闭式考试的学习方法是掌握学习内容的大纲，即掌握主要观点、概要和相关概念等。泰瑞同时也指出，并不是所有的学生都是采用如此的学习方法来应对开放式考试和封闭式考试，有些学生对于不同类型的考试采用的是相同的学习方法。梅耶尔比较了学生考试结束后的记忆内容，他发现开放式考试后学生的记忆比封闭式考试后学生的记忆更加全面。他又进一步调查这些学生对两种不同考试的学习方法，发现学生对待开放式考试采用的是整体学习的方法，而学生对待封闭式考试采用的是细节学习的方法。并且，被调查的学生们都承认他们对待不同类型的考试会采用不一样的学习方法[3]。梅耶尔总结道："学生如果事先知道考试的类型，那么他们就会采用相应的学习方法。因此，教师可以

---

[1] Nightingale, P. &O'Neil, M. Achieving quality in learning in higher education [M]. London: Kogan Page, 1994.

[2] Elton, L. &Laurillard, D. M.. Trends in research on student learning [J]. Studies in Higher Education, 1979 (4): 87-102.

[3] Meyer, G.. An experimental study of the old and new types of examination: Methods of study [J]. The Jouranl of Educational Psychology, 1935 (26): 30-40.

并能够掌控学生的学习行为。通过选择恰当的考试类型，教师可以调节学生学习的方式，让学生采用恰当的学习方式来掌握应当学习的内容。"①

许多研究者在后来的研究中证实了泰瑞和梅耶尔的结论。斯库勒（Scouller）发现学生在回答选择题的时候多采用肤浅的方法；而在回答问答题的时候，则很少采用这种方法②。教育学者唐（Tang）、托马斯和班（Thomas& Bain）也证实学生在回答简答题的时候会采用记忆等方法，而在做复杂的作业时会同时采用肤浅和深度的方法。

马通等开展了一项新的研究——如何通过改变评估方法来引导学生采用深度的学习方法，经过20多年的研究，马通等总结道："显然，引导学生采用肤浅的学习方式是相对容易的，但是，引导学生采用深度的学习方法的确是一件难度很大的任务。"③ 因此，从理论上来讲，用评估来改变学生学习的方法是一件容易的事情，但是事实上，却是一件相对较难的事。

多项研究的结果证实，不同的评估方法能够引导学生采用深浅程度不同的学习方法，同时，研究的结果也证实了那些有能力运用深度学习方法的学生会根据评估来选择学习方法，即在需要采用深度学习方法的时候采用深度学习的方法，而在只需要采用肤浅学习方法的时候就不会采用深度学习方法。如果学生只掌握肤浅学习方法，没有掌握深度学习方法，那么，无论评估方法和学习任务如何变化，他们都采用肤浅的学习方法。由此可见，恰当的评估方法不一定能改变学生

---

① Meyer, G.. An experimental study of the old and new types of examination: The effect of the examination set on memory [J]. The Jouranl of Educational Psychology, 1934 (25): 640-646.

② Scouler, K.. The influence of assessment method on students'learning approaches: Multiple choice question examination versus assignment essay [J]. Higher Education, 1998 (35): 450-473.

③ Marton, F. &Saljo, R.. Approaches to learning [M].//F. Marton, D. hounsell, N. Entwistle (Eds). The experience of learning (2nd ed.). Edinburgh: Scottish Academic Press, 1997: 52.

使用深度学习的方法，而不恰当的评估方法却可能导致学生采用不当的学习方法。除非学生已经掌握了深度的学习方法，不然评估不可能引导学生采用深度的学习方法①。

七 对教学方法改革的启示

教育学者布朗等人认为评估的三个主要目的是：(1) 支持学习的过程；(2) 根据学科的要求来判断学生的学习成绩；(3) 保证学生在毕业后达到该学科领域的专业标准。② 这三个目的都非常重要，并指导教学评估在教育领域中的应用。

教学活动提供给学生学习情况的信息，指出学生学习中的优势和弱项。此信息不仅应该有助于学生提高自我评估的能力，而且还应被用于激励学生的学习活动，从而提高学习的效果和质量。教学评估也向教师、教育研究和管理者提供反馈信息、所授课程的优势和弱项等，以帮助教师提高教学技巧和方法，并以此信息作为改革的指导方向。虽然这种方法早就在高等教育领域中被广泛地了解，但是怎样在实践中运用却很少有相关的深入研究。

反馈是评估和判断关系的核心，并且已经在评估研究文献中得到广泛的认同。教育者普遍认同反馈是学习的核心。在有效教学理论中，反馈具有显著的地位。著名学者拉姆斯登（Ramsden）认为学习的主要活动中应包括恰当的评估和反馈。他还列举出大量的研究证据来证明反馈的质量是区分课程质量好坏的最重要的依据③。罗特立把反馈

---

① Haggis, T.. Constructing images of ourselves? A critical investigation into "approaches to learning" research in higher education [J] . British Educational Research Journal, 2003, 29 (1), 88 – 105.

② Brown, G., Bull, J. &Pendlebury, M. Assessing student learning in higher education [M] . London: Routledge, 1997.

③ Ramsden, P.. Learning to teach in higher education (2nd ed) [M] . London: Routledge, 2003.

比作"学习的血液"①。可见,反馈是学习中重要的一部分。

著名学者布莱克和威廉(Black&William)认为反馈能有效地影响学习,但是他们同时也指出,有的时候反馈也可能带来负面的影响,积极的效果依赖于反馈的质量。布莱克和威廉的观点在高等教育领域中被广泛地接纳。他们强调反馈具有形成性的功能,即反馈的内容是指出真实的表现和要求之间的差距,并提出如何能弥补这个差距的做法。

著名学者格布斯和辛普森(Gibbs&Simpson)提出了有效反馈的条件:(1)反馈的数量和时间;(2)反馈的质量——反馈信息必须针对学习,关联评估的标准,容易被学生理解;(3)要求学生记录下反馈的信息,并且以此来提高自己的学习②。著名学者侯赛和他的合作者们提出了反馈和指导六步曲。这六步曲是通过对大一和大四的学生进行调查和访谈的研究而发现的。这六步曲中的第一步是指学生以前的评估经历,然后通过对学生表现的反馈来指导学生,并将学生分类,其次是辅导、支持学生,帮助学生理解反馈信息,最后应用到以后的学习中。③

但是,也有学者认为高等教育中反馈的理论和实践存在差距,实践中存在一些问题。著名学者戈鲁夫和布朗(Glover&Brown)对一些自然科学学科的学生进行访谈后发现,学生得到了反馈,但是却不应用到以后的学习中。学生们反映这些反馈往往只针对他们正在做的项目,与今后的学习任务没有关联。戈鲁夫和布朗进而研究了这些学生获得的反馈,果然,这些反馈没有建议或者指导学生在未来的学

---

① Rowntree, D.. Assessing students: How shall we know them? (2nd ed) [M]. London: Kogan Page, 1987: 24.

② Gibbs, G. &Simpson, C.. Conditions under which assessment supports students'learning [J]. Learning and Teaching in Higher Education, 2003 (1): 3-31.

③ Hounsell. D., McCune, V., Hounsell, J. &Litjens, J.. The quality of guidance and feedback to students [J]. Higher Education research and Development, 2008, 27 (1): 53-68.

习活动中如何运用这些反馈信息[①]。著名学者单诺克（Chanock）发现了一个更基本的原因——学生不理解反馈的内容,[②] 这很可能是学生不应用反馈的原因。

显然,反馈在理论和实践中差距很大。学习理论强调反馈在学习过程中的重要作用,但是在现实研究中,研究者们发现反馈在学生学习中的作用却很有限,反馈并没有在学习过程中起到有效的作用。这与形成性的评估理论完全相反。这一差距引起很多学者以及评估者的担心。

---

① Glover, C. & Brown, E.. Written feedback for students: Too much, too detailed or too incomprehensible to be effective? [J]. Bioscience Education ejournal, 2006.

② Chanock, K.. Comments on essays: do students understand what tutors write? [J]. Teaching in Higher Education, 2000, 5 (1): 93-106.

余 论

回溯历史和审视现实是为了更好地把握未来。21世纪将是更加注重质量的时代,由数量向质量的转移,标志着一个时代的结束和另一个时代的开始。重视质量是一个时代的命题,谁轻视质量将为此付出沉重的代价[①]。这是世界高等教育大会在世纪之交发出的警示。我国的高等教育在经历了一个快速扩张的时期后已经跨入了大众化阶段,结构调整和规模扩张的任务基本完成,提高质量成为高等教育发展的核心任务。评估作为高等教育宏观管理的制度安排,在高等教育从规模扩张到质量提升的进程中可以起到引导转型的作用。

评估目标从注重规模扩张到注重质量提升的转移,需要依靠评估方法的创新和评估功能的改进。在评估方法方面,走出将评估方法简单化为指标体系的误区,采用质性和量化方法相结合的多元评估方法。指标是把评价对象的某一属性加以具体化和可测化的一种替代物[②]。指标体系倾向于采集可测量的硬性数据。硬性数据的优势在于可以被精确测量并且可以在不同被评估者之间进行比较。然而,作为评价对象的教育质量在被操作化和数据化的过程中往往就已经失去了其本质的特征。正如教育学者古贝和林肯所指出的那样,硬性数据被看作科

---

① 转引自刘献君《高等教育质量:本科教学评估的落脚点——对我国本科教学评估的几点思考》,载《高等教育研究》2006年第9期。

② 陈玉琨:《中国高等教育评价论》,广东高等教育出版社1999年版,第171页。

学变量的"操作化",但最后,它们自己也成了"变量"①。

高等教育的质量是一个多维度的概念,它体现在高等教育的所有功能和活动中:教学和学术项目、研究和学问、工作人员、学生、建筑、设施、仪器、为社区提供的服务以及学术环境。任何单维的、从单个利益相关者视角出发对高等教育质量的评价都会狭窄化高等教育的质量。

另外,伴随着全球化的发展,质量也早已不再仅是高等学校内部的事务,质量的衡量从一个地区、国家的维度已经无法满足需要。知识、人才的国际流动,使得高等教育的质量成为一个跨越国境的话语,也正是在国际化的过程中,深刻地体现了本土特征和本土化的价值。正如世界高等教育大会宣言所呼吁的,高等教育的质量应该通过国际维度被表征:知识交换、合作互动以及国际研究项目。

国际化和本土化在对高等教育系统及其质量的发展提出要求的同时,也可以成为促进评估理论和实践发展与创新的途径。国际化可以帮助我们从全球视野审视本国高等教育的质量,了解国际高等教育评估理念与实践的前沿问题与新近发展。本土化是在国际视野下识别我国高等教育发展和高等教育评估的独特性的基础上,发现本土问题,并通过创新做出与本土文化和制度相适应的求解的过程。加强有关高等教育质量和评估的国际交流与对话,将对加速我国高等教育质量评估理论与实践的发展步伐有所帮助。在国际化和本土化的交互进程中,创新我国高等教育评估理论与实践将成为建立中国特色的高等教育评估制度的必由之路。

高等教育对于社会和经济的进步具有非常重要的作用,因而受到公众越来越密切的关注。相应地,类似以上的研究也会变得越来越重要,这类研究不仅能为公众的关注提供基于事实的结论,而且很好地提升了高校的办学质量。除了少量的反面证据,高等教育将通过大量

---

① [美]埃贡·G.古贝、伊冯娜·S.林肯著,秦霖等译:《第四代评估》,中国人民大学出版社2008年版,第13页。

的产出，包括学生的成长发展成果、经济效益等产生巨大的影响。鉴于此，政策制定者和纳税者应明了他们的投资发挥了应有的效益。事实上，上大学仍然是培养成功的、有道德公民的主要途径。教育者和管理者应关注以上的研究，开展更为深入的相关研究，并把之作为帮助学生获得发展的启发和指示。

大学会对学生的发展产生影响吗？总之一句话，是的。我们期望本书的相关研究能为这个重要问题的回答提供相当多的参考信息。大学会对学生的学习成果，包括认知的、智力的以及经济方面的成功和生活质量的提高产生深远的影响。高等教育的管理者、政策制定者、研究者和教育者可以运用本研究的相关探讨来帮助解决面临的许多问题，也可以说，是大学发展的问题。

参考文献

一 著作类

[1] [美] 埃贡·G. 古贝等:《第四代评估》,秦霖等译,杨爱华校,中国人民大学出版社 2008 年版。

[2] [西班牙] 奥尔特加·加塞特:《大学的使命》,徐小洲、陈军译,浙江教育出版社 2001 年版。

[3] [美] B. S. 布鲁姆等:《教育评价》,邱渊等译,华东师范大学出版社 2000 年版,第 6—7 页。

[4] [美] 伯顿·克拉克:《高等教育新论——多学科的研究》,王承绪等译,浙江教育出版社 2001 年版。

[5] 陈玉琨、杨晓江等:《高等教育质量保障体系概论》,北京师范大学出版社 2004 年版,第 59 页。

[6] 陈玉琨:《中国教育评价论》,广东高等教育出版社 1993 年版,第 150—163 页。

[7] 陈漠开:《高等教育评估概论》,吉林大学出版社 1988 年版。

[8] [美] 德里克·博克:《走出象牙塔——现代大学的社会责任》,徐小洲、陈军译,浙江教育出版社 2001 年版。

[9] 邓国胜、肖明超:《群众评议政府:理论、方法与实践》,北京大学出版社 2006 年版。

[10] [德] 雅斯贝尔斯:《什么是教育》,邹进译,北京三联书店 1993 年版,第 152—189 页。

[11] 瞿葆奎主编、陈玉琨等选编:《教育学文集·教育评价》,人民

教育出版社 1989 年版。

［12］［日］庆伊富长等：《大学评价——评价的理论与方法》，王贵等译，吉林教育出版社 1990 年版，第 65—87 页。

［13］陈学飞、秦惠民：《高等教育理论研究精论集：135 位学者论高等教育大众化与高校扩招》，中央编译出版社 2004 年版。

［14］陈学飞：《国际视野中的高等教育探索》，中国海洋大学出版社 2009 年版。

［15］［美］E. 格威狄·博格、金伯利·宾汉·霍尔：《高等教育中的质量与问责》，毛亚庆、刘冷馨译，北京师范大学出版社 2008 年版。

［16］韩映雄：《高等教育质量研究》，上海科技教育出版社 2003 年版。

［17］金耀基：《大学之理念》，北京三联书店 2001 年版，第 56—68 页。

［18］冯晖：《教育评估计算学》，高等教育出版社 2012 年版，第 55—61 页。

［19］［荷］弗兰斯·范富格特：《国际高等教育政策比较研究》，王承绪等译，浙江教育出版社 2001 年版。

［20］李延保：《中国高校本科教学评估报告》，高等教育出版社 2009 年版，第 66—71 页。

［21］李志河：《我国高校教学科研人员绩效考评研究》，科学出版社 2012 年版，第 110—126 页。

［22］刘智运：《高等学校教育评估与督导概论》，高等教育出版社 2005 年版，第 101—135 页。

［23］刘献君：《2003—2008 年普通高等学校教学工作水平评估工作研究报告》，高等教育出版社 2012 年版，第 129—131 页。

［24］［英］杰夫·惠迪：《教育中的放权与择校：学校、政府与市场》，马忠虎译，教育科学出版社 2003 年版，第 46—47 页。

［25］［加］许美德：《中国大学——1895—1995 一个文化冲突的世纪》，侯定凯译，教育科学出版社 2000 年版。

［26］潘懋元等：《大学教育质量的理论与实践研究》，广东高等教育

出版社 2009 年版，第 140—174 页。

[27] ［捷克］夸美纽斯：《大教学论》，傅任敢译，教育科学出版社 2010 年版，第 65—96 页。

[28] 阚阅：《当代英国高等教育绩效评估研究》，高等教育出版社 2010 年版，第 201—207 页。

[29] ［美］罗伯特·赫钦斯：《美国高等教育》，汪利兵译，浙江教育出版社 2001 年版。

[30] 史秋衡：《中国特色高等教育质量评估体系的范式研究》，广东高等教育出版社 2011 年版，第 122 页。

[31] 高惠璇：《应用多元统计分析》，北京大学出版社 2005 年版，第 1—5 页。

[32] 徐国祥：《统计预测与决策》，财经大学出版社 2006 年版，第 101—123 页。

[33] 涂艳国：《走向自由——教育与人的发展问题研究》，华中师范大学出版社 2001 年版，第 98—120 页。

[34] 王致和编著：《高等学校教育评估》，北京师范大学出版社 1995 年版，第 135—146 页。

[35] 眭依凡：《大学校长的教育理念与治校》，人民教育出版社 2001 年版，第 38—69 页。

[36] 孙崇文、伍伟民、赵慧等：《中国教育评估史稿》，高等教育出版社 2010 年版，第 135—220 页。

[37] 王光彦：《大学教师绩效评价研究——基于教师自主发展的视角》，教育科学出版社 2012 年版，第 52—76 页。

[38] 王锡锌：《公众参与和行政过程：一个理念和制度分析的框架》，中国民主法制出版社 2007 年版。

[39] 雷庆等：《北美地区高等教育质量保障体系研究》，北京航空航天大学出版社 2008 年版。

[40] 郑晓齐等：《亚太地区高等教育质量保障体系研究》，北京航空航天大学出版社 2007 年版。

[41] 官有垣等：《第三部门评估与责信》，北京大学出版社 2008 年版。
[42] 孙明娟：《俄罗斯高等学校评估政策研究》，黑龙江大学出版社 2009 年版。
[43] 邓国胜等：《事业单位治理结构与绩效评估》，北京大学出版社 2008 年版。
[44] 荀振芳：《大学教学评价的价值反思》，中国海洋大学出版社 2006 年版，第 86—98 页。
[45] 胡宁生：《公共部门绩效评估》，复旦大学出版社 2008 年版。
[46] 马廷奇：《大学转型：以制度建设为中心》，社会科学文献出版社 2007 年版。
[47] 夏天阳：《各国高等教育评估》，上海科学技术文献出版社 1997 年版。
[48] 徐小洲：《自主与制约——高校自主办学政策研究》，浙江教育出版社 2007 年版。
[49] 熊庆年、田凌晖、任佳、叶林、俞可等：《宏观高等教育评估学引论》，高等教育出版社 2011 年版，第 63—86 页。
[50] ［美］约翰·S.布鲁贝克：《高等教育哲学》，王承绪、郑继伟、张维平、徐辉、张民选译，浙江教育出版社 2002 年版。
[51] 姚启和：《高等教育管理学》，华中科技大学出版社 2000 年版。
[52] 沈红：《美国研究型大学形成与发展》，华中理工大学出版社 1999 年版。
[53] 谢少华：《权力下放与课程政策变革》，中山大学出版社 2002 年版。
[54] 谢维和、文雯、李乐夫：《中国高等教育大众化进程中的结构分析：1998，2004 年的实证研究》，教育科学出版社 2007 年版。
[55] ［美］约翰·纽曼：《大学的理想》，徐辉等译，浙江教育出版社 2001 年版，第 68—95 页。
[56] ［美］约翰·布伦南、特拉·沙赫：《高等教育质量管理——一个关于高等院校评估和改革的国际性观点》，陆爱华等译，华东

师范大学出版社 2005 年版。

[57] 伊继东等:《高等教育评估理论与实践》,科学出版社 2009 年版。

[58] 袁振国:《教育政策学》,江苏教育出版社 2001 年版。

[59] 朱新梅:《政府干预与大学公共性的实现:中国大学的公共性研究》,教育科学出版社 2007 年版。

[60] 周远清:《世纪之交的中国高等教育——大学本科教学评估》,高等教育出版社 2005 年版。

[61] 张应强:《高等教育现代化的反思与建构》,黑龙江教育出版社 2000 年版,第 125—230 页。

[62] 张志英:《高等教育专业评估理论及方法研究》,中国社会科学出版社 2008 年版,第 82—133 页。

[63] 周永凯、田红艳、王文博:《现代大学教学评价理论与实务》,中国轻工业出版社 2010 年版,第 38—73 页。

[64] 张彦通:《高等教育评估与质量保证研究》,北京航空航天大学出版社 2011 年版,第 188—212 页。

[65] 张维迎:《大学的逻辑》,北京大学出版社 2005 年版。

[66] 浙江大学课题组编著:《中国高等学校的分类问题》,高等教育出版社 2009 年版,第 30—62 页。

[67] 浙江大学课题组:《中国高等学校的分类问题》,高等教育出版社 2009 年版,第 36—71 页。

[68] 张伟江、李亚东等:《大众化高等教育的质量保障与评价》,高等教育出版社 2011 年版,第 147—180 页。

[69] 张彦通主编:《欧洲地区高等教育质量保障体系研究》,北京航空航天大学出版社 2007 年版,第 49—93 页。

[70] 张志英:《高等教育专业评估理论及方法研究》,中国社会科学出版社 2008 年版,第 68 页。

[71] 周光礼:《中国高等教育质量评估体系有效性研究》,湖南人民出版社 2012 年版,第 66—68 页。

[72] 张伟江、陈效民等:《学校教育评估指标设计概论》,高等教育

出版社 2011 年版，第 219—228 页。
[73] 张楚廷：《大学教学学》，湖南师范大学出版社 2002 年版，第 35—56 页。
[74] 郑文樾选编：《乌申斯基教育文选》，人民教育出版社 2007 年版，第 8 页。
[75] 张安富：《合并高校的融合与多校区管理》，华中科技大学出版社 2008 年版。
[76] ［美］詹姆斯·杜德斯达：《21 世纪的大学》，刘彤译，王定华审校，北京大学出版社 2005 年版。

二　论文类

[77] 安勇：《引入国际评估是提高我国高等教育质量的重要保证》，《教育探索》2012 年第 7 期。
[78] 别敦荣：《大学教学方法创新与提高高等教育质量》，《清华大学教育研究》2009 年第 4 期。
[79] 别敦荣：《民办本科院校办学水平评估的导向及内容》，《教育发展研究》2008 年第 12 期。
[80] 陈晓蓉：《高校教学质量自我评估研究》，《国家教育行政学院学报》2011 年第 6 期。
[81] 郭嫄：《科学定位创建特色——对新建本科院校转型中存在问题的思考》，《长春工业大学学报》（高教研究版）2009 年第 1 期。
[82] 教高厅〔2011〕2 号文件，"教育部办公厅关于开展普通高校本科教学工作合格评估的通知"。
[83] 李汉邦、徐枞巍：《普通高等学校本科教学工作水平评估方案的分析和评价》，《江苏高教》2004 年第 5 期。
[84] 龙宗智：《高校本科教学水平评估反思》，《四川大学学报》（哲学社会科学版）2009 年第 1 期。
[85] 潘懋元：《再论新建本科院校的定位、特色与发展》，《荆门职业技术学院学报》2008 年第 7 期。

［86］《普通高校本科教学评估新方案启动实施》，《中国教育报》2011年第10期。

［87］洪成文：《北欧高等教育质量评估制度比较研究——寻求高校内外部需求的平衡》，《外国教育研究》2002年第6期。

［88］沈玉顺：《高校本科教学工作水平评估的反思与改进》，《教育发展研究》2006年第10期。

［89］魏红、钟秉林：《重视学生学习效果，改善教育评估效能——国际高等教育评估发展新趋势及其启示》，《中国高教研究》2009年第10期。

［90］金顶兵：《英国高等教育评估与质量保证机制的经验与启示》，《教育研究》2005年第1期。

［91］盛清、高文武等：《美国"全国大学生学习投入性调查"的概述及对我国本科教学评估的启示》，《科学教育》2012年第2期。

［92］吴汉东：《对高校评估与人才培养关系的思考》，《中国高等教育》2006年第12期。

［93］夏琍：《从"管制"到"服务"——高等教育评估中政府职能的转变》，《国家教育行政学院学报》2008年第10期。

［94］董泽芳：《高校目标管理的主要特征及实施策略》，《高等教育研究》2008年第11期。

［95］《"教育部第二届普通高等学校本科教学工作评估专家委员会成立大会暨第一次工作会议"综述》，《教育研究》2004年第7期。

［96］［美］威廉姆·耐特：《院校研究与质量保证——以美国高等教育为例》，刘智勇译，魏曙光校，《高等教育研究》2008年第8期。

［97］刘献君：《以质量为核心的教学评估体系构建——兼论中国本科教学工作水平评估》，《高等教育研究》2007年第7期。

［98］刘献君：《改革教学质量评价制度促进创新人才培养》，《中国高等教育》2008年第9期。

［99］刘献君：《强化组长角色意识推进和谐评估》，《中国高等教育》

2007年第23期。

[100] 刘振天:《高校教学评估何以回归教学生活本身》,《高等教育研究》2013年第4期。

[101] 李延保等:《对新一轮本科教学工作水平评估的思考》,《教育发展研究》2006年第10A期。

[102] 李延保等:《高校本科教学评估的再评价与展望》,《高教发展与评估》2007年第3期。

[103] 周光礼:《高等教育大众化与研究型大学质量困境——加拿大经验》,《现代大学教育》2007年第6期。

[104] 贾永堂:《反思专业教育 倡导素质教育——文辅相先生的大学教育思想述要》,《高等教育研究》2010年第9期。

[105] 柯佑祥:《理性主义、功利主义对现代高等教育发展的影响》,《高等教育研究》2008年第3期。

[106] 陈廷柱:《多元价值论与大学理想的诉求》,《教育研究》2007年第6期。

[107] 郭广生:《完善教学评估体系确保本科教学质量——美国的高等教育质量认证》,《中国高教研究》2005年第4期。

[108] 郭卉:《高校自我评估与教学质量改进》,《高等工程教育研究》2012年第3期。

[109] 义尚钢:《教育测量数据的多元自建模模型分析》,《武汉测绘科技大学学报》1998年第3期。

[110] 罗永泰、李小妹:《高考入学成绩对后续课程影响的统计分析》,《数理统计与管理》1996年第2期。

[111] 刘影、宋立新:《多元统计分析在高等教育管理中的应用》,《现代教育科学》2006年第2期。

[112] 李志峰:《高等教育强国发展战略中质量与水平的若干基本问题——基于高等教育界40名学者的访谈概述》,《高教发展与评估》2009年第5期。

[113] 郭静安、魏颖:《基于多元统计的可持续发展动态评价模型研

究与应用》,《中国市场》2014 年第 16 期。

[114] 余琴、胡冰:《异化的本科教学评估》,《中国改革》2007 年第 9 期。

[115] 马廷奇:《大学利益相关者与高等教育评估制度创新》,《华中师范大学学报》(人文社会科学版) 2009 年第 2 期。

[116] 马廷奇:《高等教育评估模式的分析与建构——博弈论的视角》,《华中农业大学学报》(社会科学版) 2008 年第 5 期。

[117] 林静:《统计方法在〈心理与教育统计〉中运用的综述》,《现代企业教育》2008 年第 5 期。

[118] 王南丰:《统计分析方法在政策分析研究中的应用》,《统计与决策》2010 年第 4 期。

[119] 戚业国:《论高等教育大众化时代的质量观》,《高等师范教育研究》2002 年第 2 期。

[120] 胡建华:《高等教育价值观视野下的高等教育质量》,《高等教育研究》2005 年第 11 期。

[121] 史秋衡、罗丹:《从市场介入的视角辨析高等教育质量保障概念》,《大学研究与评价》2007 年第 9 期。

[122] 熊丙奇:《行政评估无法化解高等教育质量危机》,《中国改革》2007 年第 9 期。

[123] 阎亚林:《试论高校本科教学评估的民主取向》,《教育发展研究》2006 年第 10A 期。

[124] 周川:《院校研究的职能、功能及其条件分析》,《高等教育研究》2005 年第 1 期。

[125] 高耀丽:《英国高等教育问责制及其启示》,《民办教育研究》2006 年第 2 期。

[126] 纪保成:《提高高等教育质量是做强中国高等教育的大政方针》,《中国人民大学学报》2007 年第 2 期。

[127] 杨德广:《加强高等教育办学特色建设的思考与探索》,《现代大学教育》2007 年第 6 期。

[128] 刘凤泰：《高度重视评估整改巩固发展评建成果》，《中国高等教育》2006年第18期。

[129] 周远清：《建立符合中国国情的评估体系》，《中国大学教学》2004年第7期。

[130] 杨雅文：《普通高等学校本科教学评估专家组组长工作研讨会纪要》，《教育研究》2007年第9期。

[131] 江彦桥：《促进教育质量保障活动的国际合作》，《中国高等教育评估》2007年第1期。

[132] 周起钊、阎风桥、宋映泉：《美国、英国和欧洲大陆高等教育评估模式的比较研究》，《中国高等教育评估》1997年第2期。

[133] 宋涛：《行政问责的范式变化：从传统到现代》，《东北师大学报》（哲学社会科学版）2007年第1期。

[134] 曾天山：《教育研究中的技术与方法》，《教育理论与实践》2008年第4期。

[135] 杨雅文、刘振天：《教育学：无"教"抑或无"学"》，《北京科技大学学报》2002年第6期。

[136] 李彗仙：《我国高教评估指标体系中存在的问题》，《教育与现代化》2003年第3期。

[137] 刘复兴：《教育政策的价值系统》，《清华大学教育研究》2003年第2期。

[138] 汪明霞、何仁龙：《我国高等学校评估的价值及其异化研究》，《清华大学教育研究》2006年第6期。

[139] ［加］迈克尔·斯科尔尼科：《关于专业评估和知识遵从的批判研究》，《北京大学教育评论》2004年第2期。

[140] 王洪才：《转型中的中国高等教育质量危机与治理对策》，《清华大学教育研究》2005年第3期。

[141] 许茂祖：《普通高等学校本科教学工作评估的有关问题与对策》，《重庆交通学院学报》（社科版）2004年第1期。

[142] 余小波、王志芳：《高等教育质量的社会保障：特点、途径和

实现条件》,《高等教育研究》2006 年第 3 期。

[143] 张炜:《资源配置公平视角下的高等教育财政拨款模式》,《江苏高教》2008 年第 5 期。

[144] 张继明:《我国高等教育财政拨款机制改革探微》,《复旦教育论坛》2008 年第 6 期。

[145] 张天社:《新建本科院校教学质量监控的重点和质量保障体系的构建》,《西安文理学院学报》2011 年第 5 期。

[146] 赵炬明:《超越评估(上)——中国高等教育质量保障体系建设之设想》,《高等工程教育研究》2008 年第 6 期。

[147] 张轶、苑庆泽:《基于描述性统计方法在质量管理中的应用》,《管理科学》2014 年第 16 期。

三 学位论文

[148] 代霞:《高等教育评估中介组织生存发展研究》,硕士学位论文,湖南师范大学,2005 年。

[149] 关雪:《五种定性资料统计分析方法》,硕士学位论文,中国人民解放军军事医学科学院,2012 年。

[150] 祁宏全:《综合评价的多元统计分析方法》,硕士学位论文,湖南大学,2001 年。

[151] 刘吉林:《权力博弈下高等教育评估合法性研究》,硕士学位论文,山东师范大学,2011 年。

[152] 林荣日:《制度变迁中的权力博弈——以转型期中国高等教育制度为研究对象》,博士学位论文,复旦大学,2006 年。

[153] 刘理:《论高校教学评估的教育价值》,博士学位论文,华中师范大学,2007 年。

[154] 王向红:《我国高等教育评估质量保证研究——元评价的视角》,博士学位论文,华中科技大学,2007 年。

[155] 薛忠祥:《当代中国教育的应有价值取向研究》,博士学位论文,山东师范大学,2009 年。

[156] 周湘林:《中国高校问责制度重构》,博士学位论文,华中科技大学,2010年。

[157] 周全:《几种多元统计分析方法及其在生活中的应用》,硕士学位论文,长江大学,2012年。

四 外文类

[158] Antonio, A. L. "Diversity and the Influence of Friendship Groups in College" [J]. Review of Higher Education, 2001, 25 (1): 63 – 89.

[159] Ajzen, I. (2002): "Perceived Behavioral Control, Self-Effiicacy, Locus of control, and the Theory of Planned Behavior" in: Journal of Applied Social Psychology, Vol. 32, No. 4, pp. 665 – 683.

[160] Astin, A. W., and R. F. Boruch. "A Link System for Assuring Confidentiality of Research Data in Longitudinal Studies." [J]. American Educational Research Journal, 1970, 7 (4): 24 – 615.

[161] Astin, A. W., and Denson, N. "Multi-Campus Studies of College Impact: Which Statistical Method Is Appropriate?". [J]. Research in Higher Education, 2009, 50: 67 – 354.

[162] Astin, A. W., and J. Lee. "How Risky Are One-Shot Cross-Sectional Assessments of Undergraduates Students?" [J]. Research in Higher Education, 2003, 44 (6): 72 – 657.

[163] Astin. (1999). Student Involvement: A Developmental Theory fcr Higher Education. Journal of Student Development, 40 (5): 518 – 529.

[164] America's research universities. Boyer Commission on Educating Undergraduates in the Research University.

[165] Bronfenbrenner, V. Ecological systems theory. In R. Vasta (Ed.), Annals of child development. Greenwich, CT: JAI Press, 1989:

187 - 251.

[166] CHEA. (2003). Statement of Mutual Responsibility for Student Learning Outcomes: Accreditation, Institutions and Programs. Washington DC: Council on Higher Education Accreditation.

[167] Frye. (1999). Assessment, Accountability, and Student Learning Outcomes. DIALOGUE, 2: 1 - 11.

[168] Hambur & Rowe. (2012). Graduate Skills Assessment. Australian Council for Educational Research.

[169] Hu & Kuh. (2003). Maximizing What Students Get Out of College: Testing a Learning Productivity Model. Journal of College Student Development, 44 (2): 185 - 203.

[170] Kuh & Ikenbeiry. (2009). More Than You Think, Less Than We Need: Learning Outcomes Assessment in Anxrican Higher Education. National Institute for Learning Outcomes Assessment: 10.

[171] Maureen Tara (2006). Assessing quality experience and learning outcomes. Quality Assurance in Education: 75 - 87.

[172] Nuse he. (2008). Assessment of Learning Outcomes in Higher Education: A Conparative Review of Selected Practices. (OECD Education Working Paper No. 15.

[173] William Setchel Learned, Ben D. Wood. The Student And His Knowledge: A Report To The Carnegie Foundation On The Results Of The High School And College Examination Of 1928, 1930, And 1932 [R]. Boston: The Merrymount Press, 1938: 29 - 372.

[174] Pascarella E. T. & Terenzini P. T. (2005). How College Affects Students: A ThirdDecade of Research. San Francisco: Jossey-Bass Publishers.

[175] Shavelson. (2008). The Collegiate Learning Assessment. Forum for the Future of Higher Education/Ford Policy Forum: 18 - 24.

[176] R Frodin. Very Simple But Thoroughgoing [A]. The College Of

The University Of Chicago And F. Champion Ward (Ed.). The Idea And Practice Of General Education: An Account Of The College Of The University Of Chicago [C]. Chicago: The University Of Chicago Press, 1950: 25 – 99.

[177] Steven Chatman. (2011). Factor Structure and Reliability of the 2011 SERU/UCUES Questionnaire Core. CSHE, University of California, Berkeley.

[178] Thomson & Douglass. (2009). Decoding Learning Gains. SERU Project and Consortium Research Paper.

[179] Serbrenia J. Sims. Student Outcomes Assessment: A Historical Review And Guide To Program Development [M]. Westport: Greenwood Press, 1992: 31, 37 – 38, 39.

[180] U. S. Department of Education. (2006). A Test of Leadership: Charting the Future of U. S. Higher Education. Washington, D. C.: Secretary of Education Margaret Spellings.

[181] Richard J. Shavelson. Measuring College Learning Responsibly: Accountability in a New Era [M]. California: Stanford University, 2010: 28 – 29, 30.

[182] Witkin H. A. Origins of cognitive style. In: Sheerer C. (Ed) Cognition, Theory, Research, Promise. New York, NY: Harper and Row, 1964.

[183] Educational Testing Service (Ets). The Graduate Record Examinations: Area Tests [R]. Princeton, Nj: Educational Testing Service, 1966. 3.

[184] Steedle J. Advancing Institutional Value-added Score Estimation [R]. New York: Council for Aid to Education, 2009.

[185] Shavelson R. J. Assessing student learning responsibly: From history to an audacious proposal [J]. Change, 2007, 39 (1): 26 – 33.

[186] Liu O. L. Value-added Assessment in Higher Education: A Compari-

son of Two Methods [J]. Higher Education, 2011, 61 (4): 445 – 461.

[187] Steedle J., Kugelmass H., Nemeth A. What Do They Measure? Comparing Three Learning Outcomes Assessments [J]. Change, 2010, 42 (5): 33 – 37.

[188] VSA. VSA Participants by State [DB/OL]. http://www.voluntarysystem.org/index.cfm? page = templates, 2011 – 7 – 19/2012 – 01 – 12.

[189] Shavelson R. J. Assessing student learning responsibly: From history to an audacious proposal [J]. Change, 2007, 39 (1): 26 – 33.

[190] J. L. Ratcliff. Assessment, Accreditation and Evaluation of Higher Education in the U.S [J]. Quality in Higher Education, 1996 (1).

[191] Sebastien Dessus. Human Capital and Growth: the Recovered Role of Educational Sys-tem [R]. the Word Bank, 1999.

[192] H. John Bernardin. Outcomes Measurement: A Review Of State Policies Toward Outcomes Measurement In Higher Education [J]. The Academy Of Management News, 1990, 20 (1): 4 – 5.

[193] J. L. Ratcliff. Assessment, Accreditation and Evaluation of Higher Education in the U.S [J]. Quality in Higher Education, 1996 (1).

[194] Miller, Gary M., Neese, Lynda A, Self-Esteem And Reaching Out: Implications For Service Learning Professional School Counseling [J]. Dec97 Special Issue, Vol. 1. Issue, (2): 29 – 32.

[195] Why Should I Study Abroad? [EB/OL]. http://studyabroad.msu.edu/, 2009 – 12 – 08.

[196] Kerry Ann O'Meara, etal. Faculty Priorities Reconsidered: Rewarding Multiple Forms of Scholarship [EB/OL]. http://www.amazon.com/gp/product/0787979201/103 – 2953909 – 3824631? v =

glance&n = 283155 2005 - 12 - 08.

[197] Jennifer Meta Robinson. Multiple Sites of Authority, Cambridge, B. L. (Ed.). Campus Progress: Supporting the Scholarship of Teaching and Learning [M]. Washington, DC: American Association for Higher Education, 2004.

[198] John D. Bransford, Ann L. Brown, and Rodney R. Cocking, eds. How People Learn: Brain, Mind, Experience, and School [M]. Washington DC: National Academies Press, 1999.

[199] Andrew Brownstein. Tuitions Rise Sharply, and This Time Public CollegeLead the Way [J]. The Chronicle of Higher Education. November 2, 2002.

[200] The Carnegie Foundation for the Advancement of Teaching, A Technical Report: A Classification of Institutions of Higher Education, 1994, p. 12.

[201] Robin Wilson. Report blasts research universities for poor teaching of undergraduates. The Chronicle of Higher Education, Apr24, 1998, Vol. 44, Iss. 33; pg. A12, 2 pgs.

[202] Carolyn Ash Merkel. Undergraduate Research at Six Research Universities: A Pilot Study for the Association of American Universities [EB/OL]. http://www.aau.edu/education/Merkel.pdf, 2006 - 03 - 26.

[203] George Barthalmus, Director. Office of Undergraduate Research Program Assessment 2005 - 2006 [EB/OL]. Annual Report 2005 - 2006. http://www.ncsu.edu/undergrad-research/activities.php, 2006 - 05 - 26.

[204] Office of Undergraduate Research Assessment Plan 2003 - 2004 [EB/OL]. http://www.ncsu.edu/undergrad-research/mission.php, 2006 - 05 - 26.

[205] OECD, Assessment of Learning Outcomes in Higher Education.

OECD Education Working Papers, OECD Publishing, 2008. 77 – 97.

[206] R. J. Shavelson & L. Huang, Responding Responsibly to the Frenzy to Assess Learning in Higher Education. Change, 2003, 35 (1): 24 – 35.

[207] AVCC & GCCA, Standard Recommended Methodology for the Graduate Destination Survey, Course Experience Questionnaire and Postgraduate Research Experience Questionnaire [DB/OL]. http://www.graduatecareers.com.au/content/view/full/1456. 2010 – 07 – 25.

[208] Statistics Canada, National Graduate Survey and Follow-up Survey of Graduate [DB/OL]. http://stcwww.stat-can.ca/english/sdds/5012.htm. 2010 – 12 – 12.

[209] Australian Council for Educational Research, Graduate Skills Assessmen [tDB/OL]. http://www.acer.edu.au/tests/university/gsa/intro.html. 2010 – 10 – 03.

[210] Reinventing undergraduate education: a blueprint for America's research universities (1998) [EB/OL]. http://www.sunysb.edu/press/021006—Boyer.

[211] Higher Education Statistics Agency, Destinations of Leavers from Higher Educatio [DB/OL]. http://www.hesa.ac.uk/manuals/06018/dlhe0607.htm. 2010 – 08 – 17.

[212] Stanford University, Vice Provost For Undergraduate education of Stanford University, Teaching Awards on Campus [EB/OL]. http://www.stanford.edu/dept/undergrad/cgi-bin/drupal/grants_awards.

[213] Alexander c. McCormick It's about Time What to Make of Reported Declines in How Much College Students Study [J]. Liberal Education Winter 2011.

[214] Howard J Savage. Fruit Of An Impulse：Forty-Five Years Of The Carnegie Foundation，1905 – 1950 ［M］. New York：Harcourt, Brace，And Company，1953：284，288.